U0601815

守望者
The Catcher

阅读　你的生活

红海古卷
再现胡夫大金字塔的秘密

THE RED SEA SCROLLS

HOW ANCIENT PAPYRI REVEAL THE SECRETS OF THE PYRAMIDS

[法]皮埃尔·塔莱特（Pierre Tallet）

[美]马克·勒赫尼（Mark Lehner） 著

黄庆娇 译

中国人民大学出版社

·北京·

目　录

[7]

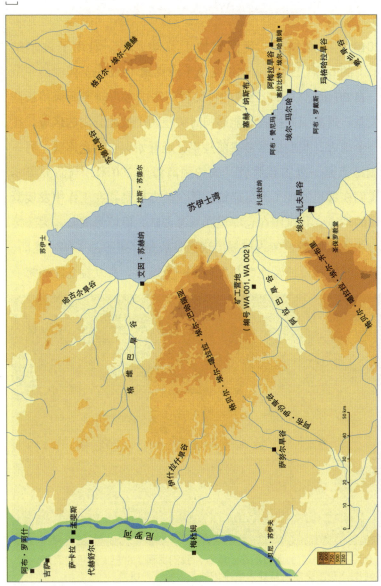

地图展示的是本书中提到的从尼罗河的吉萨地区（左上）到红海沿岸埃尔—扎夫草谷之间的重要遗址。

* 图片和表格单独标注边码，加 [ ] 标识。

什么。

2013 年的发掘季，我们增加了劳动人手，雇用了古尔纳（Gurna）的 60 名工人。古尔纳是位于卢克索（Luxor）西岸的一个村庄，自 20 世纪以来，当地的村民就与法国考古研究所保持长期合作关系。这些工人使我们能够同时关注两个彼此分离的区域。在其中一个地方，我们继续考察前些年已经开始调查的仓库群。另一个挖掘地点是一处古代兵营，大约距离海岸 200 米，与防波堤相连。我们在那里发现了大量船锚。那个地方也是我在工作中发现漏接电话的地点。我试图在仓库里联系考古队，但信号太差，无法接通。心中不由联想，考古挖掘出现意外或是严重事故了吗？然而，当天晚些时候我返回营地，却发现是一个惊喜。在发掘仓库的第一

[9]

挖掘出仓库 G1 和 G2 的入口。在仓库里，我们发现了世界上最早的文献：国王胡夫时期，在吉萨地区修建大金字塔的工人留下的纸草。

天，仅在仓库 G2 前的地表下几厘米的地方，考古队就发现了 6 个纸草碎片，当时还能看到红色和黑色墨水书写的相当清晰、优美的符号。

快速破译后发现纸草残片上的符号是数字，这些文献很可能是统计档案的一部分。从古王国时期开始，统计档案成为纸草文献的主要部分。在另一些纸草残片上，文本竖列排布，保存状况并不好，仅能辨认出反复出现的胡夫的王名圈。尽管纸草数量不多，这个新发现却具有非凡的意义。根据考古环境，确认纸草的年代为第四王朝初期，我们立刻意识到这些纸草残片很可能是世界上最古老的书写文本。

第二天，挖掘工作又在同一地点展开，并且增加了工人数量。仔细检查仓库 G1 和 G2 前的区域，日复一日，慢慢收集到了许多小块纸草残片，其中一些纸草的长度仅有几毫米。品相较好的纸草残片基本都是统计档案，稍大一些的纸草残片约有一个手掌大小。3 月 21 日至 24 日，我们发现了更多的纸草文献，主要集中在仓库 G2 前面接近地表的地方。其中一块纸草残片立刻被认为是具有真正重要意义的发现，这块纸草残片是一份统计档案的开头部分，高 21 厘米，现存长度为 31 厘米。

这份纸草文献的重要性并不仅仅在于它的大小，其真正的价值在于文本的第一列铭文提到国王胡夫统治的具体时间。黑色墨水书写的文本由非常精细而详备的象形文字符号组成，其内容提到"第 13 次大小牲口普查之后那年"，很可能是胡夫在位的第 26 年。第二列出现国王的王名圈，王名圈是古埃及人用来框定国王荷鲁斯名

[11]

欧罗拉·希阿瓦提（Aurore Ciavatti）发现埃尔-扎夫旱谷：重要的纸草窖藏。

[11]

刚发现、未保护的埃尔-扎夫旱谷的统计纸草。残存纸草主要记录一名叫作监督者梅尔（Merer）的官员的活动，他负责监督工人沿着尼罗河而下，往吉萨大金字塔建筑工地运输石材。

（Horus name）的符号，也是王衔的组成部分。文本提到胡夫一个非常隐秘的荷鲁斯名"麦杰杜"（Medjedu），意思可能是"征服者"。还提到海军远征队的名字"胡夫的眼镜蛇是它的船头"护航队。之前，我们就已经知道这个远征队的名字，在埃尔-扎夫旱谷发现的陶器上面的铭文也出现了这个名字。这份纸草新材料使我们能够将档案与这个远征队相关联，把文献与埃尔-扎夫旱谷港口的考古发现建立直接联系。

在2013年发掘季这次意义非凡的发现后，接下来的几天里，我们的干劲越来越低，完成了两个仓库前面区域以及仓库内部的发掘，却再没有发现纸草。当时我们自己认为已经非常幸运，发现了这批纸草残片，其中三四个文本相当具有价值，一个文本极具价值。我们一致认为，可能已经收集到了因不明原因被丢弃在这个遗址内的所有文本了。我们大错特错了！

3月28日，我们开始清理两个巨大石灰石块之间的狭窄空间，石块曾是封住仓库G1入口的挡门，这里也是还未被发掘的仓库的组成部分之一，从刚开始我们在这里就发现了大量纸草残片。两块巨石间的坑洞塞满了纸草，上百个残片属于不同的文本，一些纸草几乎完全破碎，另一些则可与其他纸草相拼接，保存下来的长度超过50厘米。在仓库G1入口处发现的这批纸草里，有后来被我们称为"纸草A"和"纸草B"的文本。这些纸草文献是在极特殊的情况下被保存下来，后又被我们考古发现的。我们很快意识到我们发现的这些纸草文献是一名书吏每天记录的行程日记。日记记录了一个远征队的活动，而这个远征队的名字也出现在仓库G2发现的

11　纸草和陶器符号里。3月28日至4月4日，2013年的发掘季快要结束时，我们从坑洞里取出纸草，清洗，展开，并放在玻璃底下，开始翻译铭文内容。

　　最主要的纸草残片反复提到在吉萨的胡夫墓葬建筑群，主要聚焦于一名小官——监督者梅尔的工作。一些月份梅尔负责运输石灰石块到大金字塔附近的大型建筑工地。令人震惊的是，我们首次获得了当时参与胡夫大金字塔建造之人的直接文献证据。迄今为

12　止，关于吉萨高原上大金字塔的修建仍然扑朔迷离，没有任何历史资料说明它是如何修建的。另外，更为重要的是，这些纸草文献竟然意想不到地与我的朋友兼同事，埃及学家马克·勒赫尼（Mark Lehner）在金字塔周围的考古工作发生关联。接下来，我们将讲述令人感到不可思议的故事，我们两个人的研究合在一起将完全改变世人对最伟大的建筑之一——大金字塔的建造以及这个工程如何塑造和建立古埃及国家的认识。

　　2013年在埃尔-扎夫旱谷的发现已经远远超出我们之前所有的设想。然而，保存和转移这些文献，确保它们的安全，使得我们当时根本没有时间思考它们的重要性。我们逐渐意识到，目前为止发现的所有纸草很可能最初是在胡夫统治末期被掩埋在这个洞坑内的。这个洞坑后来遭到扰动，纸草在古代就分裂成碎片了。我们采集到的这批纸草应该是在偶然的情况下，保存下来的非常连贯的档案材料。周密的挖掘使我们沉浸其中将近一个月的时间，这是一项意义非凡的考古事件，也是到目前为止我印象最深的一次经历。

考古最吸引人的地方是我们永远无法预料我们将发现什么，特别是在一个之前没有进行科学研究的遗址。起初预期在苏伊士湾（Gulf of Suez）西岸埃尔-扎夫旱谷进行考古发掘来提供古埃及人在红海航行，特别是古王国早期海上远征的新材料。我们没敢奢望能够发现到目前为止最古老的纸草文献，年代约为公元前 2607 年至前 2605 年，即第四王朝第二位国王胡夫统治的末期。更不敢奢望在这个离古王国中央政府非常遥远的默默无闻的地方发现这些纸草文献，可以为我们提供世界上最著名的建筑之一——胡夫大金字塔修造的材料。最终，我们在埃尔-扎夫旱谷的发现表明，这个红海岸边的遥远港口应该被视为国王胡夫大型建筑工程的一个必不可少的组成部分，一年中的一段时间里，在吉萨高原工作的工匠队在港口出现。

红海岸边的埃尔-扎夫旱谷遗址的南边 23 公里是现代小城扎法拉纳（Zafarana），东边 10 公里为圣保罗教堂。这座教堂建于公元 5 世纪，一直以来被埃及基督教徒奉为圣地，今天它仍是重要的

[14]

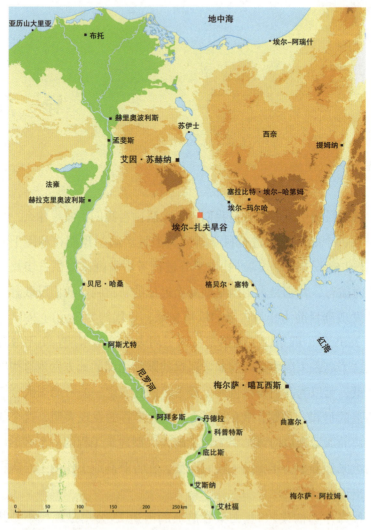

地图展示目前在红海沿岸已经确定的三个法老时期港口的位置：艾因·苏赫纳、埃尔−扎夫旱谷以及梅尔萨·噶瓦西斯。其中埃尔−扎夫旱谷港口最古老，仅在第四王朝初期（约公元前2650年至前2600年）被使用。

[14]

朝圣地和观光地。埃尔-扎夫
旱谷靠近沙漠里一处显眼的
淡水泉，这个泉现在在教堂
的围墙内，这很可能是古埃
及人在第四王朝初期选择埃
尔-扎夫旱谷作为港口的主要
原因之一。使用港口的时间
非常短，大概 70 年左右，从
第四王朝的开创者斯奈夫鲁
（Sneferu）一直到王朝的第四
位统治者哈夫拉（Khafre）。
埃尔-扎夫旱谷遗址是法老时
期古埃及派遣海上远征队获

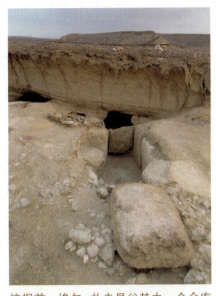

挖掘前，埃尔-扎夫旱谷其中一个仓库
的俯视图。

得必要原料而在红海沿岸建立的最早的，可能也是保留材料最多的
"间歇性"港口。这些"间歇性"港口，仅在远征队工作时被周期
性使用。这些原料中最重要的是铜。这段时间，埃及人穿越红海，
从西奈铜矿山获取铜矿。铜制工具也是许多工作所必备的工具，例
如使用铜制工具加工金字塔的石块（见第三章）。应该记住，这是
其他金属，特别是青铜以及后来的铁被发明和广泛使用前的时代。
古王国时期，除普遍使用铜以外，埃及人仍然使用石制工具。

14

　　埃尔-扎夫旱谷遗址的一个明显特征是遗存分布相当分散，范
围超过 5.5 公里，从西边的格贝尔·埃尔-噶拉拉·埃尔-巴哈瑞亚
（Gebel el-Galala el-Bahariya）山脚的整片区域，至东边的苏伊士湾

岸边。遗址最引人注目的地方，是一组 31 个凿入小山丘石灰石岩
15　层的细长形仓库，在旱谷的一侧储藏港口停工时红海海上远征所需
的设备，这个时间有时可能需要数年。船只最初被拆分成几块，通
过陆路，沿着从尼罗河河谷延伸的沙漠小路搬运。出航前，船被再
次拼装，远征一旦结束，再拆解成不同部分保存。然后，船等待新
的远征任务，被再次需要。

　　这些窖藏的木头非常具有价值，它们是从黎凡特（Levantine）
进口的针叶林，这种树木在尼罗河谷不生长。每次任务后，在返回
尼罗河谷之前，远征队会花费大力气，用巨大的石灰石块，每个重
达数吨，封住仓库的入口，防止被盗窃。除凿入岩层的仓库群外，

[15]

退潮时埃尔–扎夫旱谷防波堤俯视图。国王胡夫统治时，这里是世界上最古老
的海港的一部分。

整个遗址还包括三个单独的古代营地，它们之间相隔几公里，以及一个壮观的、面朝北、呈 L 型的防波堤，这些共同构成目前世界上已知最早的海港。

早期探险家

16

在 2008 年我们试图重新发现埃尔-扎夫旱谷遗址之前，它已被遗忘了数千年，在这期间，它曾两次被拜访，并被辨认出来。第一位对它进行描述的是英国探险家约翰·加德纳·威尔金森爵士（Sir John Gardner Wilkinson），他在 1823 年沿苏伊士湾西海岸远征发现了它。大约 10 年后，他的游记在 1832 年《皇家地理协会杂志》（*Journal of the Royal Geographical Society*）第 2 卷刊登出来。威尔金森认为仓库是"被挖掘出的墓室"，他注意到里面的陶器和焚烧后的木头。在被焚烧的木头的底部，威尔金森发现了希腊罗马时期的地下墓地，希腊罗马时期是古埃及历史上仅有的部分人规律火化尸体的时代。大概与威尔金森同时期的另一位英国探险家詹姆斯·伯顿（James Burton）也拜访了这个遗址。不过他没有发表他的观察，但他的档案包括一系列这个遗址的笔记。在调查遗址的过程中，我们发现了这些英国探险家留下的痕迹，包括 19 世纪早期进口到欧洲的陶器、奥斯曼帝国的烟斗以及可能是威尔金森书写的小纸条，纸条上记录着从阿拉巴旱谷（Wadi Araba）的圣安东尼教堂到遗址的路线。

随后遗址再次沉寂，直到 20 世纪 50 年代，苏伊士运河公司的两位法国领航员弗朗索瓦·比塞（François Bissey）和雷内·查波特-莫里索（René Chabot-Morisseau）再次发现了遗址，他们很可能按照威尔金森和伯顿留下的记录找到了它。这些业余考古学家花费数年考察凿入岩层的仓库群，他们称它们为罗德·埃尔-哈瓦噶（Rod el-Khawaga，贝都因人的方言，字面意思是"外国人的花园"）。他们调查了其中几个仓库，并绘制出一些陶器的线图。他们成功正确断代仓库和陶器属于古王国时期，但认为这个遗址更精确的年代是古王国末期的第六王朝，而非古王国初期。他们对仓库群非常感兴趣，认为它们是采矿遗址，却无法判断开采矿石的种类。1960 年，比塞刊登一条简短的调查笔记，内容主要围绕红海遗址下面的古代防波堤。半个多世纪以来，较专业杂志上的这篇只有半页的文章是

17 关于埃尔-扎夫旱谷遗址的结构和遗存的唯一资料。法国领航员们被他们的发现深深吸引，甚至向埃及政府递交申请，要求获得那里的考古挖掘权，但是，1956 年的"苏伊士危机"使得他们计划的项目未能成行。当时，法国和埃及正在交战，两个变成考古学家的领航员不得不离开埃及，此后，埃尔-扎夫旱谷遗址又沉寂了下来。

2001 年之后数年中，我和两位同事乔治·卡斯特尔（Georges Castel）和格雷戈里·马鲁阿德（Grégory Marouard）共同研究苏伊士湾的另一个海湾遗址艾因·苏赫纳，这项研究是更大的古埃及人在红海海上活动研究的一部分。挖掘这个古代港口使我们开始认识到前辈们曾考察的埃尔-扎夫旱谷遗址可能并不是猜想，沿海岸线凿入岩层的隧道表明很可能存在一个法老时期的港口。这些凿入

岩层的设施实际上是在红海海岸建立"间歇性港口"群的最明显标志，埃及人使用这些港口1000多年，所以，我们决定亲自调查埃尔-扎夫旱谷。

我们历经数年调查，试图重新发现这个遗址。得益于早期探险家提供的资料，特别是开罗法国考古研究所的档案——2008年吉内特·拉卡兹（Ginette Lacaze）和卢克·卡米诺（Luc Camino）出版的《苏伊士回忆录：弗朗索瓦·比塞和雷内·查波特-莫里索——埃及东部沙漠的发现者（1945—1956）》（*Mémoires de Suez: François Bissey et René Chabot-Morisseau à la découverte du désert oriental d'égypte, 1945-1956*），我们最终可以找到它。通过分析谷歌地球卫星照片，我们辨认出仓库附近的定居点、防波堤以及位于山海之间的一处神秘的巨型建筑。最初一些调查主要是为了重新确认早期研究者公布的仓库区的位置，其中一些仓库已经遭到盗掘，很可能是贝都因人所为。2008年，我们向埃及文物局申请发掘，获得批准，组成巴黎-索邦大学、开罗法国考古研究所以及阿斯尤特大学〔我的同事兼朋友埃尔-萨义德·马赫福兹（Ei-Sayed Mahfouz）为代表，他是一名红海研究专家，也是红海第三个法老港口梅尔萨·噶瓦西斯（Mersa Gawasis）的发现者之一〕联合考古队，共同发掘遗址。

考古发掘开始

18

项目的初始阶段包括申请必要的政府许可和准备工作，预期第一季考古发掘是在 2011 年 3 月。但是，那年 1 月至 2 月，我们甚至开始认为这个遗址受到了诅咒，我们也遭遇了和苏伊士运河领航员相同的命运。2011 年埃及革命（也称为"阿拉伯之春"）爆发，这是我们无法预料的，打乱了当时在埃及的所有考古发掘工作。但是，一名文物局苏伊士办公室的官员阿戴尔·法罗克（Adel Farouk）已经监督遗址数年，他耐心地申请必需的军事保护。当时国家已经陷入混乱，没有人特别关心和推动考古工作，这样做非常棘手。

得益于阿戴尔的努力，6 月我们开始第一次调查遗址，我、乔治·卡斯特尔（开罗法国考古研究所的建筑师）、格雷戈里·马鲁阿德（芝加哥大学东方研究所的考古学家）、达米恩·莱斯内（Damien Laisney，里昂大学东方和地中海研究所的地质学家）组成一个考察队。此次工作刚开始，我们就研究了在遗址发现的陶器及其上面的一些铭文，特别是储藏罐上的胡夫王名，确定遗址的年代

[18]

2015 年，考古队在埃尔-扎夫旱谷。

为第四王朝初期。埃尔－扎夫旱谷的港口可能是整个法老时期在红　　19
海沿岸建立的此类设施的原型，建立和最初使用的年代大约为公元
前 2650 年。因此，可以确认这是已知最古老的海港。

　　但是，我们在埃尔－扎夫旱谷遗址持续的考古工作正告诉我们
另一件事：遗址不仅仅是古代红海港口中的一个新成员，更重要的
是，它是自胡夫时代起在吉萨修建国王金字塔一个必不可少的组成
部分。这点首先由我们发现的印章确认，封存文件或盒子的一小团
黏土上留下一名官员的印玺，内容提到胡夫墓葬建筑群［"胡夫的
地平线"（Horizon of Khufu）］的修建者。另外，从 2013 年发掘季
开始，我们发现了大量纸草档案，其中一部分是统计文献，记录了
王室给全职的专业工匠运输供给以及行程的管理日记，这些是工队
每日的工作报告，其中一支工队由一名中等官吏监督者梅尔率领。

　　通过这些纸草文献，我
们详细了解到一群一直为王
室服务的贵族船员们的各种
活动，他们每年在不同地方
从事各种不同的工作。文献
提供了关于吉萨第一个金字
塔的相当有价值的信息，尤
其是在那里工作的工队的组
织结构和建造金字塔所需原
料的供应情况。而且，文献
首次告诉我们当时国家管理

［19］

在埃尔－扎夫旱谷遗址，发现在当地制作
的储藏罐，上面写着国王胡夫的金荷鲁
斯名（Golden Horus Name），提到王室
工队的名字"那些为双金荷鲁斯所了解
之人"。

的清晰图景，让我们了解埃及历史初期法老国家的实际运转情况。

　　这本书一步步描述皮埃尔的调查工作，解释埃尔–扎夫旱谷遗址以及纸草文献，马克及其团队在吉萨地区发现的古代港口、港口城市、工匠营房和采石场。值得注意的是，在远离吉萨地区的一个默默无闻的地方发现的纸草将与近年考古发现的大金字塔建筑群的材料相结合，丰富我们对大金字塔的了解。这些新发现革命性地改变了我们对金字塔黄金时代——埃及文明第一个高峰时刻的认识。

第一部分

金字塔建造者的身影

第一章
埃及遥远沙漠中的"宝藏"

古埃及人曾在多个地区开采稀有矿物，他们从一些地区的矿山，如这里显示的塞拉比特·埃尔-哈笛姆（Serabit el-khadim），开采制作珠宝的绿松石。（见第○○○31页）

　　我（皮埃尔）总是对围绕埃及的沙漠感兴趣。今天埃及绝大部分的领土是沙漠，这是一个富含矿藏的世界，也是一个不断变化的世界。在一些地方，反差剧烈的山脉岩画凸显出来；在另一些地方，山丘或多山的土丘点缀在平坦的平原上，作为路标它们有时被沙丘吞没。沙漠也是一个小路纵横交错的世界，适应这种恶劣环境的人们有时居住在这里。历史上，古埃及人发挥自身能力开发这些艰苦地区的历史令人印象非常深刻。古埃及人很早在绿洲建立定居点，那里是难得适合居住的绿色空间，零散地分布在整个西部沙漠地区。他们循序渐进地开采制作奢侈品、艺术品和纪念建筑需要的原料。

　　从古王国时期开始，远征队向南最远被派往格贝尔·埃尔-阿斯尔［Gebel el-Asr，位于西部沙漠，后来阿布·辛贝神庙（Abu Simbel Temple）建筑所在的区域］，带回一种特别的石材：斜长片麻岩。从某个角度观看这种石材，石材闪耀蓝绿色光芒，非常适合制作皇室雕像。著名的哈夫拉（约公元前 2597 年至前 2573 年）雕像由一整块巨石雕刻而成，乔治·莱斯纳（George Reisner）在吉萨的国王山谷庙里发现，现在是开罗埃及博物馆最伟大的杰作之一。古埃及人也派遣远征队到西部沙漠深处的达赫拉绿洲（Dakhla Oasis）周边区域寻找一种装饰颜料"麦法特"（mefat）。他们从法雍（Faiyum）边缘地带开采玄武岩，在东部沙漠开采硬砂岩、紫水晶和黄金，在西奈半岛开采铜和绿松石。事实上，从法老时期伊始，被派出的远征队就几乎开采了所有这些天然矿藏。

　　这种劫掠活动最初由一群被称为"塞蒙提乌"（sementiu）的

地形勘探者领导，他们可能在当地民众的帮助下，负责发掘最偏远地区可以开采的矿藏。他们活动的踪迹遍布整个沙漠，仍然明显的商队路线自首次出现后已经历大约上千年时间。可以通过观察地表被扰动的地方来追踪这些路线，排成直线的石子是运输动物留下的痕迹，让人联想起在其他纬度地区发现的冰碛，有时在靠近矿山以及采矿区留下营地和古代作坊处理铜或黄金的残迹，当时，它们被就地加工。在多个这样的遗址里，曾在那里工作的工队留下岩刻铭文。这些铭文可能是非常重要的历史资料，铭文反复提及年代和远征队首领的名字，还经常提到赞助这些沙漠远征活动的统治者。这种铭文也可以提供独一无二的年表细节，年表是古埃及文明独特的历史书写方式，有些国王仅能通过这些文献被知晓，有些国王的在位时间可以通过日期来推断。它们有时也是意识形态的重要反映：它们沿道路或在矿石开采地出现，可能发挥埃及统治者占有周边土地以及向那里的居民宣示主权的功能。因此，岩刻铭文经常提供多个层面的直接资料，其中涉及它们所在地的性质问题。

相对而言，过去的考古学家忽视沙漠地区，但是，过去 30 年，各种新工具被运用到沙漠地区的研究调查中，如 GPS 和卫星图像。随之而来的对古埃及人在沙漠地区活动越来越多的了解将极大促进埃及学的发展。最具开创性、前沿性的材料经常在埃及这些遥远地区出现，或许是因为之前它们没有进入学者的视野，或者是因为它们非常偏远，直到现在它们都免受现代世界的破坏。

达赫拉绿洲和巴哈瑞亚绿洲的惊人发现

无论如何，令人惊奇的是，有时仅是一个完全幸运的简单发现可能会导致长达数十年的一项科学调查，甚至当时可能都不完全理解这个发现的真正意义。20 世纪 90 年代末，我经常参加在达赫拉绿洲进行的埃及中王国时期的官员在巴拉特（Balat）建造的宫殿的考古发掘，这是一个由乔治·索基阿斯安（Georges Soukiassian）领导的开罗法国考古研究所的项目。周五是每周的休息日，我经常与两位同事麦克·巴德（Michel Baud）和弗雷德里克·科林（Frédéric Colin）在特尼达（Tenida）地区散步，向西深入绿洲中的一些沙漠小路。在绿洲盆地入口处，上千年的锋利的锯齿形砂石露出地表，穿行达赫拉绿洲的旅人们在上面雕刻了数千个铭文和图画。但在那里没有发现一篇法老时期的文献。这将要改变。

我们正坐着午餐，周围是一团各个时期乱画的图像，我突然认出一个小的刻画石碑的轮廓，上面描绘的是酒罐。图像前是一些象形文字符号，拼出来是一个人名：温努（Wenu），典型的埃及中王国时期（约公元前 2045 年至前 1700 年）的人名。尽管这个石碑相当简单，但我还是完全被其吸引，特别是被铭文的直率吸引。我无法摆脱这种感觉，好像突然在与另一个人在同一地点直接对话，他在遥远的 4000 年前，由于某种仅为他所知的原因，留下了这个岩刻涂鸦。20 多年后，我仍被这些地方吸引，深入其中寻找沙漠中古埃及的这类文献记载。

　　我们三个人完全被沙漠迷住了，所有休息时间都用来调查达赫拉地区，最终找到一组连贯的 30 多条铭文，每条铭文或者提到绿洲的管理官员，或者提及埃及历史上的地方官员。官员们戴着奇怪的帽子，蛇站立在帽子上，这是模仿国王头戴眼镜蛇的做法；他们以王室徽章装饰自己的腰带，很可能表达他们管理绿洲的某种独立性。铭文内容包括丧葬仪式、父子两人［阿蒙尼（Ameny）和梅伊（Mery）］相继、绿洲水源下降以及穿过达赫拉绿洲的行军队

26 伍。我们之前对中王国时期的达赫拉绿洲一无所知，现在这些发现至少为我们提供了历史的一页。当辨认出每一条岩刻铭文时，我感到极其强烈的愉悦。当我们看清面前的事物时，每秒都开始变得有意义；当我们认识到它的重要性时，每秒都带来发现的纯粹感觉，这种感觉后来因每次新发现而不断重复。

　　这之后数年间，我在比达赫拉绿洲更往北的西部沙漠中的巴哈瑞亚绿洲寻找岩刻铭文。以前在这个地区从未发现过这种类型的岩刻铭文，直到 1973 年，著名的埃及绿洲专家阿赫迈德·法赫伊（Ahmed Fakhry）报告说，他在巴哈瑞亚盆地北缘的埃尔-哈拉（el-Harra）地区发现三条岩刻铭文。法赫伊那年去世，他根本没有时间发表铭文。他在一篇概述文章中提供了少量信息，但其他人还是不能凭此准确地找到它们。2000 年 4 月，我与同事乔治·卡斯特尔花费数天时间非常努力地找到了铭文。起初我们怀疑是当地贝都因人所为，但是他们完全不知道铭文，后来我们询问了在巴哈瑞亚一些重要铁矿山工作的工人们，我们的想法是，或许在大约 25 年前，法赫伊在采矿公司初期勘察的地质学家的指引下注意到了铭文。

在公司一些稍年长员工的帮助下，我们大体了解到，20 世纪 70 年代，他们在这个地区进行开采。凭借这些信息和一点幸运，我们发现了一个小悬谷（主山谷地面上开口的支流山谷），古代矿工开辟的一些小路深入其中。在六个砂石石块上雕刻着长短不一的第十二王朝时期（约公元前 1974 年至前 1781 年）的铭文。最复杂的一个是雕刻在岩石上的石碑，碑铭提到当时的采矿官员：一名叫奈赫泰特（Nehetet）的"掌玺者"和一名叫塞奈布提菲（Senebtify）的"仓库监督者"，两人很可能被派到这里管理某种不明矿石的开采。一些铭文也提到一名叫赫比（Hebi）的当地统治者。我们发现的这些中王国时期的铭文是法老时期的埃及在巴哈瑞亚地区活动的最早证据。

调查西奈

自从发现这些后，我一直对岩刻铭文保持兴趣，有时又有重要发现。例如后面讨论的我们发现的艾因·苏赫纳的岩刻铭文，根据铭文内容我们辨认出遗址为红海沿岸的法老港口，2001 年，我们在那里开始考古发掘。从 2004 年开始直到 2013 年，我领导了一个在西奈南部的调查项目，每年进行一两季的考古挖掘。2013 年西奈半岛的政治形势不稳定，考古挖掘结束。我们工作的主要目的是找到法老采矿远征队日常从红海港口航行到西奈的踪迹。通过勘察绿松石和铜矿开采地，我们希望完成广阔区域内古代采矿活动的最准确的考古学地图。

[27]

西奈南部的景色：塞拉比特·埃尔−哈第姆高原西部的巴芭旱谷（Wadi Baba），
古埃及的采矿区。

　　我们在这个遥远的地方进行一个非常令人兴奋的研究项目，基本上由五六个人组成小团队，包括我、达米恩·莱斯内（开罗法国考古研究所的地形学家）和三个西奈北部的贝都因人，他们帮助我们安营以及运输两个星期到一个月的供给。整个调查季我们的营地都非常简单，个人小帐篷稍微复杂些，包括各个时段使用的帆布篷布。营地使我们完全能够独立活动。我们依靠离开开罗前购买的大量食物生活，基本是意大利面、金枪鱼、沙丁鱼、腌制牛肉罐头，还有燃料石油。石油给我们的发电机以及其他夜间设备提供动力，

29

[28]

格贝尔·瑞格雷（Gebel Reglein，埃及语意为"两条腿的山脉"）的景色，塞拉比特·埃尔－哈第姆高原南部的一座双峰。古埃及人在西奈地区开采的最大绿松石矿山位于塞拉比特高原。

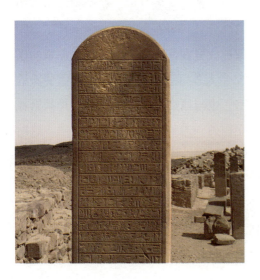

[28]

哈托尔神庙（Hathor Temple）内的荷茹拉石碑（Horurrê Stela）。这座石碑由一名叫荷茹拉的远征队首领竖立，记录中王国时期［阿蒙涅姆赫特三世（Amenemhat Ⅲ）在位的第六年，约公元前1832年］，他被派往西奈执行任务。荷茹拉抱怨夏天炎热，但是因为服从国王，带回来比过去的人更多的珍贵石材，从而赢得了绿松石女主人女神哈托尔的喜爱。

包括电脑和各种 GPS，我们通过 GPS 建立遗址的地形图。生活相当艰苦，这个山区没有移动电话基站，无法与外界交流。但被如此迷人的多元景观包围，我们时刻为有机会在这里工作感到开心。在旱谷下部险峻多彩砂石的山峰之间，这些山峰深深插入山谷，有的在多石隐蔽处出现一块神秘的棕榈树阴凉。

塞拉比特·埃尔-哈第姆高原是我们调查区域的中心，这里曾是埃及人开采绿松石的最大矿山的所在地，绿松石因用于制作珠宝和装饰品而闻名。除了矿山，塞拉比特·埃尔-哈第姆还是绿松石女主人哈托尔神庙的所在地，其中幸存下来的一座是中王国时期的神庙。（哈托尔女神经常被视为王权之神，荷鲁斯神的保护者，她与采石场和矿山等异域原料有关。）神庙修建在高原东边，位于绿松石矿藏最密集区域的中心。神庙外形独特，由一个长方形干燥石墙围绕，环形墙的东端大致沿当地地势包围神殿。整个神庙由不同的两部分组成，其中最重要的部分是一对石制小龛，凿入神圣空间东端的山脉。一尊哈托尔雕像被放置在其中一个神龛里，那里的崇拜仪式将其供奉为"绿松石女主人"。创世神普塔（ptah，孟斐斯地区的一个神，与工匠联系紧密，也与西奈半岛的哈托尔女神频繁地联系在一起）的雕像则被竖立在另一边的中等大小的神龛中。这两位神在神庙的另一处圣地"国王神殿"发挥作用，保护王室开采绿松石的远征活动顺利。神像被放置在神庙北侧的一处平台上，参与王室确保王权稳定和延续的表演仪式。最后，神庙还包含几十个石碑，有的石碑差不多 3 米高。每支被派往西奈的远征队都会竖立一座石碑，纪念他们到达离尼罗河谷如此远的这个地方，并为他们的任务寻求神灵保护。对古埃及人来说，这个遗址位于当时已知世界的非常边缘的位置。这些石碑是非常重要的历史资料，它们保存远征活动主要参与者的名字，帮助我们了解远征队的组织，有的甚至描述远征活动。

塞拉比特·埃尔–哈第姆的山崖陡峭，平均海拔高于海平面800 米，外表酷似天然城堡，仅能通过旱谷侧翼的小路进入。它整个是向四周蔓延的形状，山崖伸出石头"手指"进入这个地区的另一处山峰，可被比作"伸出沙子的一只手"。高原的顶部基本上是法老的工队在神庙、营地以及整个遗址不同采矿区之间来回穿行的小路。今天跟随他们的脚步，感觉像沿着高山小路的旅行。

[30]

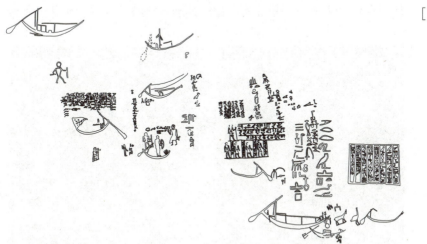

通往塞拉比特·埃尔–哈第姆的山口罗德·埃尔–阿尔（Rod el-Air）的一处岩刻铭文。这些铭文可能由专业书吏或由采矿队中简单识字的工人留下，记录了一种供奉套语，供奉是为了获得神的喜爱，确保沿尼罗河安全返程。

过去多个考古队调查过塞拉比特。1905 年，英国考古学家弗林德斯·皮特里（Flinders Petrie）挖掘哈托尔神庙，1917 年，埃及探险协会才首次记载并发表遗址的纪念石碑。1952—1955 年，著名的匈牙利埃及学家亚罗斯拉夫·车尼（Jaroslav Černý）再版两卷修订本。20 世纪 20 年代和 30 年代，哈佛大学多次考察该遗址。以色列占领整个西奈半岛期间（1967—1979 年），该国考古队完成多个季的考察活动。20 世纪 90 年代早期，分别来自里尔大学和日内瓦大学的多米尼克·瓦尔贝拉（Dominique Valbelle）和查尔斯·博奈特（Charles Bonnet）对该遗址进行细致的考古学研究。因此，我们的目标不是已经被彻底研究过的神庙，而是记录之前许多没有经过真正考古学研究的附属遗存，从而绘制整个区域的地图。这些附属遗存包括干燥石头搭建的营地、处理绿松石的区域、矿井、小型

[31]

罗德·埃尔-阿尔岩画船的细部，由一名在西奈半岛采矿的工人留下，值得注意的是，这种船能够穿越红海，返回埃及。

仪式建筑（一般为小石头构筑的圆环，最初围绕着石碑）以及可能用作进入高原标志的石堆界标。

我们调查、系统记录了古代远征队穿行而留下的所有岩刻铭文。这些铭文在边界清晰的地方，特别是在罗德·埃尔-阿尔（贝都因方言字面意思为"驴子的花园"）聚集。一条道路是进入高原顶峰的主要通道，罗德·埃尔-阿尔可能是法老远征队歇脚的地方，因为跟随他们的驴子无法爬到更高的地方了。这个地方明显也是进入高原的门户，我们记录了十几个岩刻图画和铭文。1935年罗德·埃尔-阿尔被发现后，大多数铭文被刊登出来，但是，许多比较简单的涂鸦，以及大量很可能反映中王国时期经过这里的完全不识字的群体的宇宙观和信仰的岩画却被忽略了。这里也留下了大量不会书写自己名字的采矿队员的身影，他们或是刻写代表他们工队的符号，或是偶然敲凿岩石，画出斧子的轮廓，这很可能是他们的采矿工具。他们也记录了许多带他们返回红海的航船。远征队返回埃及最快的方法很可能是穿过苏伊士湾（并非通过陆路向北、再向西）。这些船的图像很可能代表当时海上的船只，清晰地表露出矿工们渴望快点返回舒适的尼罗河谷的想法。我们在工作中也发现了阿蒙涅姆赫特二世和阿蒙涅姆赫特三世（分别是第十二王朝第三位和第六位国王，约公元前1900年至前1865年和公元前1838年至前1794年）统治时期的一些石碑，它们位于绿松石矿山入口处，纪念新矿井的开采。

我们在考察中也调查了整个地区的其他一些遗址，有些遗址在古王国时期就出现了，其中最著名的是哈瑞格旱谷［Wadi Kharig,

[33]

哈瑞格旱谷：这个铜矿遗址的概貌和一座第十二王朝国王塞索斯特里斯一世（Senwosnet I，约公元前 1940 年）的石碑。

[33]

第五王朝国王萨胡拉在位时期（约公元前 2530 年）的铭文，刻写在哈瑞格旱谷工匠营地的一块岩石上。

阿梅拉旱谷（Wadi Ameyra）岩画全景图，位于我们调查的重要矿区稍北的地方。

阿梅拉旱谷的岩画上出现第零王朝（约公元前 3100 年）的统治者伊瑞－霍尔（Iry-Hor）的名字，用象形文字书写，船很可能象征他的权力。

第一王朝国王杰尔（Djer）也在阿梅拉旱谷的岩画上出现，王名框里是他的荷鲁斯名，上面是一只鹰隼，手拿棒子，正在击打敌人。

因国王萨胡拉（Sahure）的纪念铭文而出名，萨胡拉是第五王朝的第二位君主，约公元前2534年至前2515年］和塞赫·纳斯布（Seh Nasb）。我们在那里发现了一套惊人的处理矿石的工具，这将在第三章讨论。但是，最令人高兴的发现是，找到完全改变我们对法老埃及历史理解的证据——阿梅拉旱谷遗址，这个遗址在我们当时系统调查的采矿区稍往北些。

这些年与我们一起工作的一位贝都因人拉比阿·巴拉卡特（Rabia Barakat）向我们展示了他知道的西奈南部的一些铭文。他想让我们与他单独出去，不受限于我们官方考古工地工作的制约，拜访对他来说可能有意思的地方。2012年6月末，达米恩·莱斯内和我作为游客，在巴拉卡特的陪同下，靠近贝都因人的营地，我们在星空下休息，并系统调查从东边埃及和以色列之间的边境地区到西边的苏伊士湾海岸之间出现岩画和铭文的所有地方。这次旅行从多个方面为横切面观察西奈半岛多样的地理景观提供了独特的、令人兴奋的机会。作为埃及学家，我们最初的兴趣比较集中：发现大部分图画和铭文属于史前时代或纳巴塔时代（Nabataean Times），还有一些是中世纪或现代贝都因人留下的，偶尔出现一些希腊文或科普特语的铭文。在旅行的倒数第二天，我们返回法老采矿区附近，两位向导中的一位穆萨·阿布·拉什德（Moussa Abu Rashid）想起一个他认为可能有趣的、靠近他家乡村子的遗址。

35

他带领我们来到一个多石构筑的平台，数百个小石堆作为标志，石堆上边基本上堆放三四个平板。这个遗址非常有趣，这些石堆使我们很容易联想起之前在塞拉比特·埃尔-哈第姆通往山峰的小路起始处看到的那些石堆。虽然有些失望，我们还是记录下遗址的坐标，正打算离开时，看到穆萨招呼我们去看另一个东西。当时我们接近高原西边延伸数米的一个小旱谷。我感到心脏在狂奔：在一个宽阔、平坦、被风雨侵蚀、低于水平面的岩面上，我们看到了几十个刻画符号，它们相互组合形成更复杂的内容。图像包括巨大的船，位于风格古朴的"宫殿正面"（Serehhs）的上面，"宫殿正面"有古埃及历史起始阶段的国王名字，有的还有一些早期的象形文字铭文。

我辨认出五个非连续的部分在岩石表面按时间顺序排列。这些图像和铭文表明古埃及人的远征采矿活动比之前预想得要早500年，他们定期穿过这个地区。根据风格判断最早的图像和符号年代为公元前 3200 年左右，很可能是涅迦达文化ⅢA（Naqada ⅢA）初期的统治者留下的，当时尼罗河河谷下游的政治势力开始统一过程。出现第零王朝到第一王朝的统治者伊瑞–霍尔和纳尔迈（Narmer）的名字，年代大约为公元前 3100 年，名字还附带象形文字头衔。伊瑞–霍尔是纳尔迈之前的倒数第二位统治者，他的铭文首次提到孟斐斯城，"伊奈布–赫杰"（Ineb-hedj，白墙），从而把这座重要城市的建立年代至少推前了 50 年，希罗多德（Herodotus）将孟斐斯城建立的年代定在美尼斯（Menes）或者纳尔迈统治时期。岩石表面再往左出现第一王朝第三位统治者国王杰尔的名字，他正在庆祝在三角洲西部的一次军事胜利，铭文还提到一位摄政王后尼斯霍特普（Neithhotep），还出现了已知最早的象形铭文句子，句子采用陈述语气："荷鲁斯，他是伊提"。虽然简短，但以口头短

36

[36]

这可能是第一个用象形文字书写的句子："荷鲁斯，他是伊提"。阿梅拉旱谷第一王朝国王杰尔的岩画细部。

语的形式确认国王的地位。有些情况下会给予王子国王般的地位，而称呼他的"出生名"（与他的荷鲁斯王名"杰尔"不同）。

总之，这些铭文通过各种方式，如年代学以及政治和管理方面的语汇，为我们补充和完善了对古埃及早期历史上的这些统治者的了解。这是一个令人激动的时刻，我记得在我整个研究生涯里还没有发现如此重要的考古成果。当时是在我们发现埃尔-扎夫旱谷遗址的纸草之前 10 个月。

第二章
发现红海港口

岩石表面的铭文。俯瞰艾因·苏赫纳，国王哈夫拉
时期的红海港口，古埃及人以此为基地，到达西奈
的矿山。(见第44-52页)

38　　　长期以来，一些埃及学家认为，古埃及人实际上是农民，并不是水手，现在仍有一些人这样认为。为了离开尼罗河，进入大海，他们不得不学习技术，了解那些更频繁从事航海活动的民族，例如地中海东部黎凡特海岸的居民。一部中王国时期的伟大经典文学，后来被埃及学家称为《沉没水手的故事》(*Tale of the Shipwrecked Sailor*)，讲述了一个古埃及人航行穿越红海的故事。红海被描述为瓦杰-维尔（Wadj-wer），字面意思是"伟大的绿色"。这名水手的目的地是王室矿山，很可能是西奈半岛的采矿区。但是，他遭遇暴风雨，一波高达 8 腕尺（古埃及的长度单位）的巨浪击沉了他的船，把他赶上了一座神秘小岛。古代讲述者明确指出这座小岛位于虚幻和真实之间，穿越红海的埃及船基本都要从此经过。小岛上居住着一位神祇——一条巨蛇，它身上镶嵌着黄金和天青石，自称"蓬特之主"（Lord of Punt）。

故事的神话色彩令许多学者怀疑其中的事件和地点的真实性（毕竟，我们不经常处理神话，它们好像是历史或者地理知识），但是，对神话的批判经常是相当过度的。一些学者认为文献根本没有提到海洋，"伟大的绿色"（瓦杰-维尔）可能指的是尼罗河三角洲肥沃而宽阔的地区。这些学者也否认当时的埃及人能够从海上远征到达蓬特。蓬特在埃及人的世界观里是一个非常真实却又充满争议的地方，下面将讨论。他们认为埃及与蓬特之间的交流只能通过尼罗河上游航行到达。红海沿岸三个港口遗址的发现促使我们重新认真地思考所有证据。挖掘这些港口获得大量的考古材料，证据显示这些港口促成埃及人去往西奈海岸和蓬特的海上航行。因此，将

《沉没水手的故事》置于一个新的文化语境之下，从中王国时期地缘政治的角度理解故事叙述的内容可能更合理。

梅尔萨·噶瓦西斯：一个中王国时期的港口 39

第一个被发现的港口，也是红海沿岸最南边的一个港口，位于梅尔萨·噶瓦西斯，距离南边的现代港口城市萨法噶（Safaga）不远。1976 年，埃及考古学家阿卜杜·埃尔－蒙奈姆·M.萨义德（Abd el-Moneim M.Sayed，亚历山大大学）在一个俯瞰大海的小的凸起岩石丛里发现了它。他在那里主持了两个季的大量法老时期遗址的调查和考古发掘工作。遗址包括大量小祠堂，很可能是穿越红海后返航的水手队建立的。根据其中两处建筑里的纪念石碑上的信息确定遗址的年代为中王国时期，大致为公元前 20 世纪至公元前 19 世纪之间。信息也提供了当时埃及人在这里活动的一些原因。

一位名叫安胡（Ankhu）的官员建立了一座纪念建筑，它完全由石灰石锚构筑，向上堆积成一个小型祈愿神龛。神龛装饰有刻在石头上的象形铭文，铭文描述第十二王朝第二位统治者塞索斯特里斯一世（约公元前 1944 年至前 1900 年）在位期间去往蓬特的一次远征活动。现在关于蓬特的位置存在各种假说：蓬特位于苏丹，或者位于厄立特里亚（Eritrea），或者位于也门的海岸边。这组铭文表明梅尔萨·噶瓦西斯应该被明确看作埃及人到达红海南端的长距离远征活动的起点。著名的宰相安提夫克（Antefoker）石碑出现

[40]

地图展示了红海三个间歇性港口：古王国时期的埃尔–扎夫旱谷和艾因·苏赫纳，两个港口一直被使用到中王国时期；中王国时期的梅尔萨·噶瓦西斯。

梅尔萨·噶瓦西斯的一个由干燥石块构筑的小型建筑，其中包含石锚。

梅尔萨·噶瓦西斯
石锚的细部。

[42]

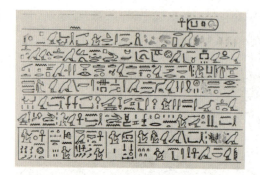

宰相安提夫克的石碑铭文，他任职于第十二王朝国王塞索斯特里斯一世统治时期。阿卜杜·埃尔-蒙奈姆·M. 萨义德绘制。

在另一个神龛里，他任职于塞索斯特里斯一世在位时期。由于石碑磨损，文献上部不幸丢失，但一些仍残存的铭文揭示了埃及人在这个港口活动的主要动机。铭文翻译如下：

> 陛下命令王子、大臣、城市监督者、宰相、六个公正法庭的监察官，安提夫克，从科普特斯（Coptos）的造船厂召集一支船队，航行至蓬特的采矿区，顺利到达，并安全返回，他们所有的工作都是极其高效地完成的，远超过之前在这个国家做的任何事情。并且，他是按照官廷里陛下的命令完美完成的。然后，司仪官阿蒙尼在"伟大的绿色"，即大海岸边，召集船队以及与他在一起的斯奈特诺姆（Thinite Nome）南部的首脑召开伟大会议。

42   这篇文献聚焦于两个前后相继的工作阶段。最初在科普特斯的船厂召集船队。科普特斯位于尼罗河河谷拐弯处，通过一条沙漠小路与红海相连。船队将船只拆卸成几部分运到岸边，再重新组装。

虽然在噶瓦西斯港口发现了纸草和船锚，但后来一些埃及学

[43]

梅尔萨·噶瓦西斯人工储藏仓库的入口，放置装有纪念碑的雕刻龛。

[43]

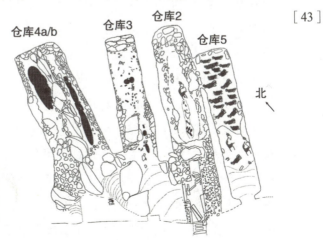

梅尔萨·噶瓦西斯仓库的布局图，仓库里面仍保存航海工具，例如在编号 5 的房间里发现大捆的绳子。

家对港口的真实性表示怀疑。从 2001 年开始，东方那不勒斯大学的罗杜夫·法托维克（Rodolfo Fattovich）、波士顿大学的卡斯瑞恩·A. 巴德（Kathryn A.Bard）领导意大利和美国联合考古队重新发掘这个遗址，确定法老时期埃及人在红海活动的海洋属性。2003年，这个新考古队发现了凿进高原的在祭祀神龛下的一组石灰石仓库。这些仓库里保存着大量航海工具，包括许多锚和在那里保存完好的很早时期的粗绳卷。他们在遗址同一地点还收集到大量船体的木条，其中包括一些保存相当好的船舱。很可能古埃及人选择这个地方作为港口的原因是，天然环礁湖阻挡经常吹过这个地方的北方季风，从而保护船只。确定遗址年代的证据主要是大量纪念碑，它们最初插入悬崖表面的这些嵌入仓库中，造成这些被掩埋的纪念碑在挖出后下部遭受到不同程度的磨损。

44　　　一些石碑提到国王塞索斯特里斯二世和塞索斯特里斯三世以及阿蒙涅姆赫特三世的名字（分别是第十二王朝的第四位、第五位和第六位君主）。后来，还发现了阿蒙涅姆赫特四世在位期间的材料。明显这个港口基本上是从公元前 1920 年至前 1785 年被使用。考古发掘还找到可以确定当时埃及海岸和遥远的红海南部地区直接来往的大量证据。发现的黑曜石碎片源自也门或埃塞俄比亚，还发现少量埃塞俄比亚和也门阿登（Aden）地区的异域陶器，年代为公元前2000 年前后。目前为止在这个遗址的所有发现表明这是一个长期运转的复杂港口，很可能间歇性地被使用。凿进岩石表面的仓库保存两次海上远征之间的休息期被拆解的船只，这个休息期有时持续数年。古埃及人运用这种方法省去了每次需要船只而不断从尼罗河谷运送船只来回的麻烦。这种港口可能从非常早的时期就开始运转，在苏伊士湾更北边发现的其他两个红海港口也提供相似的证据。

艾因·苏赫纳：一个古王国时期和中王国时期的港口

在红海沿岸发现的第二个港口是艾因·苏赫纳，大约与法托维克和巴德 2001 年重新考古发掘梅尔萨·噶瓦西斯同时。艾因·苏赫纳位于苏伊士湾西海岸，从孟斐斯进入红海最短沙漠通道的末端，孟斐斯在大部分法老时期是埃及政权的首都。遗址位置掩蔽，附近有温泉，使这个地方得到一个现代阿拉伯语名字艾因·苏赫

[45]

雕刻在艾因·苏赫纳遗址岩石板上的中王国和新王国时期的铭文。

纳。另外，水源促使小绿洲形成，所有这些很可能都对选择这个地点具有重要意义。很可能早在古埃及前几个王朝开始时，艾因·苏赫纳就被去往西奈半岛南部寻求铜矿和绿松石的埃及远征队当作沿路一个主要驿站，西奈半岛南部的一些矿山距离大海约 100 公里。

45　　　20 世纪 90 年代，艾因·苏赫纳首次引起埃及学家的注意，当时穆罕默德·阿卜杜·埃尔－拉兹齐（Mahmoud Abd el-Raziq，伊斯梅利亚大学）发表了一系列重要铭文，这些铭文在俯瞰艾因·苏赫纳遗址的一处岩石表面被发现，年代从古王国时期到科普特时期（Coptic Period），其中一些铭文属于第十一王朝和第十二王朝之间的转折时期（大约公元前 1981 年至前 1970 年），为孟图霍特普四世（Mentuhotep Ⅳ）和阿蒙涅姆赫特一世在位期间派出远征队的官方记载。这些文献提到两次特别大规模的远征，分别由 3000 人和 4000 人组成，两次远征都曾穿过艾因·苏赫纳。其中一篇铭文甚至提到远征的具体目的，并作文纪念，"带回绿松石、铜、赫色门（hesemen）以及沙漠的其他宝物"。埃及语"赫色门"可能指几种东西。从上下文来看，这里它可能指在红海或西奈地区发现的泡碱，或者是当时古埃及人向铜里添加砷而制成的青铜。

　　另一篇铭文年代为塞索斯特里斯一世在位的第九年，铭文提到
46 上下埃及之王亥普卡拉（Kheperkare）派遣一名官员到采矿区，里面出现指代西奈地区的名称，当时古埃及人在西奈地区开采矿藏。年代为阿蒙涅姆赫特三世在位第二年的一块小岩刻石碑上的铭文告诉我们一些远征队员的名字，其中一人的名字为"击退蝎子之人，伊西斯（Isis）的儿子伊提（Ity）"。在西奈半岛的玛格哈拉旱谷

[46]

第十一王朝国王孟图霍特普四世　　第十二王朝国王阿蒙涅姆赫特三世在艾
在艾因·苏赫纳的铭文。　　　　　　因·苏赫纳的石碑。

（Wadi Maghara）发现的铭文也出现了这个名字。阿蒙霍特普一世
（Amenhotep Ⅰ）和阿蒙霍特普三世统治后期的铭文提到艾因·苏
赫纳港口在第十八王朝时期仍偶尔地被使用。一次远征活动的监
察官帕尼赫斯（Panehsy）在艾因·苏赫纳遗址的铭文中出现两次，
还在塞拉比特·埃尔-哈第姆采矿遗址的铭文中出现，从而进一步
确立起这个海岸港口和西奈半岛南部之间的联系。

　　2001 年，开罗法国考古研究所和巴黎-索邦大学联合考古队进
行发掘，很快在艾因·苏赫纳发现了大规模的定居点，定居点向西
延伸，从红海沿岸距离内陆 400 米处向上延伸至格贝尔·埃尔-噶

47

拉拉·埃尔-巴哈瑞亚山脉，山脉顶峰海拔约 1000 米。遗址上部
（西部）主要为一组凿进砂岩的 10 个大型仓库，在距海平面 14 米高
的岩石表面的底部还刻有铭文。这些仓库长 14 米至 24 米不等，宽
和高大致范围分别是 2.5～3 米和 1.8～2 米。最早的仓库是在古王
国时期建造的，时间在第四王朝后半段至第五王朝之间。与梅尔
萨·噶瓦西斯仓库的功能相同，这些仓库明显用于储藏两次远征之
间被原地拆解的航海船。仓库的一些墙壁上还保留有官方铭文（或
者使用墨水书写，或者雕刻进石头），铭文纪念第五王朝的统治者
尼乌塞拉（Niuserre，具体时间是他在位的第二次人口普查那年）
以及杰德卡拉-伊塞斯（Djedkare-Isesi，在他第七次人口普查那
年）的远征军穿过遗址。杰德卡拉-伊塞斯的铭文中还出现克贝奈
特船［kebenet-boats，字面意思是"比布罗斯风格的船"（Byblos-
style boats）］，这是目前已知第一次提到克贝奈特船的铭文，这种
船可能专门用于远距离海上远征。仓库里还发现大量古王国时期
统治者［哈夫拉、萨胡拉、尼乌塞拉、杰德卡拉-伊塞斯、乌纳斯
（Unas）、佩比一世（Pepi Ⅰ）和佩比二世（Pepi Ⅱ）］的印章，表
明这个遗址在古王国时期超过三个世纪的时间里（约公元前 2597
年至前 2260 年）被经常使用。

艾因-苏赫纳的 9 个仓库在中王国时期不同时间被使用。第一
中间期（约公元前 2250 年至前 2045 年），埃及陷入统治危机和政治
分裂，仓库被废弃。一些仓库不被使用时，部分天花板塌落。通常
重新开始活动发生在距离最初入口数米的地方，一般布置新的通道
走廊，走廊包括低矮的泥砖墙，墙上带木门，门框里有一组门。仓

库功能可能多样，一些明显是储藏各种食物的仓库，而相连的 G2 和 G9 两个仓库明显储藏船的构件，每个仓库都有一条被拆解的船。根据与船同一地层的一堆陶器可以准确断定年代是第十二王朝初期。

[48]

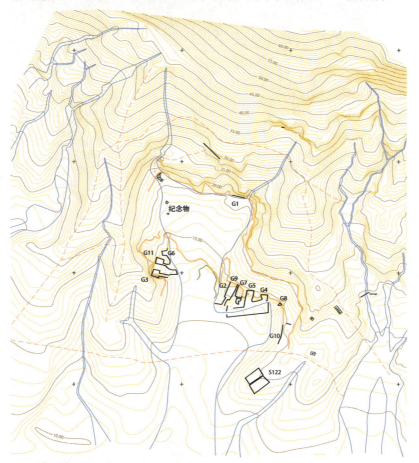

上面是艾因·苏赫纳的储藏仓库群的地形图。在古王国时期（从哈夫拉到佩比二世）的三个世纪中被使用，在中王国时期被周期性使用。直到新王国时期，约公元前 1350 年，它仍被偶尔使用。

[49]

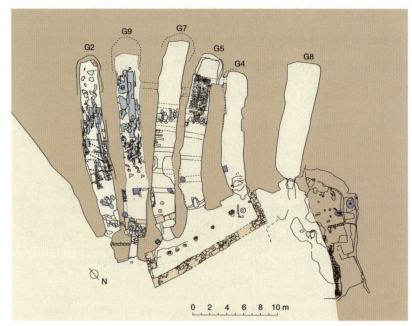

艾因·苏赫纳的仓库以及三个仓库周围矩形建筑的平面图。在仓库内发现的遗存：仓库 G2 和 G3 里是两个拆解的船，它们被保存在那里，后被盗贼烧毁。

[49]

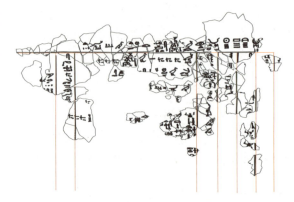

艾因·苏赫纳仓库 G1 入口处第五王朝统治者杰德卡拉-伊塞斯统治时期的官方铭文。铭文提到一位将军赛德-赫泰普（Sed-Hetep），他也出现在西奈绿松石矿区玛格哈拉旱谷发现的类似的铭文里。这次远征由 1400 人组成。

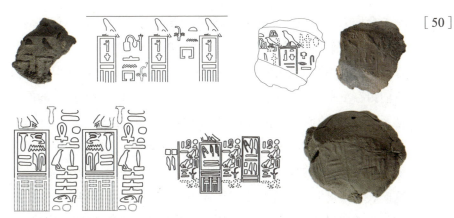

[50]

艾因·苏赫纳仓库发现古王国时期不同统治者的印章（从左至右，从上至下：哈夫拉、尼乌塞拉、乌纳斯和佩比一世）。

[50]

保存在艾因·苏赫纳仓库 G9 入口处的两个古王国时期的锚。

在仓库 G9 中被焚烧的船的残骸，这是在艾因·苏赫纳发现的两条船中的一条。

51 　　仓库 G2 和 G9 里的两条船最后一次被使用后，被小心地拆解成几块，它们厚实的雪松木板，平均 10 厘米厚，30 厘米宽，堆叠存放，有时用绳子系成一捆。这些贵重部件被非常小心地保存确保它们留存下来：稍大的几块放在小木杆上（或许是重复使用的船桨把手），抬离地面，防止它们与下面潮湿的泥土接触。植物纤维的垫子盖着它们，使它们隔离沙尘。曾经发生过一次偷盗，保存在仓库里的一些东西被扔在外边，两条船也在中王国初期被故意烧毁。这次破坏很可能发生在孟图霍特普四世和阿蒙涅姆赫特一世在位期间派出重要远征军后不久。虽然可能存在矛盾，但是这些被焚烧的船实际上使得我们更加理解它们是如何被储藏的以及组装它们的技术。燃烧木板产生的热量导致两个仓库的屋顶塌落在船上，反而抑制了氧化过程，从而有助于保存船各部分的最初形态，同时封住沉积物留给后代。帕特莱斯·珀梅（Patrice Pomey）是一位研究古代船只的专家，他研究了这些船的大小，绝大部分都包括船体，估计组装后原来完整的船有 14～15 米长，所有证据表明，在艾因·苏赫纳发现的遗存为在航海环境中发现的已知最古老的海船。另一些在墓葬或宗教环境中发现的船，如太阳船，同样是被拆解后放置在胡夫大金字塔的旁边。

　　在遗址下部（东部）一个广阔濒临海岸的区域出现一片居住区。建筑用干燥石墙建造，包括手工作坊区、食品加工区和居住区。从古王国时期开始，这个区域就出现了营地。一个编号"房间 14"的大型建筑物在古埃及人定居期间应该发挥着总部指挥功能。一个大型船形坑被挖入地表，具体功能不知，很可能是古埃及人在遗址组

[52]

艾因·苏赫纳"房间14"大型建筑的俯视图，这个建筑很可能被用作远征队首领的指挥部。

装或拆解船的过程中使用的。在俯瞰遗址的一处岩石表面刻着中王国初期孟图霍特普四世和阿蒙涅姆赫特一世统治时期的官方铭文，内容表明整个区域的功能发生了重要变化。冶金作坊能够就地熔炼可能从西奈进口的铜核，古埃及人建造类似小房子的民居建筑，有时使用一种古代海岸的砾岩"圆砾岩"做背景。大量炉子被用来烘焙面包，在这些居住区的地层里也发现了大量储存谷物的容器。

因此，在艾因·苏赫纳考古发现的第二个"间歇性"红海港口，与梅尔萨·噶瓦西斯的港口建筑明显相似。艾因·苏赫纳在历史上可能取代了我们后来发现的埃尔-扎夫旱谷港口成为主要的红

52

[53]

艾因·苏赫纳"房间 14"下部的船坑。

海港口，或许是因为前者距离古埃及的首都更近。后来艾因·苏赫纳的港口运行了相当长时间，大约一千年，从第四王朝中期（约公元前 2600 年）至第十八王朝晚期（约公元前 1350 年）。

53　埃尔-扎夫旱谷：国王胡夫的港口

埃尔-扎夫旱谷位于苏伊士湾西海岸，南边约 100 公里为艾因·苏赫纳，南边 23 公里为现代城市扎法拉纳。西奈半岛的海岸沿着岸边在地平线显现，古埃及人在戴尔·拉斯·布德拉恩［Tell Ras Budran，埃尔-玛尔哈（el-Markha）］，海对面 50 公里远的地方，建造了一座要塞。这是我们考古队自 2011 年在那里开始工作

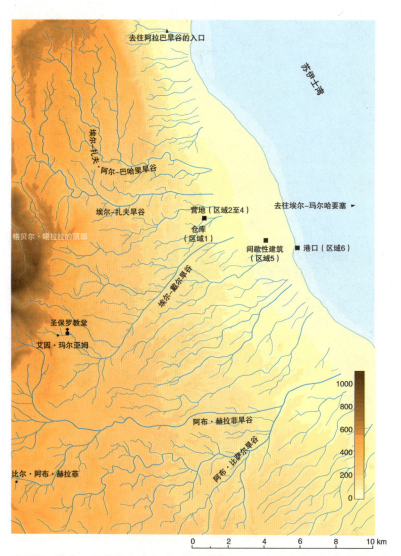

[54]

地图显示埃尔·扎夫旱谷遗址不同部分的位置，从内陆仓库到红海岸边的港口和防波堤。

[54]

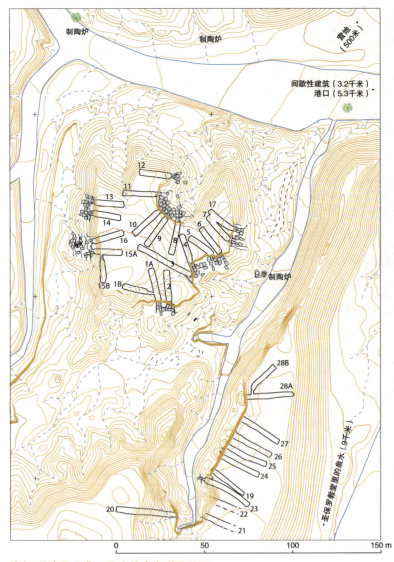

埃尔-扎夫旱谷凿入悬崖的仓库群平面图。

后确认的三个红海沿岸法老港口中的最后一个，但它可能是最早的港口，埃及人主要在国王胡夫在位期间在那里活动。正如前面提到的，后来的历史至少两次提及这个港口遗址，第一次是在 1823 年，当时英国探险家约翰·加德纳·威尔金森爵士简单调查了那里；第二次是在 20 世纪 50 年代，两位驻扎在苏伊士湾的领航员弗朗索瓦·比塞和雷内·查波特-莫里索调查了它。但是，这些调查遗址的早期探险家因受到埃尔-扎夫旱谷遗址靠近圣保罗科普特教堂以及远离大海的地理位置的误导，对其关键特征作出误判：威尔金森　54认为遗址是一座希腊罗马时期的墓葬，而两位法国领航员将其视为一座采矿遗址，却未能判断出开采的矿藏类型。

　　20 世纪 50 年代起，对法老在红海沿岸活动的了解取得重大进展。在考古研究遗址之前，即 2008 年重新发现遗址后的第三年，根据所有遗存的主要特征，我们已经相当确定这是一个红海沿岸的法老港口，与梅尔萨·噶瓦西斯和艾因·苏赫纳构成红海沿岸重要港口群。

[55]

从空中看矩形建筑，我们在埃尔-扎夫挖掘出来后被命名为"间歇性建筑"的遗存。

[56]

从风筝上拍摄埃尔-扎夫仓库的俯视图，左侧是仓库 G1 和 G2，中间右侧是仓库 G4-G6

［ 57 ］

埃尔-扎夫旱谷遗址的遗存广泛分布在海岸和南噶拉拉山丘（South Galala massif）之间范围超过 5 公里的区域内。遗址从西到东包括许多不同结构。第一，31 个凿入石灰石岩层的仓库被分为两组：从一个小型石灰石堆向外辐射出 19 个仓库，另外更南边一些的 12 个仓库被凿进一处南北走向的旱谷斜坡。第二，在仓库东边大约 500 米处，一排营地被建造在多石的山顶上，俯视整个区域，根据在地表上发现的陶器确认年代为第四王朝初期。第三，在距离海岸 2 公里处的广阔平原中部一个地形险峻的区域被许多溪流侵蚀，建造一个广阔的长方形建筑（60 米长，40 米宽），被命名为"间歇性建筑"。建筑几乎被掩埋在沙土里，墙壁由干燥石块建造，建筑被分割成 13 个细长部分，每个 3.3 米至 3.7 米宽，被确认为居住区。考古发掘确认这个建筑所处的地层的年代为第四王朝初期。第四，港口设施以及更重要的居住区和仓库建筑位于海岸。

埃尔-扎夫旱谷的考古发掘从 2011 年开始，目前为止主要集中在仓库区以及海岸的建筑群。九个考古发掘季共发现了 23 个仓库，这些仓库的长度从 16 米至 34 米不等，凿入岩层的高度和宽度分别为 2.2 米至 2.5 米以及 3 米至 3.5 米。几乎所有仓库里都保存大量木头和绳索残件，确认这些仓库很可能用于储藏拆解的船只。最有特色的小的内部横壁通常都包括一个嵌入斜坡的单层石灰石块，斜坡凿入仓库地板的基岩里。这些墙壁可能是储藏工具功能的一部分，用于支撑下面的木制船板，使其避免接触地面的潮湿。有的仓库并非储藏船只，而是专门储藏当地生产的陶器，这些陶器都是专门为工队准备的，上面经常刻着工队的名字，这些容器用于储藏船上的供给。

[59]

小石墙，通常修建在人工仓库内，如这里的小石墙位于仓库 G4 里。石墙很可能支撑拆解后的船板，避免其直接接触地面上的水。

[59]

可以看到在埃尔-扎夫旱谷，大石块堵住仓库 G8-G11 的入口。

[60]

内外两种视角观看仓库 G1 如何被封住。

[60]

仓库 G5 入口处由木轨道
组成的滑道或斜坡道。

每个仓库的入口在最后一次使用仓库后被仔细封住。最初阶段采用放置石块的方式来缩小入口。第二阶段则在前面放置大块石灰石块形成狭窄的走廊。一个或多个吊闸石块插入走廊完全封住仓库，类似古王国时期在金字塔里封住通道的堵塞石块。在封住仓库入口的两块吊闸石块间的坑洞里，我们发现了最重要的纸草窖藏。其中一个仓库的封石系统还包括一个滑道或斜坡道，大块石头下面铺着木轨。封住仓库的大块石灰石上刻着许多工队的名字，频繁出现名字为"胡夫带给它（例如，船）他的双眼镜蛇"的一支工队，进一步证明远征活动发生在胡夫统治时期。在仓库前面，特别是仓库群封石系统区域内，我们发现了各种物质，包括船只残部（如在仓库 G5 前发现船体中部的骨架，宽 2.95 米）以及大量陶器和织物残片。

[61]

一个仓库砖石上留下的表示控制的符号，提到船上工队的名字："胡夫带给它他的双眼镜蛇"。

在距离海岸 180 米的地方，我们发掘出港口设施，一个非常大型而复杂的系统，包括两个用石块和灰浆黏合建造的长方形建筑。这两个建筑很可能是临时性的，沿着东西轴线并行建造，建筑的后背墙在北边，保护其内部免受季风侵扰，防止沙土堆积。建筑最初以轻质材料搭建屋顶，木杆支撑，在发掘区可以清楚地看到杆洞。这些建筑的总平面

61

[62]

考古挖掘后，埃尔-扎夫旱谷港口防波堤向着陆地的部分。

[62]

在海岸定居点，最后使用埃尔-扎夫旱谷的阶段，被小心收集放置在两个矩形建筑间的 100 多个锚。

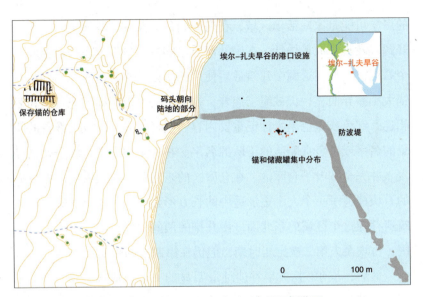

埃尔–扎夫旱谷的海岸营地、防波堤、码头以及定居区概览图。

图显示其为典型的古王国早期远征队的仓库区。在这个海岸的所有
发现，特别是在较低地层里发现的在当地仓库群区域制作的大量陶
器，证明这些建筑的年代为第四王朝初期。北面的建筑由 5 个平行
的房屋组成，每个房屋的东西轴线长约 20 米，宽 12.5 米至 15 米
不等。在房屋原初的地面上发现许多印章，印章上刻写胡夫的荷鲁
斯名和王名圈（有的提到他的金字塔建筑群的名字："胡夫的地平
线"）。除告诉我们建筑的年代外，这些印章还表明这个建筑是专门
用于储藏密封在袋子或盒子里的各种物品的。

南面的建筑由一排 10 间并列的房屋构成，南北方向排列，入
口在南端，长 36.25 米，宽度范围为 7.6 米至 8.5 米。这个建筑群

的房屋可能是家庭活动区域，在房屋门口以及在建筑南边的一大片开阔区发现了大量炉灶。在南北建筑之间的区域发现了一组100多个石锚，它们在这两个建筑最后使用的阶段被小心地收集。一些石锚大小差异明显，仍被绳子连着，推测最初可能用绳子把石锚和船相连。红色或黑色墨水标记重要内容，很可能表示埃及人准备的船只的名字或者负责船队的工队的名字。在古王国早期，沙子就已经侵入并完全吞没了仓库区。在仓库区的东南角，埃及人使用更早期的石块建造了一个大小更加适中的长方形建筑。一些小的蜂窝状建筑遗存在这个区域的东北面，由并排的两间房屋组成，年代为古王国，古埃及人第二次定居时期，但仍在第四王朝时期。

最后，埃尔-扎夫旱谷遗址最明显的一个组成部分是一个呈L形的大型防波堤或码头，巧妙地建造在一处开口直接面向海岸的珊瑚礁上。2015年发掘季结束之时，清理之前全部被沙子覆盖的内陆区域后，我们得到一幅完整的防波堤平面图。防波堤的东西段（最重要的结构）长205米，阻挡来自北方苏伊士湾的季风，保护码头；另一段大致从北向南或东南走向，延伸200多米。防波堤连接海岸，平均宽度约6米，防波堤的北面用大块石灰鹅卵石建造，呈现连续的凹凸层，约6米长。防波堤的内部由更优质的材料黏合黏土而成，建造时紧实堆积并压实。整个建筑形成延伸范围约5公顷的静水区域。

在防波堤狭窄的"手臂"处发现了一组23个船锚，船锚位于原初的海床上，当前深度约为1.5米。周围还有许多当地生产的陶罐（其中10个已经被记录）。在港口运行时，它们很可能已经丢失

63

了。它们的现状进一步证明防波堤和船锚是同一个港口运行的一部
分，还包括距离海岸不远的兵营以及西边 5.5 公里处的一组仓库。
所有证据结合在一起指向一个事实，这个遥远遗址是世界上已知最
早的海港（约公元前 2630 年）。

红海港口以及远征获取原料

我们现在知道的埃及红海沿岸的三个港口清楚地表明埃及人在
非常早的时期就能够进行海上远征。这些海港仅周期性地被使用，
国王组织并派遣重要的远征队，远征活动经常相隔几年，因此，这
些港口被认为是"间歇性港口"。到底促使埃及人耗费如此巨大的
精力穿越沙漠从人口中心区域到遥远的地方建造这些港口的原因是
什么呢？答案在于当时古埃及人需要大量原料维持国家的正常运
行，特别需要铜来制造工具建造纪念性建筑——巨大的金字塔。可
开采的铜矿主要位于西奈半岛西南的一处采矿区，从这些港口出发
穿过红海到达采矿区。运输采矿工人以及收集铜矿的船只被首次拆
解后，穿越东部沙漠的小路从尼罗河谷分批运到红海海岸。到目前
为止辨认出三个遗址的仓库群，里面就地储藏和安全保存着必要设
备，包括船只。

从第四王朝初期斯奈夫鲁统治时期西奈应该就成了频繁穿越
苏伊士湾的这些海上远征军的主要目的地。从红海港口出发的船只
很可能拥有更强的续航能力，可以航行到更远的地方。"蓬特之地"

64

位于红海南端的某个地方，埃及人视其为已知世界的尽头，很可能也是这些远征活动的目的地之一，特别是在梅尔萨·噶瓦西斯发现的大量书写文本明确提到蓬特。后来的艾因·苏赫纳也是如此，当时梅尔萨·噶瓦西斯的港口已经不存在了，我们在艾因·苏赫纳看到明显的南方的异域物产（粗糙的黑曜石以及南苏丹或者埃塞俄比亚风格的陶器）。这种联系可能从第四王朝初期的埃尔-扎夫旱谷就出现了，但现存这个时期的文献没有出现"蓬特之地"。首次提到焚香（sehetjer）和没药（antiu）的埃及文献的具体年代是在斯奈夫鲁和胡夫在位时期，当时，埃尔-扎夫旱谷遗址正在被使用，这些可能不是简单的巧合。

在这方面，另一个证据可能重要。2019 年克莱尔·牛顿（Claire Newton）主持埃尔-扎夫旱谷的一次植物考古学研究，频繁辨认出乌木残块。这种价值连城的木头有时用于制作艺术品，我们还发现粗糙的原木，或许这种原料是从红海南端运来的。现代名字"乌木"来源于埃及语"hbni"（与黑曜石、焚香以及异域的动物皮毛一起），为埃及与南部非洲以及埃及与印度洋之间最具代表性的贸易物品。从埃及历史非常早的时期这种贸易活动就存在了。在埃尔-扎夫旱谷发现的乌木是埃及与巴伯·埃尔-曼达伯（Bab el-Mandab）地区可能存在联系的已知的第一个证据，巴伯·埃尔-曼达伯位于红海的最南端，这种珍贵物产可能通过连接这个地区的商业道路"间接交换"获得。

所有这些红海沿岸的法老遗存的发现主要集中在过去 20 年，这些发现说明古埃及人并不缺少富有经验的水手，他们可能已经具备丰富的海上航行经验，也拥有强大的运输能力，从而维持这些战略性海岸设施的时间超过 1000 年。埃及人最经常从苏伊士湾航行到西奈南部，被生动地描述为从艾因·苏赫纳和埃尔–扎夫旱谷港口穿过红海的"穿梭之旅"。他们航行的目的是为远征军高效地提供物资，确保他们在开采铜矿和绿松石矿期间的几个月得到供给。另外，这些港口很可能被偶尔使用，组织更多的冒险远征，获得古代埃及周边世界的异域物产。

第二部分

红海和金字塔何以相连

第三章
探寻铜矿：西奈的重要矿藏
及其在修建金字塔中的作用

哈瑞格旱谷矿山是古埃
及人在西奈南部开采铜
矿的来源地之一。（见第
71-73 页）

在第四王朝初期，正如法老其他历史时期一样，铜是古埃及最 **69** 重要的战略物资。（铜和锡合金形成的青铜到中王国第十一王朝时期在埃及才被广泛使用。）铜是古埃及人制造武器以及手工工具所必需的原料。例如，铜制作木匠制造船只的刀刃和锯以及修造纪念物开采石块所需的小锥子和凿子。在斯奈夫鲁和胡夫修造大型金字

[69]

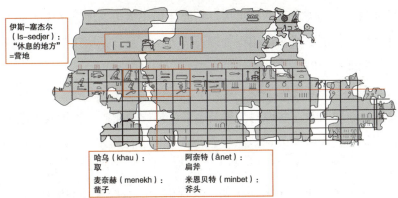

伊斯－塞杰尔
（Is-sedjer）：
"休息的地方"
=营地

哈乌（khau）：　　阿奈特（ânet）：
取　　　　　　　　扁斧
麦奈赫（menekh）：　米恩贝特（minbet）：
凿子　　　　　　　斧头

埃尔-扎夫旱谷发现的纸草 K 揭示铜对古王国时期的埃及人的重要性。这个统计文本列出搬运的不同食物，如枣子、小麦、鱼和家禽，以及铜斧、凿子和锄头，这些工具很可能被用于红海岸边这个港口的造船活动。

[70]

埃及东部沙漠中阿拉巴旱谷的一个矿工营地，第三和第四王朝时期，古埃及人在这里开采铜矿。

塔期间，铜的需求量变得更大。石匠使用小凿子处理金字塔表面大片区域，打磨石块，使用锯处理石英砂，铜太软无法切割硬石，这章结尾处将说明。

　　因此，法老国家不得不组织大规模的远征队进入埃及周围的沙漠地区获取大量这些原料。埃及东部沙漠储藏铜矿，古埃及人在阿拉巴旱谷开采铜矿，阿拉巴旱谷位于直接通往埃尔-扎夫旱谷的一条天然小路上。21世纪初考古学家发现这个地区的采矿遗址，大致年代为第三王朝至第四王朝。发现由干燥石块堆砌的居住遗址，房屋的排布有时类似梳子齿（或者"梳子型"），在某种程度上与埃尔-扎夫旱谷发现的建筑相似，还发现同时代的工具和陶器。从开

采铜矿资源来看，这个地区南部的乌姆·巴拉德旱谷（Wadi Umm
Balad）和达拉旱谷（Wadi Dara）更为重要，它们与红海沿岸的现
代城市拉斯·格哈瑞布（Ras Gharib）大致处于同一纬度。古埃及
人在哈玛玛特旱谷（Wadi Hammamat）周围的广阔区域开采铜和
金，这个重要轴线的另一边穿过东部沙漠，与古代城市科普特斯
处于同一纬度。在这些遗址开采铜矿的时间一般都与古埃及历史
的开端相重合，其中，最重要的遗址的年代大约从涅迦达文化三期
（Naqada Ⅲ）至第四王朝时期（约公元前 3200 年至前 2600 年）。
一些地方的矿藏在法老历史的早期基本上就已经被开采完了，这也
成为当时埃及国家需要大量铜的生动写照。

　　但是，古埃及人开采铜矿最重要的区域很可能是西奈半岛的
西南部［海滨城市阿布·赞尼玛（Abu Zenima）和阿布·罗德斯
（Abu Rodeis）的东边］。古埃及人在那里活动意味他们无需开展国
际贸易来获得这个重要资源。在这个地区，尤其是在玛格哈拉旱
谷，古埃及人树立纪念物，上面绝大多数铭文都提到绿松石，在这
个地区也开采这种珍贵的石材，因此这个地区得到一个有名的名
字："绿松石台地"（Terraces of Turquoise）。铜矿应该是这些行为
背后真正的原因。目前并不确知埃及人是否在他们历史初期就开
采西奈的矿藏，但是，一些矿山，如哈瑞格和比尔·纳斯布（Bir
Nasb）的矿山，已经被清楚辨认出是从第五王朝就开始开采的。但
是，早期开采历史的大部分遗存现已丢失，铜矿开采的中心可能从
格贝尔·乌姆·伯格玛（Gebel Umm Bogma）地区的广大区域到
比尔·纳斯布南部，锰矿也在这个地区，恰好与铜矿处于同一地

71

[72]

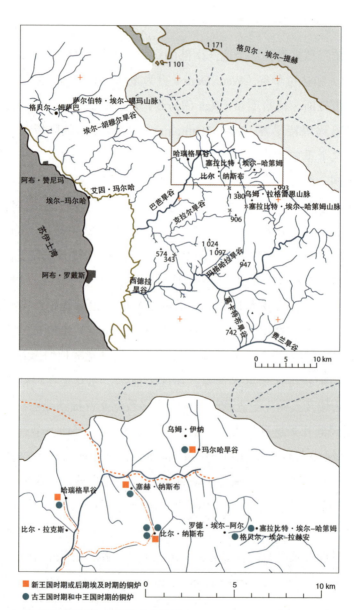

古王国时期西奈南部的矿山地图。

在哈瑞格旱谷发现　[73]
矿工的锄头。

[73]

哈瑞格旱谷矿山的
景色，很容易看见
这里的铜矿岩层。

[74]

格贝尔·埃尔-拉赫安的塞赫·纳斯布遗址全貌。发现干燥石墙堆砌长达 80 米的熔炼铜的工厂炉子。据估计发现至少 3000 个熔炼炉，表明这里大规模加工铜。

层。从 20 世纪初期开始，大量开采锰矿导致景观现在已经完全改变了。目前没法在这个区域开展考古调查，所以古埃及历史初期派往这里远征的关键信息可能已经消失了。另一方面，21 世纪头十年，我们（皮埃尔和达米恩·莱斯内）在这个地区更北边的一些地方进行调查，发现古代就已经出现孔雀石（一种碳酸铜矿石）减少的情况。冶炼铜是一种化学反应，通过炙烤矿石来提取金属铜。事实上，在整个古王国时期这种处理铜矿的方法可能都很流行。

2009 年，我们发现第四王朝早期金字塔修筑时期的一个特别

[75]

塞赫·纳斯布熔炼炉的稍近视图。

的遗存，证据表明大规模采矿活动可能出现。塞赫·纳斯布古代采
矿遗址从北向南贯穿西奈半岛南部的大旱谷，在遗址入口处我们发　　74
现了数量惊人的熔炼铜的火炉。火炉不在开采矿石的矿山附近，而
是在一个天然平台上，它们暴露在各种变化的季风里。熔炼在那里
基本上可以不间断地进行。塞赫·纳斯布位于数条运输线交汇处，
方便供给熔炼所需的原料。

　　遗址中的炉子组成一群，有时一群包括几百个炉子。在一个炉
子群里，每个炉子按照一个粗糙网格模式安排，朝向不同方向，基
本上是南北或东西方向，熔炼组被规整地放置在每个炉子的两侧。
我们总共发现 28 个炉子群，其中最小一个炉子群延伸约 11 米，最　　75

挖掘后的塞赫·纳斯布铜矿冶炼炉。

大的炉子群延伸大约 80 米。整个炉子群的总长度约为 1 千米，占据一个相当大的区域。我们整个调查项目的一部分就是发掘这些炉子群，炉子的保存状况比表面显露出的遗存的情况要好很多。每个炉子群里修建一座支撑墙，形成炉子群的中心，并提供方向。这个中心由小块干燥砌石建筑，类似于盒子，每面尺寸为 30 厘米 ×30 厘米，每面后面由一块厚板支撑，构成炉子的基座。炉子以立柱彼此分割，整体方向朝右。每个炉子高约 60 厘米。炉子一侧有大小为 20 厘米 ×20 厘米的开口，自然风穿过，提高炉温，加速熔炼过程。炉子顶部有一个相同大小的开口，用于加燃料。平均每米约有 3.5 个炉子，可以计算出仅这个遗址就聚集了 3000 多个炉子，表明这是一个基本上工业化规模的古代加工铜模的区域。

77

[76]

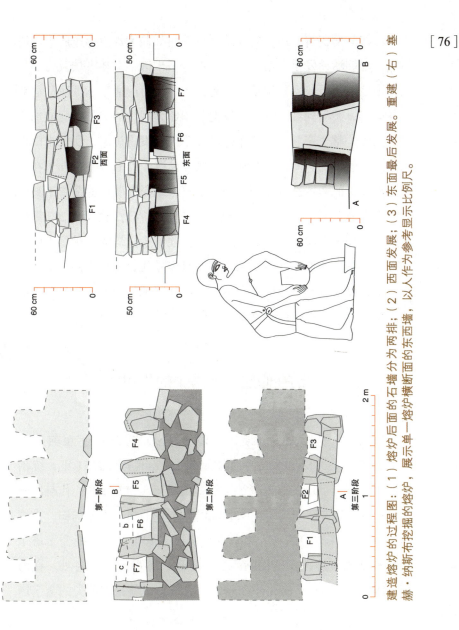

建造熔炉的过程图：（1）熔炉后面的石墙分为两排；（2）西面发展；（3）东面最后发展。重建（右）塞赫·纳斯布挖掘的熔炉，展示单一熔炉横断面的东西墙，以人作为参考显示比例尺。

许多问题仍待解决。例如从哪里获得如此大规模生产所需的燃料呢？熔炼活动发生在西奈半岛，靠近采矿区，但在古埃及历史早期，半岛上很可能木材稀缺。因此，木材很可能通过远征队从尼罗河谷运来，搬运到红海港口的船上。如此大规模的炉子到底能加工多少铜呢？整个塞赫·纳斯布遗址几乎没有发现炉渣，所以难以推测这方面的情况。但是，菲利普·弗鲁兹恩（Philippe Fluzin）在艾因·苏赫纳的考古遗址复原了一座炉子，结果表明这些简单工具处理矿石非常高效。仅使用自然通风，炉温很容易就达到 1200 摄氏度以上，加工金属表现良好，熔炼后仅残留少量炉渣。虽然不能准确确定塞赫·纳斯布在古王国时期的具体年代，但它不同寻常的大小、结构以及规模很可能将它与埃及第四王朝早期的大规模建筑活动相联系。当时推行国家重要建设项目，需要大量的铜。

铜在修建金字塔中的作用

事实上，从第四王朝斯奈夫鲁（约公元前 2675 年至前 2633 年）到孟卡拉（Menkaure，约公元前 2572 年至前 2551 年）统治时期，巨大金字塔的修造者很可能在梅杜姆（Meidum）、代赫舒尔（Dahshur）和吉萨积聚了比同时代世界上其他地方更多的铜。古埃及研究所由我们中的一人（马克）领导，他在吉萨挖掘金字塔工匠村和基础设施，发现铜制品数量不多，零散分布在各处。在海特·埃尔-古拉布（Heit el-Ghurab）遗址［也就是"消失的金字塔城"（Lost City of the Pyramids）或者"工匠村"（Workers' Town）]，古埃及研究所考古队员找到大约 60 个铜制品，基本都是小的日常物品，大部分都是针头和尖头，如针、编织尖头、鱼钩、两个手镯、一个可能的刀刃、珠子以及一个箭头。仓库群类似梳齿排列的长型建筑，占据海特·埃尔-古拉布遗址中心和大部分区域。我们认为这些仓库是营房，在营房各处都发现了小件铜制品，这些材料显示工人或船员大约有 40 人，被供给铜制工具，与埃尔-扎夫旱谷纸草提到的团队规模相似。

78

我们挖掘的另一个梳齿状建筑里也出现铜，这是一组在哈夫拉金字塔西边延伸 450 米的仓库，弗林德斯·皮特里（Flinders Petrie）称，我们认为的区域 C 为"工匠营房"（Workmen's Barracks）。这种梳齿状建筑在埃尔-扎夫旱谷以及遥远的采石场和采矿区也出现过。但是，在埃及国家的边境而非它的核心区域吉萨，这些建筑没有那么正规。区域 C 的仓库宽 2.5 米至 3 米，略小于 30 米长，我们在海特·埃尔-古拉布遗址稍大一些的仓库里没有发现这种家庭建筑，海特·埃尔-古拉布的仓库宽 4.6 米至 4.7 米，长 35 米至 50 米。区域 C 发现的物质文化表明当时人们主要居住在这个国家规划的梳齿状建筑的入口处，他们在那里从事手工加工和硬石雕刻。

在整个区域 C 挖掘出多个铜制品，包括形状怪异的残块、小铜钉、铜针头以及编织针。在南端仓库 C11 入口处发现大量铜制品，其中 21 件铜块可能是由一个薄而平整的金属条破碎形成。铜碎片、孔雀石碎块、铜核块和带有矿渣的陶器碎片使我们怀疑居住者是不是在仓库前的开阔区域制作这些小型铜制品，但却没有发现加工

[79]

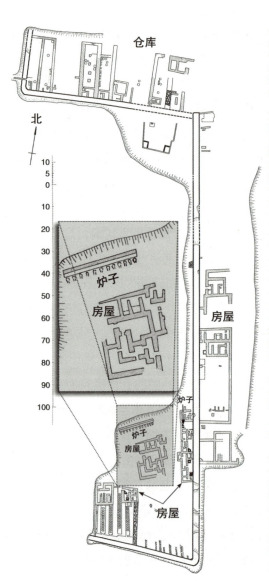

20世纪70年代阿卜杜·埃尔-阿齐兹·萨勒赫（Abd el-Aziz Saleh）在吉萨挖掘工匠村，位于孟卡拉金字塔东南方向。放大图显示类似房子的建筑的北面可能是一排铜熔炉。

铜的证据，如坩埚、增加炉温的吹管、模具、废料、矿渣以及其他金属工具。

20世纪70年代，开罗大学的阿卜杜·埃尔–阿齐兹·萨勒赫和他的团队在孟卡拉金字塔东南的采石场的东南边一个工业区发现疑似加工铜的痕迹。炉子在一个类似房子建筑的开阔庭院的周围，工匠在那里留下大块天然雪花膏石。萨勒赫在庭院北侧发现一排 12个马蹄形灶台或炉子，表明在这里有加工铜的迹象。炉子形状 80 类似小盒子，萨勒赫认为吉萨的炉子用于制作食物，他还在那里注

［80］

铜凿子在吉萨大金字塔大仓库留下的痕迹。获取和处理铜都是相当耗费精力的，因此，在贵族墓葬中放置铜制品成为较高社会地位的象征。但是，在吉萨的海特·埃尔–古拉布的"工匠村"里却发现大量铜。

意到明显的铜矿和孔雀石。吉萨的炉子连着三个前洞，一个长 75 厘米、宽 65 厘米、高 15 厘米，另一个长 30 厘米、宽 20 厘米、高 10 厘米，第三个特征模糊。这些炉子可以与塞赫·纳斯布长 30 厘米、宽 30 厘米的盒形炉子相比较吗？萨勒赫在附近还发现了两个大的圆环形炉子。

我们在吉萨没有发现塞赫·纳斯布那样规模的类似工业熔炼铜的证据，因为金字塔的工匠是在西奈半岛靠近矿山及其外围的原料地加工铜。另外，王室可能为建筑工人们提供加工好的铜制工具，如同准备好的谷粮一样，也提供加工好的石制工具和燧石工具。吉萨频繁出现小的铜制品和小型铜作坊说明铜的数量充足，分布广泛。

获取和加工铜的成本高，在埃尔-扎夫旱谷发现的纸草记录应该是由国家远征队，如梅尔率领的远征队完成。但是，埃及学家并不十分认同铜是稀有而珍贵的矿产。铜模、铜制工具以及铜容器在古王国时期的吉萨和其他地区的墓葬里均有发现。查尔斯大学匈牙利埃及学中心的马丁·奥德勒（Martin Odler）和沃罗尼卡·杜里克瓦（Veronika Dulíková）研究铜制工具的模型，发现王室限制和控制铜，导致来世居所墓葬里放置的是铜制的斧头、扁斧、凿子和锯组合的小模型。加工铜的成本高，这些物品代表死者的社会地位高。大庄园所有者的家里有生产铜制工具的模型以及很可能生产真正铜制工具的工匠，王室亦如此，国家与庄园都会雇用冶金师。富有的庄园所有者是倚靠王室提供原料铜吗？中王国时期和新王国时期的文献提到国家控制铜和其他金属。一般人是在市场上交换铜，很可能导致铜制品逐渐向下扩散，我们在考古遗址里可以看到出现大量铜制品。

古埃及人使用重量单位德本（deben）表示不同原料和商品之间的比较价值。古王国时期的铜是这样，后来的青铜也是这样。在戴尔·埃尔-麦地那（Deir el-Medina），新王国时期的王室墓葬工人在底比斯的村落生活，重量单位上刻着工人的名字，工人返还分配的铜制工具时官方还要检查铜是否减少。中王国塞索斯特里斯一世统治时期的纸草统计文献提到在西斯（This）的一个王室造船作坊监督、统计铜斧、铜扁斧以及铜凿子的使用情况。

应该记住我们在吉萨检查铜制工具留下的痕迹，发现基本都是尖头凿子和几乎扁平、一指头宽的凿子留下的痕迹。在许多地方也可以看到建造吉萨金字塔的工人的手痕。工人没有打磨平表面，他们使用尖头凿子粗略地画出可见的表面，在大金字塔地下墓室未完工的墙壁上到处残留条纹，这是尖头凿子重击造成的（很可能配合

[82]

大金字塔遗址上庙的玄武岩铺路石上的铜锯痕迹。

木制棒槌）。有一种可能是其中一些尖头凿子是由燧石，最有可能
是由铜制作的。

82　　使用柔软的铜，难以划出一根手指宽的锋利切痕。最经常在质
地更好的石灰石上看到凿子留下这样手指宽的痕迹，梅尔和他的团
队从图拉（Tura）东部采石场带回这些精美的石灰石，这些也记录
在埃尔-扎夫旱谷发现的梅尔的日记里。在今天的大仓库里，现代
荧光灯的侧光照亮这些平行凿痕的纹路，如鱼一般的弧形从侧边穿
过石灰石墙壁。可以看到恰好在这里石匠凿出短的平行划痕，垂直
于交汇处，防止拐角破碎。

　　尼克·菲尔普莱（Nick Fairplay）是一名出色的石头雕刻师，
他认为使用者很可能从石匠那里得到铜凿子，拿到一个设备上加
热，再塑形。同样，阿斯旺（Aswan）现代大型采石场的工作人员
从处理巨石的那些石匠手里获得钢铁凿子，去除工具上如同箭猪的
针的突出部分，放入一堆发光的灰烬中。当凿子红热时，熔炼工人
拉出一个，捶打边缘，使其变得锋利和坚硬，然后把它浸入冷水
里，发出响亮的嘶嘶声。

　　在吉萨许多地方都可以看到这种手指宽的铜凿子划痕，如胡夫
金字塔内国王墓室上方的减压室、王后金字塔的石块以及墓葬区的
马斯塔巴墓（mastaba tombs），甚至在大金字塔的一些核心石块上。
哈夫拉金字塔顶部的石块保存完整，连接面和底部的凿痕大约 8 毫
83　米宽。难以想象胡夫的工人们使用食指宽的铜凿子来打磨 67137 平
方米的金字塔外表面。

　　铜也在硬石上留下切口痕迹。如在胡夫金字塔上庙庭院铺路的

极坚硬的黑色玄武岩石板上仍可以看到许多锯痕，当时石匠切割石板，再拼合成七巧板图形。铜本身无法切割如此坚硬的石头，无齿的铜刀刃配合石英砂来切割。一些石块上显露出平行的深的"全面进刀痕"，石匠拉出往复锯（或框架锯），然后在它旁边做一个新切割。割痕有时保留干石英砂和石膏的干燥混合物，铜刀刃则将其染上绿色。1880 年，弗林德斯·皮特里发现国王胡夫墓室的红色花岗岩石棺上残留的锯痕。今天的参观者可以借助智能手机的灯光看到这些纹路：细线厚度不到 1 毫米。在花岗岩上钻出小圆柱形的孔洞，在哈夫拉山谷庙的门轴上发现这种孔洞，可能是使用铜管配合磨料造成的。

铜作为价值交换的标准（以德本为单位）具有高价值的特点，切割这些硬石的刀刃上的铜的丢失数量是惊人的。戴尼斯·斯托克斯（Denys Stocks）复原了古代方法，他发现这涉及在单独的小坩埚里铸造宽刀刃。然后，他使用这种刀刃切割花岗石，每切入 1～4 厘米，刀刃上的铜就减少 1 厘米。因此，平均而言，胡夫的石匠每切割 3 厘米，很可能就损失 1 厘米的铜。我们可能会疑问建造胡夫大金字塔所需生产的所有铜锯和凿子需要开采、熔炼和铸造铜的数量。胡夫大金字塔的花岗岩石棺、玄武岩的神庙铺道以及精美的石灰石外壳加工肯定消耗大量的铜。从这个角度考虑的话，在遥远的矿区塞赫·纳斯布采用工业化规模的设施开采铜矿变得非常重要。这些有助于我们理解埃尔-扎夫旱谷胡夫港口的特别设施以及在那里发现的纸草里提到的严谨的组织结构。

第四章
从斯奈夫鲁到胡夫：
伟大的君主及其庞大的金字塔

代赫舒尔的弯曲金字塔（The Bent Pyramid），斯
奈夫鲁修建的第二个金字塔，修造过程中出现困
难，不得不改变角度。（见第 92–102 页）

据说，无论是从生物学进化还是文化学进化角度而言，古埃 85
及文明都是爆发式演进的。埃尔-扎夫旱谷的胡夫港口，在那里发
现的纸草以及吉萨的大金字塔，这些全部是一场建筑爆发运动的产
物，这场建筑爆发运动的时间范围是从第三王朝初期的乔赛尔王
（Djoser）统治时期（约公元前 2750 年至前 2720 年）到第四王朝倒
数第二位国王孟卡拉（公元前 2572 年至前 2551 年）统治时期，但
是在国王斯奈夫鲁（公元前 2675 年至前 2633 年）以及他的儿子胡
夫（公元前 2633 年至前 2605 年）统治时期达到顶峰。如此大规模
的建筑活动需要高效地控制和监督供给建筑地的大量原料，其中包
括制作工具需要的石头、铜以及人力。正如上一章所言，铜基本上
是从西奈开采并运输来的，红海港口是修建金字塔的一个重要组成
部分。

乔赛尔时期的建筑爆发以及其他的早期尝试

乔赛尔（奈杰伊赫特，Netjerykhet）以及他的传奇建筑师伊姆霍
特普（Imhotep）修建了第一座金字塔，这就是在萨卡拉（Saqqara）
乔赛尔在位期间修筑的著名的阶梯金字塔（Step Pyramid）。这座金
字塔升起六层阶梯，高 60 米，位于一个巨大石制围墙的中间，金
字塔建筑群还包括庭院、神龛、祠堂，雕刻精美的柱子、平台、雕
像，以及一座巨大的马斯塔巴墓、南墓。工人深入地下挖掘出总共
5.7 千米长的墓道、墓室、仓库以及国王的棺椁墓室。

[86]

埃及第一座金字塔，乔赛尔王（奈杰里彻特）的
阶梯金字塔，矗立在萨卡拉地区，周围是古庙、
神殿和祠堂废墟。看向西北方向。

[87]

乔赛尔之后的国王塞赫姆赫特（Sekhemkhet）以及一位不知姓名的国王都尝试在萨卡拉和扎维耶特·埃尔-阿亚恩（Zawiyet el-Aryan）修建自己的阶梯金字塔建筑群，但都没有完成。在一些地方行省，当地的工人修建缩微的阶梯金字塔，这样做的原因还不清楚，没有一个这样的阶梯金字塔里面有棺椁墓室。小金字塔沿着上埃及的行省稀疏分布，标志着国家官方组织进入地方行政区域诺姆（nomes）。第四王朝的第一位统治者斯奈夫鲁修建了三座巨大的金字塔，他成为金字塔修造者中最伟大的人，他的所有金字塔的总量甚至超过了他的儿子胡夫的大金字塔。之前他在法雍东岸的塞拉（Seila）修建了最早的行省阶梯金字塔。

88

斯奈夫鲁的第一批金字塔

斯奈夫鲁在塞拉的第一座金字塔共四层，高 23.4 米，从边长 36 米的基座向上抬升。目前没有发现隐藏的墓道或墓室。两个祠堂，一个在北边，一个在东边。这个金字塔代表从乔赛尔阶梯金字塔向真正角锥形金字塔的过渡阶段，配备北边的祠堂和东边的祠堂成为几乎所有古王国时期金字塔建筑群的标准。工匠在东边祠堂留下两个圆顶石碑，一个没有铭文，另一个带有斯奈夫鲁的荷鲁斯名"奈布-玛阿特"（Neb-Maat，"真理之主"），以及他的上下埃及之王名"斯奈夫鲁"。工匠在一个旱谷的四周堆积大石块形成甬道，甬道向东边的祠堂倾斜。东边的祠堂后来很快演变为复杂的石制上

[89]

梅杜姆金字塔。从西北方向看到西北角，20 世纪 80 年代考古发掘揭露出金字塔外壳最后的样子，如同一个真正的角锥形金字塔，边倾斜大约 52 度，像后来胡夫的大金字塔。

[89]

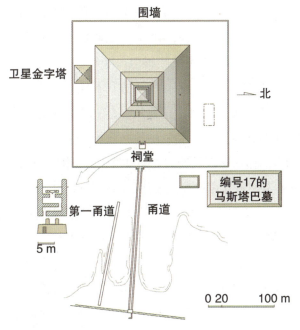

梅杜姆金字塔群的平面图。斯奈夫鲁让修造者在这里转变最初的阶梯金字塔为真正的金字塔，祠堂位于东边；卫星金字塔、围墙以及甬道从东边一直到山谷。这些元素在后来的吉萨胡夫大金字塔都有体现。一个不知姓名的王子被埋在围墙东北角编号 17 的大型马斯塔巴墓里。

庙，甬道则向下延伸至尼罗河谷的河床。

斯奈夫鲁在完成塞拉的金字塔后马上转移到梅杜姆，梅杜姆位于沙漠半岛高地的东边，分开尼罗河谷和法雍盆地。他在那里突然向上扩大金字塔的建筑规模，甚至比乔赛尔的阶梯金字塔更大。在河谷的谷底，斯奈夫鲁可能还建造了一个"金字塔城"，名为"杰德·斯奈夫鲁"（Djed Sneferu，"斯奈夫鲁持续存在"或"斯奈夫鲁是稳定的"），作为王室管理中心。当时建造金字塔的活动仍在继续。梅杜姆的地理位置便利，靠近阿拉巴旱谷走廊一端（格贝尔·埃尔-噶拉拉·埃尔-巴哈瑞亚周围），直接通向埃尔-扎夫旱谷。

今天，梅杜姆的金字塔由三层塔组成，从一堆模具碎片中升起，这些是石匠或者盗窃石头的人留下的。斯奈夫鲁的工匠建造的七层阶梯的金字塔，现在编号为 E1。七层阶梯的每一层阶梯由两个堆积层组成，堆积层与中心形成大约 75 度的倾斜角，每个堆积层由不规则的石头松散填充，上面覆盖坚固排列规整的方形石块。然后，工匠用更精美的图拉石灰石块安装阶梯，这是阶梯金字塔标准的建筑方法，监督者梅尔和他的工队后来也是从图拉采石场为吉萨运输石头。同时，他们开始对棺椁墓室以及通向它的墓道进行更多的创新：靠近地面的一个石灰石墓室连接凿进高原表面的斜坡走廊。

当金字塔抬高时，石匠在北边插入一个入口，入口连接向下倾斜的墓道。这个建筑特征是整个古王国时期金字塔的标准特点。这个通道在基座上的金字塔表面的高处开口，水平走廊在底部穿过两个侧室，通过垂直向上升起的墓道到达棺椁墓室。工匠首次使用石块支撑这个小墓室的屋顶。他们从地面上仅 1 米处将每层石块向里

90

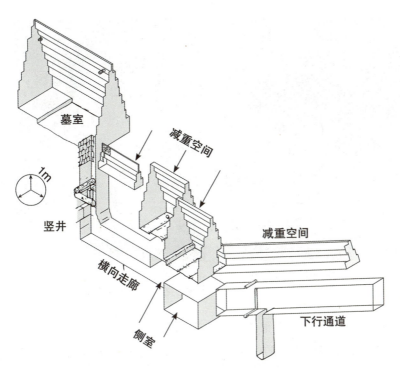

梅杜姆金字塔结构的剖面图，显示下行通道的底部、侧室、水平通道以及向上到达墓室的竖井和支撑屋顶。下行通道的上面是减重空间，侧室和水平通道也被展现出来。

推进 10～20 厘米，直到两侧墙在地面上 5 米高的地方相隔仅 10 厘米。两个侧室向入口走廊的水平面开口，其屋顶是用平整的石灰石横梁搭建，工匠在屋顶上建造支撑的减重空间。工匠在斜坡入口走廊下部的基岩处建造另一个减压空间，使巨石横梁与斜坡相垂直。胡夫的工匠在金字塔向下的走廊上面也做了同样的安排，在吉萨，他的王后的金字塔也做了这种安排。

[91]

向下看梅杜姆金字塔的下行通道　　梅杜姆金字塔的墓室，展示叠涩的屋顶和仍在石床上的铺道。

斯奈夫鲁的石匠们很快发现基座对修建巨大的金字塔至关重要。他们在塞满沙漠泥灰黏土的基岩上建造金字塔 E1。在完成四五个阶梯后，工匠得到命令扩大规模形成金字塔 E2。用另一个阶梯抬升金字塔意味着需要首先从底部增加更多堆积，然后不断扩大堆积，向前倾斜 75 度。金字塔 E2 完成后，它被抬升了 8 个阶梯，高度为 85 米，基座长 120.75 米。

在建造金字塔 E2 时，斯奈夫鲁的工匠同时开始建造第一个卫星金字塔，卫星金字塔后来成为金字塔建筑群的标配。建造边长 50 腕尺（26.25 米）的附属金字塔的意图是什么呢？最可能是在里面放置象征国王生命力的"卡（ka）灵魂"的雕像。20 世纪早期的考古发掘者发现了这座金字塔的遗存。最重要的是，其周边放置

91

的石块与垂直面呈 30 度倾斜，这个角度与阶梯金字塔的角度不同，后者倾斜 15 度，形成与平面 75 度的斜角，这意味着工匠是打算修建一座真正的，并非阶梯状的 60 度斜角的金字塔。附近发现的王室石碑的残片上仍保留鹰隼神的腿部。斯奈夫鲁很可能在那里竖立了两座带有他王名框的石碑，国王的荷鲁斯名被书写在一个代表王宫的框子里，鹰隼神荷鲁斯站在上面。这个卫星金字塔与塞拉的金字塔相同，与地面呈 60 度斜角，成为下一阶段斯奈夫鲁金字塔实验的概念模型和试验品。

移至代赫舒尔：弯曲金字塔和北面金字塔   92

在斯奈夫鲁统治的第 15 年，他很可能结束了在梅杜姆的工作，原因不明，而在更靠近萨卡拉南部的代赫舒尔墓葬区开始建造新的

[92]

代赫舒尔的斯奈夫鲁金字塔，中间是弯曲金字塔和它的卫星金字塔；左后方是北部的红色金字塔。

金字塔。在代赫舒尔，斯奈夫鲁的工匠试图建造庞大的真正的金字塔：一个倾斜角度 60 度的金字塔，如同梅杜姆的卫星金字塔，金字塔基座的长度扩大到接近 300 腕尺（大约 157 米）。可以从金字塔内部复杂的结构观察到他们当初努力的线索，两个入口通道，一个在北面，一个在西面，每个都通向单独的墓室。两个走廊之间的接缝显示金字塔表面最初倾斜角度 60 度遇到困难，不得不后来再修正。

斯奈夫鲁的工匠框定北边通道的下部，在地下一个开放区域放置墓室，这种结构类似金字塔 E1 的结构。通道首先从入口向下倾斜，穿过地幔，角度逐渐和缓，与金字塔倾斜面相交。下面是一个前墓室，五个支撑悬臂在墓室的东边，西边狭窄向上至 12.6 米的地方是一个圆形拱顶。墙壁上的灰浆和小石头是工匠填充空间留下的痕迹，工匠建造了一个到出口的楼梯，楼梯进入北边的墓室，以 15 个悬臂作为支撑拱顶，把墓室抬高至 17.3 米。工匠后来填充这个墓室至未知高度，可能是应对墙壁裂痕和破裂的措施。南壁上的短通道通向"烟囱"——一个靠近金字塔垂直轴的竖井，大小约

[93]

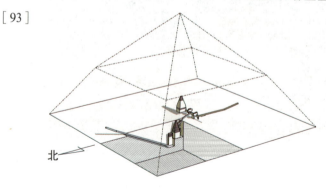

北

代赫舒尔弯曲金字塔甬道和墓室的剖面图。

为 1 平方米，高 15 米。两个空洞各自的支撑屋顶向"烟囱"开口，一个空间可能是雕像间，一个放置雕像的隐蔽墓室，可以通过上面的一扇窗向外看，窗的开口朝向北墓室的下边。工匠可能原本打算用另一个空洞控制吊门石块关闭"烟囱"，空洞可能会有一个通道通向一个从未建造的棺椁墓室。但他们的犹豫反而促进金字塔结构的快速发展。

他们下一步建造西边的墓室，在主体金字塔内，高 3.2 米，隐藏了北墓室的顶部，北墓室在地面抬起。当他们抬起金字塔时，框定了向下倾斜穿过金字塔的西边通道。越过内部金字塔表面的连接处，墙壁出现开裂、破碎。向前一米，屋顶破裂，下沉约 5 厘米，内金字塔可能下陷了，但地面仍保持平整。

西边通道与东边 20 米处的水平走廊相交，吊门石块位于通道侧墙两个狭长孔洞和天花板之间，石块滑下关闭通道。西边的石块插进墙里，但盗窃者钻透了它。第二个狭长孔洞仍保持开口状态。水平走廊向左转，到达西边的墓室，这个墓室也用支柱支撑屋顶。工匠留下一个由草草凿出的雪松横梁构成的框架，框架被抬起支撑墙壁。与北边的墓室相同，粗制小石块填充了这个墓室，工匠还建造了一个到宽敞砖石顶部的粗糙楼梯，这些建造是为了抬升国王墓室的平台。抬高的地面用石灰石板铺设，石匠切除了支撑悬臂的四角，从而为墓室提供更多的空间。在完成这些之前，他们再次抬高地板到第五个悬臂，并切除了更多的支撑拐角。 94

所有证据说明工匠们不惜一切代价努力抢救结构问题，并调整墓室容纳国王棺椁。下边西通道的天花板已经开始下陷，迫使工匠

[94]

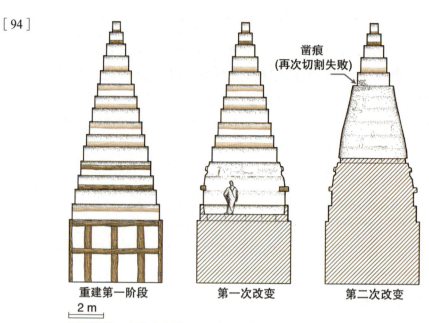

凿痕
(再次切割失败)

重建第一阶段　　　　第一次改变　　　　第二次改变

2 m

剖面图展示弯曲金字塔（西面）上墓室最初顶部的重建过程，根据弗兰克·莫尼尔（Franck Monnier）和亚历山大·普克科夫（Alexander Puchkov）复原三个修筑阶段。

插入排列紧密的石块。他们仍按原定计划把西墓室作为棺椁墓室，需要穿过前墓室和北边墓室的下部，通过北通道到达棺椁墓室。这是他们用石块和建造楼梯填充这些墓室的原因，北边墓室的南墙切出一个仓库与横向走廊相连，并通向西边墓室，这是现在唯一一条进入日益危险的棺椁墓室的通道。但里面的石头已经开始破裂、下落，陡峭的 60 度角造成金字塔上部出现构造问题。为了解决它，他们增加了一个外覆盖层，用过去建造阶梯金字塔的方法向内倾斜石块，改变下斜坡的角度为 54～55 度，增加边长至 187.43 米。但

95

代赫舒尔北面的红色金字塔，国王斯奈夫鲁修建，他在修造弯曲金字塔过程中遇到困难。这个金字塔坡度相对和缓，是第一个真正的金字塔。

不稳定的基座还是导致问题，覆盖层在北边走廊下沉 23 厘米，走廊的墙壁开裂，而金字塔的底座伸出 60 米，外壳出现巨大的裂缝，工匠使用石头来修补。在 47.04 米的高度，工匠减小斜坡角度至 43 度，弯曲金字塔形成它弯曲的特征，他们甚至放弃了西边的墓室，最终，金字塔成为国王的墓葬。

斯奈夫鲁的第四次重要计划改变后，被迫重新开始，最终他在代赫舒尔北面建造了一座真正的金字塔。在那里，硅化沙为金字塔提供一个较好的基座，基座长 220 米，金字塔的角度减少至 44 度 44 分。金字塔被命名为"斯奈夫鲁出现"（Appearance of Sneferu），高度达 105 米。最重要的是，斯奈夫鲁的工匠第一次在水平面上放置内核和外壳石头，而不是向内倾斜放置。工匠使用呈红黄色的石

[96]

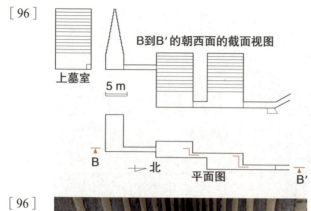

B到B′的朝西面的截面视图

上墓室

5 m

B

→ 北

平面图

B′

平面图（下）以及北面红色金字塔墓室和墓道原初状态的南北向剖面图（沿平面图所示的BB′线）。上左：上墓室的东西向横断面。

[96]

代赫舒尔北面的红色金字塔中一个前墓室顶部漂亮的叠涩屋顶。

灰石建造金字塔主体部分，这给予这个精美的金字塔一个现代名
字："红色金字塔"（Red Pyramid）。经验丰富的工匠高效使用原料，
不做大的改动，计划在一个阶段规划，并完成北面（红色）的金字   97
塔。考古学家莱纳·斯塔戴尔曼（Rainer Stadelmann）在不同线路
上发现工匠的涂鸦，涂鸦提到工匠可以在两三年内建造起 10～12
米高的金字塔，达到总体量的五分之一。

　　至于金字塔上部的结构，北面金字塔的内部结构比弯曲金字
塔的内部结构更清晰。一个向下通道位于北面的外壳（现已丢失）
上，向地面开口，向下倾斜延伸超过 62 米，末端位于一个横向通
道上。这个通道延伸穿过前墓室，前墓室高 12.31 米，里面由 11 根
横梁支撑。通道穿过前墓室，进入第二间大小相同的前墓室也是用
东壁和西壁支撑。这个墓室的中心位于金字塔的垂直中轴线上。工
匠对这些前墓室进行扩大，改进横梁，顶部没有了平坦的天花板石
板。一个走廊向南边前墓室的南壁开口，高于地面 7.8 米，通向棺
椁墓室，或许是一个伪装和阻挡，其实没有任何吊门或挡石。椭圆
形墓室高 13.68 米，由 13 根横梁支撑。发掘者没有发现棺椁，但找
到一些遗存，一个男性骨架，显示出木乃伊的痕迹，或许是斯奈夫
鲁本人。

　　斯奈夫鲁的工匠最终建造出一座真正的金字塔，内部结构简
单，外形精美，作为国王永恒的居所，并且他们花时间完成一座相
当精美的神庙，在那里为斯奈夫鲁举行宗教祭祀仪式。斯达戴尔曼
在靠近金字塔脚下的地方发现了一组墙壁薄的小墓室，可能是一个
供奉大厅和一个祭祀品储藏室。在正对金字塔的一个深坑里，他发

[98]

弯曲金字塔祠堂遗址，包括泥砖墙、盖在供奉台上的石质顶棚以及两个高石碑的断桩。石碑上的王名框（一种矩形结构，代表宫殿正面）里是斯奈夫鲁的荷鲁斯名。

[98]

弯曲金字塔山谷庙遗迹位于中代赫舒尔旱谷西端的沙地里。弯曲金字塔矗立在高原的西南方向。

现了一块黑色花岗岩，可能是一座假门。一堵涂白灰泥的泥砖墙位于金字塔周围一个薄泥砖墙的圆形神庙附近。在泥砖墙前面，两个长方形石灰石基座曾经支撑着一组祠堂，祠堂墙壁的浮雕出现国王戴着象征统治上下埃及的王冠。在接近耕田的边缘发现了一份公元前19世纪末国王佩比一世的诏令，周围的长方形石灰石围墙现已被完全移除了。这是北面金字塔的山谷庙吗？在诏令里，佩比一世赦免了斯奈夫鲁金字塔城居民的一些义务。

完成弯曲金字塔　　　　　99

斯奈夫鲁和他的工匠并没有忘记弯曲金字塔，或许因为北面金字塔已经成为优先的考虑，工匠很快完成早期结构的顶部，波浪形、拼接的粗制外壳。工匠更关心地面上之前有问题的金字塔，继续增加建筑作为更大景观工程的一部分。

一座围墙围绕金字塔，用精美的石灰石建造金字塔的外壳，用当地石材作基座。在东边中心的位置，工匠建造了一座祠堂，里面有两个由整块石头构成的圆顶石碑，石碑上刻写国王的名字，一个大的雪花膏石供品桌位于两个石碑之间。工匠在金字塔北边放置了另一个供品桌，但这个石灰石供品桌靠近金字塔的中轴线。附近的平台可能放置一座国王的雕像，小型陶瓶证明在这里曾祭拜过国王斯奈夫鲁。

在一条靠近旱谷的通道上，斯奈夫鲁的工匠建造了一条斜坡用

[99]

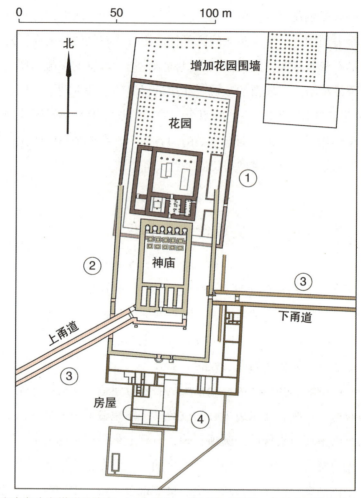

斯奈夫鲁金字塔群的演变：（1）首先，他以泥砖修建一座长方形花园亭子，周围是花坛、上百棵树木、一条路以及一座泥砖建筑，可能是王室行宫；（2）接着，他在南边增加了一个长方形石灰石神庙，保存部分花园；（3）然后，他增建一条向上的石灰石甬道，从弯曲金字塔围墙通到神庙南侧的宫殿，并增建一条泥砖下甬道，从东口向东延伸至运河盆地入口，穿过旱谷中下部进入泛滥区；（4）最后，斯奈夫鲁在神庙南边增加围墙和祭司居住的房屋。

[100]

彼得·克莱特（Peter Collet）临摹庄园和村庄的女性化身，她们手持代表生命和供品的象形文字符号。这一排人物以浮雕形式雕刻，曾经精致地装饰在斯奈夫鲁弯曲金字塔山谷庙入口的墙壁上。她们头上是交叉的圆圈，代表象形文字符号"村庄"或"城镇"。

[100]

2012 年挖掘出弯曲金字塔的下甬道，向西看到高原上的弯曲金字塔。

来拖拉金字塔外壳所需的石灰石到金字塔上。在斜坡的底部，国王的随从在举行节日仪式的庭院和花园里最先庆贺他的统治。他们在一个围墙里建造一座神庙花园，里面有成排的棕榈树、梧桐树、无花果树、针叶林以及中心庭院周围花坛包围的柏树。庭院里还竖立着一座泥砖建筑，由入口房屋和庭院组成，庭院带有柱廊和水池。大约在斯奈夫鲁在位的第 30 年，花园的南部被拆除，工匠用精美的石灰石搭建了斯奈夫鲁的山谷庙。山谷庙里面走廊的西壁通向一个开阔庭院，工匠在墙壁上雕刻浮雕，一排女性拿着供品，这些女性象征拟人化的南北庄园。每个庄园都有一个名字，上面的象形文字符号组合成"斯奈夫鲁"。

101

供给斜坡后来改变用途，又增加了精美的石灰石墙壁，形成 3 米宽，延伸 704 米的走廊，通向山谷庙围墙西侧的开口处，形成一个地面上的仪式甬道。南墙壁前的两个石灰石石碑上雕刻着鹰隼神荷鲁斯站在国王宫殿正面的图案。此后的古王国时期至第十二王朝时期，这里的居民都崇拜国王斯奈夫鲁。地球物理调查显示，斯奈夫鲁的部分金字塔城被埋在山谷庙北侧，占地面积超过长 350 米，宽 100 米的区域。挖掘者发现王室成员居住的大房子，他们负责监督斯奈夫鲁的建筑工程。

山谷庙及其前面的季节花园都位于弯曲金字塔和泛滥平原之间。一个较低的泥砖甬道从山谷庙向东延伸。它首先作为运输石灰石的供给斜坡，后来转变为宽 2.58 米（5 腕尺）的仪式甬道，向下倾斜至一个港口盆地西墙的开口处。估计到后来的胡夫的大工程时，采石匠就挖掘出一个旱谷，向东至泛滥平原，进入深渠盆地运输建筑供给。盆地宽 95 米，将近 10 米深，延伸 1 千米，穿过旱谷进入泛滥平原。梅尔最初利用湖水运输石材到斜坡脚下，比他早一代的人可能会搬运石头进入这个盆地，而不是"胡夫的湖泊"（She Khufu）。

最讽刺的是，摇动、开裂并下沉的弯曲金字塔却是古代幸存下来的所有大型金字塔中保存最好的一个，金字塔绝大部分的外壳完好。埃及人在斯奈夫鲁的金字塔建筑群里，在他去世之前、之后的宗教节日和仪式上庆祝他的长期统治最多。弯曲金字塔最后一个组成部分卫星金字塔，与塞拉的金字塔以及梅杜姆的卫星金字塔一起，成为胡夫大金字塔的前身。

在弯曲金字塔南边，斯奈夫鲁在金字塔的南北轴线上建造了一座小的卫星金字塔，塔面斜度为 44 度 30 分，边长 52.8 米的基座从底部至顶部高 25.55 米。我们从这个小卫星金字塔上看到胡夫工匠的技术发展臻于完美，例如切割和摆放外壳石块的方法。从中轴线北面的入口进入卫星金字塔内部，一个下降通道以一个角度倾斜向下，再拉高。然后，通道再次升高，一段天花板升高至 2.3 米，长 9.2 米。卫星金字塔的内部结构和阻挡系统成为大金字塔大走廊的原型。

在上升走廊上高 3 米的地方，工匠在通道的地板上切割出两个平行的凹槽，在凹槽上面的墙壁上切割出一对孔洞来容纳制动原木的末端，这个原木阻止上升通道里的四块堵塞石。当封住金字塔时，工匠们把木制吊带的一端穿过凹槽，另一端与最下边的石块表面相对。工匠可以在底部用绳子在石块周围打结，然后拉掉结，让石块往下滑。其中两块堵塞石在古代已经丢失，上边两块堵塞石仍

102

在原处，但已经滑动一段距离，卡住了。

在上升通道的顶部，一个墓室与翻越过来的一个垂直台阶（类似大走廊上部的台阶）相连。墓室上部的墙位于 8 根横梁上，总高度达到将近 7 米。一整块石头作为过梁在大门上，横跨整个墓室。

在卫星金字塔的东边，发掘者发现两个圆顶石碑的残块，石碑曾竖立在金字塔东西中轴线上，一个泥砖祭坛在中间。一个石碑的上部缺失，另一个石碑带有斯奈夫鲁的王名框和荷鲁斯名"玛阿特（真理）之主"，以及斯奈夫鲁的另一个名字"上下埃及之王，两夫人，玛阿特之主，金荷鲁斯，斯奈夫鲁"。

返回梅杜姆和标准金字塔建筑群的发展

在斯奈夫鲁统治的最后 15 年，他返回梅杜姆他的第一座巨大金字塔那里，把未完成的阶梯金字塔转变为一座真正的金字塔 E3，角度是 51 度 51 分，接近吉萨胡夫金字塔的角度。因此，梅杜姆成为斯奈夫鲁巨大金字塔修建工程开始和结束的地方。

斯奈夫鲁的工匠给金字塔 E3 增加了一个覆盖层和一个新基座，长 144.3 米，高约 92 米。他们在水平面上放置外壳石块，没有采用过去向内倾斜增加层高的方式，而是使用当地灰色的石灰石、黄色黏土支撑石以及精美的白色石灰石覆盖层填平金字塔 E2 之前的阶梯。工匠们在石灰石基岩上建造金字塔 E1 和 E2，然而在基岩的沙土层 2、3 道地基石板上放置金字塔 E3 的覆盖层。

103

皇室墓葬上部构造金字塔是埃及学家称之为"金字塔建筑群"的核心组成部分，这种金字塔建筑群为标准的东西向分布，包括金字塔东边基座上的一座上庙以及向下通向一座山谷庙的一条甬道。斯奈夫鲁的工匠在梅杜姆首次发明了这种布局的简化版，他们似乎原本打算在代赫舒尔斯奈夫鲁北边金字塔的东向轴线排布。用一座外围墙围住金字塔，从东边插入甬道入口，甬道无屋顶。金字塔面向东，向东南方向延伸 210 米，甬道下端的泥砖墙向右折角，改为南北方向延伸，越过漂亮的山谷庙或金字塔城"杰德·斯奈夫鲁"（Djed Sneferu）的边界。梅杜姆的斯奈夫鲁金字塔群的其他组成部分还处于初期阶段，甬道的末端可能是一段朴素的围墙和登陆码头。

工匠在金字塔基座的东边，基本是在它的轴线上增加一个石制祠堂，与弯曲金字塔东边的祠堂相似，与金字塔的体量相比，该祠堂很小，大概 9 平方米。工匠建造完祠堂后，却没有完成祠堂下部的装饰，两个高大的圆顶石灰石石碑在后面，一个供品石桌位于两个石碑之间，石碑上并没有雕刻铭文。难以理解斯奈夫鲁的工匠们为何故意留下未刻字的石碑。忙碌的工匠也没有完成金字塔 E3 外壳最后的打磨抛光。所有这些指向结论：斯奈夫鲁在梅杜姆的建筑活动在最后阶段突然停止了。仓促完成代赫舒尔北面（红色）的祭庙后，斯奈夫鲁可能突然去世（约公元前 2633 年），导致长期以来困难重重的金字塔建造工程也突然结束了，他的一位年轻的野心勃勃的儿子胡夫登上王位。

104

胡夫的大金字塔

　　这位新国王很可能快速召回代赫舒尔和梅杜姆的工匠，或许从他父亲糟糕的建造经历中吸取教训，尝试建造一座状态良好的新的国王墓葬，建造他自己的金字塔。胡夫的工匠监督者在吉萨高原发现一个完美的地点：在那里，石灰石山脉形成的堤岸从北向西北方向升高，从南向东南方向稍微倾斜，在高原上一个天然的简单斜坡形成。胡夫的采石匠可能从镶嵌薄黏土的石灰石厚硬岩层中切割大石块。堤岸顶部更坚硬的基岩成为金字塔的地基，比斯奈夫鲁所有的金字塔的地基都大。红海岸边的埃尔-扎夫旱谷港口在胡夫统治期间继续运行，为他的金字塔的建造提供供给。但是，相较南边的斯奈夫鲁的金字塔，吉萨金字塔工地位置的便利性差些。

　　山脉堤岸和南边山脉间的宽阔旱谷格贝尔·埃尔-齐布里（Gebel el-Qibli）成为运输原料到上面建筑工地的通道。胡夫野心勃勃，在靠近尼罗河支流的旱谷入口挖掘一个深水渠盆地运输原料，埃尔-扎夫旱谷纸草详细记录梅尔及其工队从尼罗河对岸搬运图拉的石灰石。深水渠盆地从旱谷入口开始，低矮的沙漠半岛像一个码头，向东延伸穿过泛滥平原。胡夫的工匠们挖掘港口盆地，升高、扩大这个码头，从而使他们可以在上面建造港口基础设施。港口盆地是运输所有劳力和原料的交通要道，埃尔-扎夫旱谷纸草称其为"罗-舍·胡夫"（Ro-She Khufu），即"胡夫湖泊的入口"［Entrance to the Lake（or basin）of Khufu］。一个港口的管理机构，位于一个绝佳的地点，以监视水流情况。

以基岩为基础：平台、内核以及外壳

胡夫的测量师在山脉的东北边丈量他的金字塔基座的大小，仅70米的悬崖边缘突然下落40米进入基岩表面，基岩从西北至东南方向倾斜6度，采石匠雕凿出一个边长260米的正方形来容纳金字塔的基座（平均边长230.36米），围绕金字塔的庭院以及金字塔的厚围墙。在金字塔内核里，工匠们留下了大部分的基岩，高2～7米。在修造斯奈夫鲁金字塔的工程中，雕凿超过6公顷的硬岩石表面比工人打地基和校平工作规模更大。

石匠在精美的图拉石灰石平台上精准地完成校平金字塔外壳基线的工作。在坚硬平整的基岩上一条单独的线路就足够了。工匠们

105

[105]

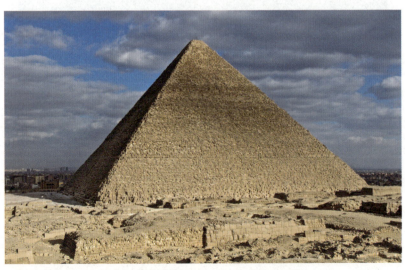

从吉萨胡夫大金字塔西侧俯瞰埋葬官员和侍从的西墓葬区。

[106]

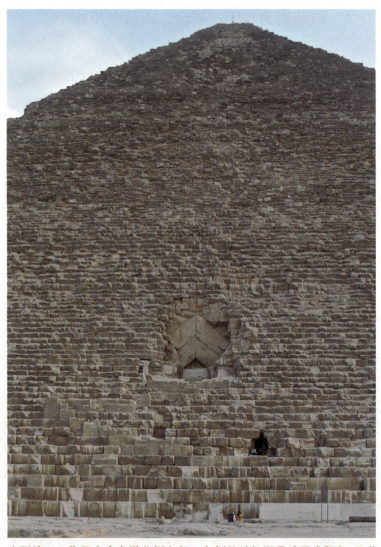

山形墙入口位于大金字塔北侧上部，左侧的破坏洞是哈里发阿尔–马蒙（Caliph al-Manum）在约公元 820 年下令造成的。这个破坏洞基本上位于金字塔南北中轴线上，实际入口位于中轴线东边 7.2 米处。

切掉一块厚板，与另一块厚板从不同角度拼合在一起，一般的刀刃
太过精美，不适合完成这项工作。基岩在内核处留下突出部分，这
意味着工匠无法在金字塔整个地基下面放置平台，并且无法从周边
丈量平台的对角线，从而控制基座的大小。最后，他们在一个近乎
完美的正方形里放置平台，周长 924 米，最大偏差 4.7 厘米，与基
准方向的平均偏差可忽略。

胡夫的石匠使用超过 8.5 公顷的石头覆盖整个金字塔的外表面，　107
这些石头是由如同梅尔率领的远征队那样的工队从图拉采矿区拉回
来的。现在大部分石头已经缺失，仅保存外壳最初 54 米的基线斜
坡，我们由此推断出金字塔最初的规模。第一道外壳石块高 1.5 米，
重 13.5～15.5 吨，连接处的平均宽度为 0.5 毫米。石块边长最大的
差值为 18.3 厘米，但百分之九十五的石块边长差距可能小于 5 毫
米，几乎达到完美。皮特里计算建造完工带外壳的金字塔的平均角
度为 51 度 51 分，上下幅度为 2 分，平均边长 230.5 米，高 147.7 米，
但被更广泛接受的高度为 146.59 米。

很久以前人们就移走了绝大部分的外壳石块，我们今天观察大
金字塔，发现最外面的核或使得内核和外壳相配合的"支撑石块"。
1837 年，霍华德·维斯（Howard Vyse）在大金字塔的南面爆破出
一个很深的裂缝，暴露出更里面的内核的结构：楔形、椭圆形以及
梯形，各种形状和大小的石块以及灰泥挤在宽缝里。工匠在靠近拐
角以及最上面的地方使用更精美的石灰石，使得石头在到达顶点
时，缝合成一个更紧实的结构。这种锯齿状结构说明金字塔并非通
常认为的是由统一的方形石块贴合组成。

　　大金字塔可能代表大众想象埃及金字塔的经典形象，但事实上，它是最反常的。之前和之后的金字塔修造者都没有采用和延续胡夫的这种大胆尝试，插入位置如此低的墓室，建造的金字塔砖石建筑又如此之高，这违反常规。反常在入口处就开始了。

　　大金字塔的外壳、后面以及内核的石头早已被搬走，下降通道现在在砖石建筑的第 19 道开口处。狭窄的入口仅 1.05 米宽，上面有两对巨大的山墙横梁（Ｖ形石头），重约 25 吨，一个挨在另一个的顶部，呈一个角度向下倾斜放置，巨石阻挡着它们。最初可能有七对这样的石制梁在下层，四对梁在其余三对梁的上面。Ｖ形石块被放置在一块非常巨大的过梁石板的边缘上。还有五个这样的过梁可能曾在空间里倚靠着它，现在，那里的支撑石头和外壳已经消失。

108　　为什么胡夫的工匠在入口要做如此复杂的设计呢？这是为了解

[108]

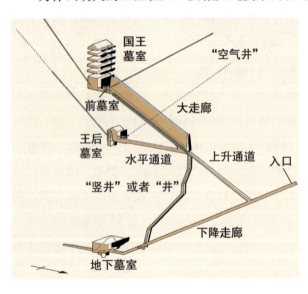

大金字塔内部的走廊和墓室以及朝向北极星和其他星星的通风井。

决前辈在代赫舒尔面临的建筑问题吗？只有工匠了解这个安排，因为它被隐藏在完工后的金字塔内。胡夫金字塔的设计者可能打算使用 V 形石块作为一种象征或完成魔法功能，如同后来金字塔墓室的山墙布满星星的天花板吗？可能最容易接受的解释是，胡夫的工程监督者受到启发，为了某个更直接的原因而小心翼翼地在入口上方建造这个巨大的拱顶。2016 年，扫描金字塔的公司在 V 形石块的正后面检测到一个呈走廊形的空洞，水平延伸或向上倾斜进入金字塔内部，他们认为 V 形石块用于保护这个隐藏通道，较合理的解释是，空洞是下沉走廊的另一个减重空间，如同梅杜姆金字塔走廊上面的减重空间一样，但这里的减重空间却增大了。

大金字塔的通道系统

大金字塔里的所有通道都落在一条线上，并向东延伸，与金字塔南北中轴线平行。在通道网络的最高点，通道向西转弯到达国王墓室，在里面的胡夫的棺椁正好位于这条轴线上。

下降通道长 105.34 米，首先向下倾斜穿过金字塔的砖石，然后穿过天然的基岩，角度或方向的偏离没有超过 1 厘米。通道指向北极星，即"永不消失的星"，从不升起和落下，它是永生的象征和国王在来世的归宿。

然后，工匠在通道底部的末端切割出一条水平通道，通向地下墓室。地下墓室比水平面低 30 米，采石匠使用石锤和铜凿掏空一

109

半基岩形成一个墓室。他们保留近似方形的驼峰状石块，由每个采石匠移走，他们的工作产生大量石灰石碎块和木条，从而留下修造过程的一个凝固时刻。曾经有学者认为这是原定计划的棺椁墓室，之后负责的工匠决定放弃，改成中墓室，即"王后墓室"，后来他们又改变主意，还是决定作为安放国王木乃伊的国王墓室。但证据显示全部这三个墓室从一开始就都是按照悠久的传统规划好的，在胡夫之前和之后的王室墓葬都有三个墓室。如果是这样的话，地下墓室的功能是什么呢？一些埃及学家认为它粗糙、未完成的状态可能说明它与阴暗的来世世界有关，象征来世洞府。

上升通道连接着下降通道，扩展到大走廊，胡夫大金字塔的建筑师设计关闭系统来封闭金字塔以及封住国王墓室。这个原始机械最初的设想出现在弯曲金字塔的小卫星金字塔里。

上升通道连接下降通道屋顶处，一块巨石仍然吊在天花板里，插入上升通道的末端。切入两边墙壁的凹槽曾经容纳一个制动原木，现已丢失很久。巨大的花岗岩插头仅依靠上升通道下面末端一段稍窄的地方坚持着，它是三个这种花岗岩插头中位置最低的一个。

胡夫的工匠用图拉高质量石板建造大部分上升通道，通道与墙壁接缝安装在一起，墙壁的右拐角连着倾斜通道或与倾斜通道平行。但在一些地方，墙壁笔直地切入通道，穿过一块较大石板或一对石板。这些被放置在边缘的带状石头，1米厚，2米多高。工匠把这些比通道大些的石块切入，通道被固定在砖石建筑的内核里。他们的父辈经历代赫舒尔金字塔的下滑和下沉后，胡夫的工匠担心金字塔的巨大重量压在上升通道和下降通道连接处。他们抬高

110

[111]

俯视大通道，
高8.6米、长接
近48米，七层
叠涩墙，每层
比下面一层向
里7.5厘米。

[112]

大金字塔内的上升通道现在仍被巨大的封石（上面）堵住，并在此与下降通道（下面）相连。另外两块封石在一块显眼的封石后面。

通道，把带状石头之间的距离分隔得更大些，侧向压力从而减小，但它们仍在另外两个墙壁的大石块间框定出带状石头，他们在那里多次规划，冒着生命危险，把通道和墓室放置在金字塔内如此高的位置。

狭窄的上升通道延伸大约 40 米后突然开口，进入宽 2.1 米、高 8.6 米的大走廊。在两条通道相交的地方，大走廊地板的开口朝向水平通道，通往王后墓室。上升通道的倾斜地板在间隙后的同一水平面上延伸，与大走廊中心通道的地板宽度相同，地板是由大走廊爬上两边的墙形成。这个通道设计用来保存封住金字塔的花岗岩堵塞石，堵塞石滑下关闭上升通道。为了保证这个设计成功，工匠不得不安装一个活动假门，木条插入两边的孔洞来支撑，从而扩大朝向水平通道的间隙。

建筑师已几乎完美地解决了斯奈夫鲁北面金字塔叠涩的支撑问题，他们吸取前者的经验，使用 7 根横梁升高大走廊的墙壁。他们在沿走廊侧壁的长凳上放置第一道墙，随后再放置 7 道墙，墙壁的每块石头为掌心大小（7.5 厘米），墙壁间的距离缩窄到 2 腕尺（约 1 米）之内。胡夫天花板的石板向下固定在切入墙壁顶部的锯齿形凹槽里，使得每块石板都没有把重力压在临近的石块上，从而减轻大走廊北边下部的压力。胡夫的工匠持续创新，他们把大走廊向上倾斜的角度调整超过 26 度，延伸 47.84 米。之前他们的前辈已经大幅度抬高支撑的拱顶，是胡夫拱顶的两倍，但不是这样的角度。

大走廊和上升通道一起形成一个容器，容纳世界上最早的活动机器。胡夫的石匠在大走廊的台阶和下壁切割出一排壁龛、开槽以及凹槽，放置这个机器的齿轮。他们在台阶顶部间隔规律地切割插槽，并在墙壁每个插槽后边斜切入一排壁龛，好像滑入某些东西一样。同时，他们用紧紧贴合的石板封住壁龛，仿佛它们已经被抹去了。制动原木的末端插入壁龛，连接着花岗岩插头。壁龛上仅留下容纳石块的空间，比仍固定在上升通道底部的三个插头都小（长 1.75 米、1.6 米和 1.65 米）。工匠之前已经在弯曲金字塔的卫星金字塔里实验出这个系统的基本原理，插入的石块仍卡在等待的位置上，未能关闭通道。胡夫的建筑师们可能构想出一个更宽的大走廊以及它的台阶、壁龛和凹槽来避免系统无法工作。最后，他们还是放弃填补壁龛，去掉制动原木，保留台阶顶部的凹槽作为开口，凹槽可能是一个木框架垂直木支柱的插座，在建造大走廊时保持建筑稳定。相同原理，如果系统实施顺利的话，木制框架应该仍在斯奈夫鲁弯曲金字塔上面西边的墓室里。为了使绳子穿过框架支柱和墙壁，石匠在壁龛表面切割出浅浅的梯形割痕。

他们当时计划用吊门石板从上向下封住国王墓室的入口作为预防盗窃的措施，之前早王朝时期的墓道以及斯奈夫鲁统治时期的梅杜姆和代赫舒尔都发生过盗墓活动。

112

内部墓室：前墓室以及国王墓室

一块巨大的石灰石块位于被称为"大阶梯"的大走廊顶部，大走廊上升到金字塔内部最高地面下面一米的地方，相当于外边平台上 43 米处。从这个着陆点开始，通道通向小的前墓室，墓室的墙壁由红色花岗岩和石灰岩建筑。用木楔和绳子把前墓室天花板上的三个大吊门石板垂吊起来，直到国王棺椁墓室完工才放下。工匠从

113

[113]

大金字塔的国王墓室，西边是大棺椁，与大金字塔南北中轴线位于一条直线上。

吊门上和墓室外释放绳子，一个一个降下三个石板。关闭国王墓室的那些人可能使用石灰石块填充墓室上边的空间，后来盗墓者移除了这个阻挡，越过吊门石板，进入国王死后的安息之所。

　　国王墓室的一个棺椁里装着胡夫的木乃伊，这个棺椁是从单独一块花岗岩切割出来的，现在棺椁仍在墓室的西端。棺椁墓室的墙壁也是由花岗岩建筑，保存完好，墙壁宽 10 腕尺（5.24 米），长 20 腕尺（10.48 米）。胡夫的工匠们在北壁和南壁切割出小的开口（宽 18～21 厘米，高 14 厘米）作为"通风井"（air shafts），石灰石的狭窄管道向上倾斜，穿过金字塔，通向金字塔外边。胡夫的灵魂可以通过"通风井"登上天龙星座的 α 星，即当时的北极星，"永不消失的星"。南边的是猎户座，与冥神奥赛里斯（Osiris）联系在一起，以及天狼星（Sirius），"奥赛里斯的伴侣"。胡夫修建的金字塔是延续传统，还是增加新建筑的结果呢？另一组"通风井"或"灵魂井"（soul shafts）切入王后墓室，但在其他金字塔里却没有发现这种结构。考虑到建造竖井花费的功夫，一些人认为它们肯定具有某种功能，这种观点现在还在继续，但空气通道可能没有功能。

　　在 146.59 米高的金字塔的三分之一处，胡夫的工匠们用 9 个巨大花岗岩横梁搭建国王墓室的屋顶，每个横梁重 35 吨至 55 吨。另一个设计复杂的地方是工匠在这个屋顶上面，60 厘米至 1 米间隔堆放另外 4 个花岗岩屋顶，墓室天花板上每个花岗岩横梁形成上面墓室的路面。工匠在顶部建造了第五个墓室，用巨大的 V 形梁作屋顶。一般认为，这个系统背后的设计动机是为了减轻国王墓室上面的重量，所以这些空间通常被称为"减压墓室"（Relieving Chambers）。

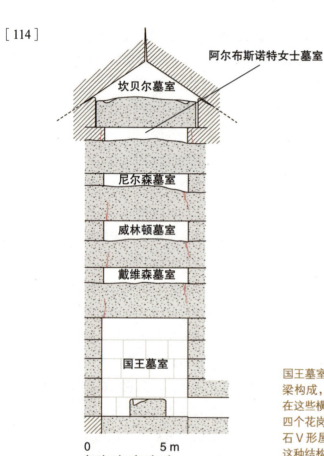

［114］

国王墓室的屋顶由厚重的花岗岩横梁构成，每个横梁重 35～55 吨。在这些横梁上面，建筑师又堆叠了四个花岗岩屋顶的墓室和一个石灰石 V 形屋顶的墓室。传统解释是这种结构是用来减轻国王墓室的重量，但还有一种解释是最上边墓室的 V 形横梁可能象征天门，打开大门通向国王升空之路。

　　难道胡夫和他的建筑师认为第五墓室上面的 V 形梁具有魔力，象征打开国王向上攀登的双扇天门？这个梁隐藏在金字塔内核深处，它很可能发挥一些特殊功能。因为工匠本可以使用他们父辈在代赫舒尔的北面金字塔已经成熟的叠涩支撑技术堆积形成墓室来达到同样的效果。为了实现 V 形梁的魔法效果，需要抬高、远离大走廊，同时为了避免其倒塌，安放巨大的花岗岩支柱抵抗横向压力保护大走廊。

2017—2019 年，扫描金字塔的项目使用介子摄影技术检测到在大走廊上方大概 5 米的地方存在一个"大空洞"，长度最小为30~40 米，横截面与下面的大走廊相似。扫描金字塔没有确定空洞的准确形状或倾斜角度，扫描金字塔的团队使用图像阐释它为一个模糊倾斜的云点，走向与大走廊平行。如果它只是单纯沿着走廊屋顶的支撑拱顶的话，他们是无法检测到如此独立、与众不同的"大空洞"的。如果空洞的南端仅在大走廊末端的上边，它将会在减压墓室花岗岩横梁末端数米范围之内，特别是空洞的空间大小和大走廊的体积相似的话，这应该会给空洞的上部施加压力。这样体积大小的额外空间可能需要它自己的拱顶。空洞很可能是工匠框定保护大走廊来抵抗上面压力的空间。

115

王后墓室

上升通道、大走廊、前墓室、国王墓室以及减压墓室形成一个连续的系统，是统一规划的结果。王后墓室位于大走廊下端水平延伸走廊的一端，为这个系统的补充部分，墓室的墙壁和山墙的屋顶是由精美的石灰石建造的。这个墓室的名字是个错误，并没有王后安葬在那里。王后墓室突出的特点是一个支撑壁龛陷入墙壁，可以承受比真人更大的胡夫雕像的重量。皮特里发现山墙屋顶的中线正好位于金字塔东西中轴线上。

工匠在通往上升通道的大走廊下部放置假门堵住通道，封住水平通道和王后墓室。在王后墓室的北壁和南壁，工匠修造出两个类似国王墓室那样的"通风井"。但与国王墓室的那些"通风井"不同，工匠没有在王后墓室入口的下端切割开口，而是将"通风井"遮蔽，从而达到二次封闭王后墓室的效果。直到1872年，维曼·狄克松（Waynman Dixon）通过在墙壁上敲击的办法检测到它们的位置，发现了竖井，他切割穿透墙壁，打开"通风井"。更令人震惊的是，胡夫的工匠在距离墓室大概63.6米处，用石灰石块阻塞这些"通风井"的上端，每个石灰石块上有两个铜针，与石块表面相垂直。团队使用配备摄像机的微型机器人，探测针穿过石块，在封闭的小环里沿曲线来回运动，铜针相较绳或线来说太小，无法穿行，无法把石块放在合适的位置上。

116 　　这些被堵塞的通风井的文化功能是什么呢？后来的金字塔铭文提到打开地平线两扇门的门闩，祭司反复念诵咒语"天门已开"。工匠可能小心地使用小型的"灵魂通道"来装饰王后墓室，并保持通道堵塞的状态，建造一个隐蔽的墓室放置死者的雕像，如同马斯塔巴墓的雕像间。按照这个解释，胡夫的身体最终被安放在国王墓室的棺椁之中，而他的雕像，替代的身体则站立在王后墓室的壁龛里。上方通风井是从木乃伊出来的国王灵魂登空的魔法通道，下方的通风井也是如此，通风井成为他至关重要的力量"卡灵魂"从他的雕像出来登空的通道。胡夫完成转化后，在北方天空与"永不消失的星"北极星以及南方的猎户座和天狼星相结合。胡夫的石匠们没有切割通道，穿越王后墓室的墙壁，他们反而阻塞通道的上端，留下具有魔法功能的金属针作为天门的门闩。铜针并不是真实的门闩，它保持被锁关闭的状态，象征拉开、拔掉门闩。

胡夫金字塔建筑群

如同斯奈夫鲁的弯曲金字塔，胡夫的大金字塔也是巨大建筑景观的一部分，他的工匠大体上完成金字塔主体建筑后增加了其他部分。梅尔及其远征队在胡夫统治的最后几年搬运回来的图拉石灰石可能进入金字塔周围的山谷庙、甬道、庭院的铺路、围墙、卫星金字塔以及上庙。

乔赛尔王首次在他的阶梯金字塔北边建造神庙，后来胡夫的工匠建造了一座巨大的石制上庙。弯曲金字塔以及最后的梅杜姆金字塔 E3 的小祠堂发展为纪念建筑，没有与金字塔祭庙同步发展，胡夫的祭庙是古埃及国王墓葬建筑发展至关重要的一步。我们知道胡夫的祭庙从金字塔外边延伸超过 53.35 米，南北跨度 52.5 米。现有遗存表明神庙有一个玄武岩铺砌的回廊式庭院以及一个窄长的神殿大厅。后来某人在神殿中间挖出一个竖井，我们并不了解竖井里是否放置雕像壁龛、假门或石碑。胡夫的工匠在整个金字塔周围用图拉的石灰石修建了一堵高围墙，与神庙相连，围绕里面铺砌的一座

118

[117]

大金字塔顶部东向图。金字塔上庙遗址和周围的船坑、王后金字塔，东部墓区的马斯塔巴墓和悬崖下的现代城市。接近春秋分之日，金字塔的影子在日落时落在东边。

[118]

胡夫的雪松三桨船，长近44米，这是埋在大金字塔南侧岩层下矩形坑的两条丧葬船中的一条。这条船出自东边的坑，1954年被发掘出来。负责人哈格·阿赫蒙德·约瑟夫（Hag Ahmed Youssef）将1200多块碎片重新组合成这条三桨船。现在它被保存在金字塔遗址边上的博物馆里。大埃及博物馆建成后，那里将成为这条船的新家。

庭院。

　　一个船队停泊在金字塔周围，在与金字塔基座东边平行的上庙两侧，工人挖出两个船形坑，大小足够装下拆解的整条船。第三个船形坑位于甬道上端的北侧，王后金字塔之间还有两个稍小的坑。　119

所有这些坑在过去都被打开过，发现时是空的。两个大的长方形坑位于金字塔南边，负责胡夫丧葬仪式的那些人在里面不同的位置放置被拆解的两条雪松船的各个部分。然后，他们放上大块的图拉石灰石板封住坑。在这些石板上发现用颜料书写的胡夫以及他的继任者杰德夫拉（Djedefre）的名字。埃尔-扎夫旱谷发现的纸草的年代为胡夫统治的最后一年或者倒数第二年，其中一些石板可能是由梅尔搬运回来的石块加工的。

修复人员费时数月把在金字塔南边东坑中发现的 1200 多个船体碎片重新拼装在一起，形成一条完整的船，船基本由雪松木板构成，大约 44 米长，比在艾因·苏赫纳发现的长 14～15 米的拆解的船长很多。一个船箱位于甲板中间，坑里还发现六对船桨，可能用于航行或推进，船也可能依靠其他工具拖拉前行。关于胡夫金字塔南边的船是否真被使用过以及它们的功能问题，埃及学家无法达成一致。两条船被仔细地拆解，可能它们曾在金字塔里的丧葬仪式上运送国王的尸体。但如果两条船是仪式用船，运送国王灵魂加入每天太阳穿行天空的旅行，埃及人应该不会拆分它们。

胡夫的工匠在靠近大金字塔东南角的地方增加了一个边长 21.75 米的卫星金字塔。卫星金字塔大部分的结构现已消失，但外壳和基座上一些精美的石灰石块仍在。工匠们切入岩层，建造了由一个 T 形斜坡道和墓室组成的地下结构，后来这种安排成为卫星金字塔的标准结构。

胡夫的甬道从上庙向下通到他的山谷庙，长 825 米。为了调整上庙和山谷庙之间的高差，他修建了一座 45 米高的基座来连接陡坡。1990 年，工程师沿着曼苏里耶水渠（Mansouriyah Canal）开展一个挖掘污水项目，遇到的玄武岩石块，与在上庙使用的那些石块相似。工程师的切割活动以及随后考古学家的挖掘发现了一个神庙的踪迹，大约宽 100 腕尺（52.5 米），与上庙的宽度相仿，从而定位出山谷庙的位置。甬道连着山谷庙后面的西壁，形成整个金字塔建筑群的主入口。山谷庙的南面有一些钻孔，破坏了定居点"安胡·胡夫"（Ankhu Khufu）遗址，遗址的海拔约为 14.8 米，埃尔-扎夫纸草也提到这个城市的名字。这里就是王室管辖所在地，当时胡夫金字塔正在修建，山谷庙和宫殿成为王室行政的中心。

胡夫还在泛滥平原的外边建造了一个水利运输设施，比通往斯奈夫鲁弯曲金字塔山谷庙的旱谷里 1000 米长的港口盆地更长。通过这个基础设施运入修建巨大金字塔所需的大部分原料和人力。山谷的等高线显示山谷庙前有一大块凹陷区，1993 年，挖掘现代建筑的地基时碰到一堵建在石灰石地基上的玄武岩墙壁，与胡夫的上庙和山谷庙使用的石材相同，与胡夫山谷庙的玄武岩石板位于同一高度。相似的残墙东西向延伸，在南北延伸的工程壕沟里被发现。我们根据这些墙壁可以推测原来盆地的大小为南北 400 米，东西 450 米，这个巨大的凹陷区是"舍·阿赫特·胡夫"（She Akhet Khufu），即"胡夫的地平线的湖泊"，"阿赫特·胡夫"（Akhet Khufu）是胡夫金字塔的名字。

山谷庙坐落在盆地的西端，与西尼罗河水渠位于一条直线上，梅尔从图拉南部返回，从盆地驶入吉萨。在尼罗河水泛滥时，河水涨到神庙脚下。但是，"胡夫的地平线的湖泊"，即胡夫的码头只

120

是更大的水力设施的一部分。更大的中心盆地很可能是"舍·胡夫"，（She Khufu）即"胡夫的湖泊"，埃尔-扎夫旱谷纸草提到过，湖泊从入口向西延伸，在两个高地土丘之间形成"罗-舍·胡夫"，即"胡夫湖泊的入口"。梅尔及其团队参与巨大建筑工程的一小部分，他们驶入入口，卸下他们运回的石块，或许夜晚在以王宫和山谷庙为中心的定居点忙碌，在第二天劳动前休息一会儿。

从胡夫到哈夫拉：
埃尔-扎夫旱谷至艾因·苏赫纳

埃尔-扎夫旱谷的一个陶片，或者写有铭文的石块，上面提到
国王斯奈夫鲁的一支工队。（见第 124–125 页）

[122]

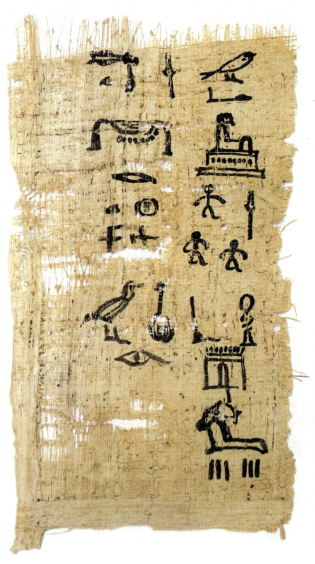

王室官员奈弗尔伊鲁（Neferiu）的纸草。这份小纸草很完整，在埃尔-扎夫旱谷 G11 仓库入口处被发现，发现的地层环境表明它是在最后封闭仓库之前放在里面的。这份纸草文献仅提到拥有者的姓名和头衔，文本可能是奈弗尔伊鲁在沙漠里安全通行的身份证。

埃尔–扎夫旱谷具有多个优势，使其成为红海海岸"间歇性港　123
口"合适的选址，当时，埃及人很可能首次进行这类设施的实验。
保证港口最高效的运行必须得到优质饮用水供应，很可能由现在位
于圣保罗教堂内的泉水供给，泉水距离遗址 10 千米。另一个有利
条件是海岸景观利于船只安全停泊。埃尔–扎夫旱谷的珊瑚礁离岸
有一处大面积的天然开阔地，内陆山脚则提供适宜开凿仓库的岩
面，仓库储藏大部分远征设备和供给。最后，重要的是，港口与一
个行政中心相连，可以管控尼罗河谷所有的活动。因此，必须维持
供应链，从而确保埃及人在埃尔–扎夫旱谷活动时的供给。人员沿
着沙漠小路不断活动，包括车队、军队、传递命令的信使以及参与
数月管理活动的官员。

2015 年在仓库 G11 入口处发现的纸草上提到一名官员出现在埃
尔–扎夫旱谷，这个地层的考古发现表明后来封住仓库的时间。文
献简单提到这名官员的名字和头衔，"抬轿子的伟大之人，一等亚
麻衣服部门的矮人管理者，项链制造者的管理者以及王室管理者，
奈弗尔伊鲁"。后来，矮人塞奈布（Seneb）也拥有相同的头衔，塞
奈布因他和他的家庭雕像群而闻名于世。这份纸草并不是卷起来
的，而是折叠的，很可能拥有者把它放在戴在脖子上的吊坠里。这
份纸草可能是现在已知世界上最古老的身份证，证件允许官员奈
弗尔伊鲁在沙漠小路上自由地穿行，他很可能参与绿松石的生产
活动。

港口的起源和发展

当时需要与王室政府保持良好的联系在这一点被完美地展示出来：埃尔-扎夫旱谷遗址是第一个建立的港口，我们已经挖掘出一些印章，印章上有第四王朝的建立者斯奈夫鲁的名字，在"间歇性建筑"周围发现一个保存完好的斯奈夫鲁统治时期的地层。我们

125

[124]

陶片提到工队的名字为"狮子"，"工队指挥者"为沙阿（Shaa），他很可能生活在斯奈夫鲁统治时期，这个陶片在"间歇性建筑"最早的地层中被发现。埃尔-扎夫旱谷许多仓库可能都在斯奈夫鲁在位期间修建。

[124]

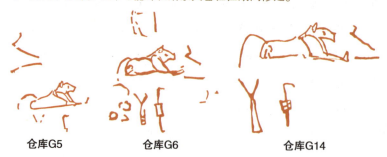

仓库G5　　仓库G6　　　　　仓库G14

许多仓库的封闭石头上留下"占有"标记，提到工队名字"狮子的追随者"（the followers of the Lion），很可能与斯奈夫鲁统治时期的"间歇性建筑"地层里出现的工队是同一支。

[124]

纪念铭文和图画为"伊杜（Idu），法雍的书吏"（象形文字的字面意思为"南湖的书吏"）。大约在斯奈夫鲁统治时期，一名法雍地区的官员把它留在仓库G3 入口处的墙壁上。当时很可能由梅杜姆的中央政府组织西奈的远征活动。站立的男子右边有一列非常潦草的铭文，可能是自传铭文，内容是这名书吏像他的父亲一样，从阿拉巴旱谷的入口处阿提夫赫（Atfih）来到这里。阿拉巴旱谷是连接尼罗河谷和红海的天然走廊，通往埃尔－扎夫旱谷的港口。

在这个地层里发现一块陶片，陶片上提到一支工队的名字"狮子"。封住储藏仓库群的巨石上也有标记，标记与这支工队有关，我们由此认为，遗址仓库重要部分的年代可能是斯奈夫鲁统治时期。

　　正如上一章所述，国王斯奈夫鲁最初在塞拉建造较小的阶梯金字塔之后，又成功修建了三个巨大的金字塔。第一个是在法雍边缘的梅杜姆，正对着连接尼罗河谷与红海的阿拉巴旱谷走廊，终点至埃尔－扎夫旱谷。当时，王室工队参与梅杜姆这个巨大纪念建筑的修造，不难想象国家最重要的管理中心建立在与这个建筑遗址紧邻的地方。

在斯奈夫鲁刚统治时以及统治结束时都出现这种情况，按照第三王朝的传统以阶梯金字塔建造他的金字塔。后来斯奈夫鲁返回梅杜姆，将他的纪念建筑转变为几何学意义上真正的金字塔，他的工匠以这次实验为基础随后在代赫舒尔（北边 40 千米处）又修建了两座金字塔。因此，在斯奈夫鲁这两个统治阶段，埃尔-扎夫旱谷遗址的地理位置都特别优越，与最重要的国家管理中心恰好位于一条直线上。

胡夫在位期间情况发生了变化。他决定在梅杜姆北边 80 千米的吉萨修建他的王室墓葬建筑群，埃尔-扎夫旱谷港口立刻就变得

[126]

"间歇性建筑"的最后时期，即巅峰时期的建筑，由低矮的墙（此时，这个结构完全由风堆积沙土形成）分割长型房屋（仓库）成较小的房间，很可能达到短时间阻挡风沙的效果。从印章判断这个阶段大概是哈夫拉统治时期。

不再重要了，明显失去了它大部分的吸引力。可以更敏锐地观察到
港口位置的一些劣势：水资源可得到，但水源地有些远，迫使以遗
址为基地的工队要组织复杂的后勤系统来获得和保存水源。另外，
最高的山坡位于距离埃尔-扎夫旱谷海岸线超过 5 公里的地方，整
个遗址组成元素多元（包括营地、仓库区以及港口本身），且覆盖
大片区域，造成不同部分间的沟通问题。因此，位于整个遗址中心   126
的"间歇性建筑"的主要功能可能是控制整个港口系统。然而，在
埃尔-扎夫旱谷发现的纸草表明不知道是纯粹习惯还是缺乏改变的
想法，王室工队在整个胡夫统治时期仍使用这个遗址为远征西奈
服务。

胡夫之后的港口

　　遗址没有发现胡夫继任者杰德夫拉短暂统治期间任何活动的
痕迹。"间歇性建筑"的地层里发现第四王朝的第四位统治者，杰
德夫拉之后登上王位的哈夫拉统治时期的印章，印章上书写他的名
字，哈夫拉这段活动的时间可能相对短暂。建筑经历了一段漫长的   127
废弃时期，这段时间，几乎全部建筑都被风沙掩埋。当时使用建筑
的远征队把大而长的房屋分割为更小的单元，在沙顶上高筑石墙，
从而保护自身免受风扰，并用同样的方法重新占领港口周围区域。
小的居住区零散地分布在遗址一部分区域，这里在胡夫时期主要是
营地，靠近防波堤。这些新的定居区重新使用之前几何形梳齿状建

筑的石材。

埃及人最后在埃尔-扎夫旱谷出现的目的是什么呢？目前为止现有证据告诉我们关于这个问题可能的答案是，在最靠近大海的那部分居住区（"间歇性建筑"以及港口区），或许在哈夫拉统治时期，仅使用遗址海岸部分，在去往西奈矿山的旅途中设立简单补给站，埃及人能够在西奈开采铜矿，这个地方刚好位于修建防波堤的海岸对面。当时官方可能突然派遣远征队到埃尔-扎夫旱谷取回仍在抢救的物资吗？当时官方已经决定放弃遗址了吗？可以确定的是，哈夫拉统治时期明显是一个分水岭。当时艾因·苏赫纳很可能也存在与埃尔-扎夫旱谷类似的切入岩层的仓库群，但是尺寸小些。

移至艾因·苏赫纳

仓库里发现、提取的印章上提到国王哈夫拉的名字，他是艾因·苏赫纳的材料中提到的第一位统治者，发现的材料表明遗址后来被经常使用，直至古王国结束，绝大部分第五和第六王朝统治者的名字都可以被辨认出来。王室把吉萨周边地区作为永久的根据地，所以，哈夫拉和孟卡拉为了靠近金字塔的建筑工地，在苏伊士湾的北端建立港口是完全符合逻辑的决定。艾因·苏赫纳遗址不仅具有非常靠近天然水源的优势，而且也存在通往海岸线的便捷通道以及一座几乎到达大海的山坡。容易建造切入岩层的仓库储存航海设备，使得远征队能够在红海航行，往返两个不同的地点。但是，

128

多个印章证明，哈夫拉统治时期艾因·苏赫纳出现王室远征活动。从铭文类型判断，艾因·苏赫纳岩石上大多数纪念铭文大概属于这个时期。它们被雕刻在仓库上面的岩石上，纪念一名叫"达格"（Dag）的军队巡视官。他身后是一位头顶篮子的女性。这个画面也出现在丧葬领域，第四王朝之后的王室和贵族墓室浮雕也出现这种图像，象征供奉死者的仪式。铭文表达出希望死者在西方生活幸福，每天都能得到面包和啤酒。

这些仓库比埃尔-扎夫旱谷的仓库质量更差：仓库切入的是易碎的砂岩，在整个法老时期不断塌落，迫使使用它们的远征队采取措施加固它们。

已经证明哈夫拉统治时期决定使用艾因·苏赫纳作为主要港

口，在随后将近 1000 年的时间里艾因·苏赫纳港口经常被派往西奈和蓬特的埃及远征军周期性使用。为了完成这些远征任务，主要港口从一个地点转移到另一个地点，但是，它们仍保留相同的名字"巴特"（Bat，字面意思是灌木丛生之地）。这个名字明显从埃尔-

129

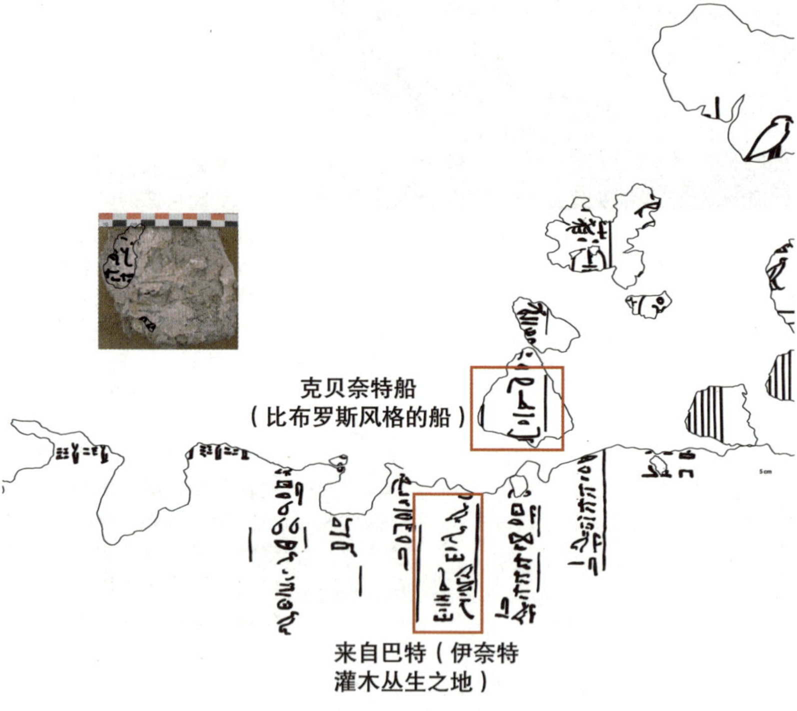

[129]

克贝奈特船
（比布罗斯风格的船）

来自巴特（伊奈特
灌木丛生之地）

第五王朝国王杰德卡拉-伊塞斯在艾因·苏赫纳的纪念铭文，出现在仓库 G6 的墙壁上，记录了一次远征西奈的活动。我们从铭文内容了解到远征队乘坐克贝奈特船，一种比布罗斯风格的船，启程去往一个名叫"巴特"的地方，"巴特"意为"伊奈特（Inet）灌木丛生之地"。这个地名在埃尔-扎夫旱谷发现的纸草 E 的残片上也出现过，说明"巴特"曾是这个港口的名字。

扎夫旱谷转移到艾因·苏赫纳，在艾因·苏赫纳一些储藏仓库的墙壁上，书写着关于国王杰德卡拉－伊塞斯的铭文，铭文两次提到这个名字。

哈夫拉统治时期在埃尔－扎夫旱谷活动的目的是挽救可能对海上远征仍然有用的物品，无论是谁负责这项工作，他留下了对今天的我们更具价值的东西——埃尔－扎夫旱谷纸草。

第三部分

世界上最古老的书写文本

第六章
发现纸草

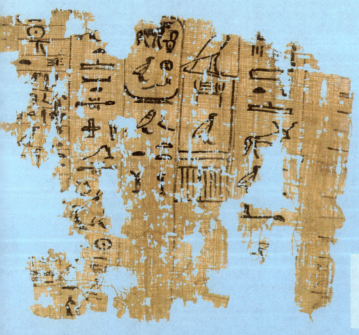

纸草 G，统计文献，在
埃尔-扎夫旱谷仓库 G2
门口处被发现。（见第
142–143 页）

在埃尔-扎夫旱谷，我们又发现了 31 个切入岩石的储藏仓库，它们在古代基本上都被打开了，最初保存在一些仓库里的东西大部分被盗走。古埃及人可能有组织地搬走了他们认为所有有价值的东西，很可能在第四王朝中期发生了最后一次拜访这个遗址的活动。在国王哈夫拉统治时期，埃尔-扎夫旱谷可能就停止了活动，他是该遗址（废弃的程度）纸草中提到的最后一位第四王朝的国王，也是艾因·苏赫纳纸草文本中出现的第一位国王，明显后来艾因·苏赫纳成为第四王朝主要的红海港口。

当关闭埃尔-扎夫旱谷港口时，可能古埃及人特别注意搬走在仓库中保存的船体雪松板。我们在调查这些仓库时发现，遗存通常包括许多质量较差的破碎木板以及绳子碎片，它们配合着榫卯，可以被组装成船。总之，埃及人搬走所有容易再回收或再利用的东西。目前为止找到的东西有点令人失望，它们提供了非常少的关于在遗址船只性质的信息。仓库还保留下一些更有用的、可能是木匠原本打算组装和拆解船只用到的标记和红墨水。但另一项发现可以告诉我们更多信息，我们在仓库 G5 入口处发现一块非常大的船架，包括部分船体，可惜大部分船体已经碎裂，船的直径为 2.75 米，说明当时已经使用相当大的船，或许长达 15～20 米。相较而言，在紧挨胡夫金字塔的一个埋藏坑里发现的被拆解的太阳船，其主要的雪松木构件拼接后，长达 43.6 米。

接下来几年对仓库 G18 至 G28 进行调查分析，得到了关于埃及造船的新发现。对第二组人造洞穴的入口进行系统发掘，发现了大量保存完好的人造有机物，包括绳索、木头和纺织品。令人惊讶

[134]

[134]

埃尔–扎夫旱谷发现的
船只残骸和一段绳子
（不是同一比例）。

[135]

在仓库 G6 门口发现木头和绳子的残片，这些保存较好的遗存，连带其他与之相似的东西，似乎表明在哈夫拉统治早期仓库被废弃时，大量航海工具被留在了埃尔－扎夫旱谷。

船体下部大块木框结构被丢弃在埃尔–扎夫旱谷封闭的仓库 G5 内。据估计，完整的船长 15～20 米。

[136]

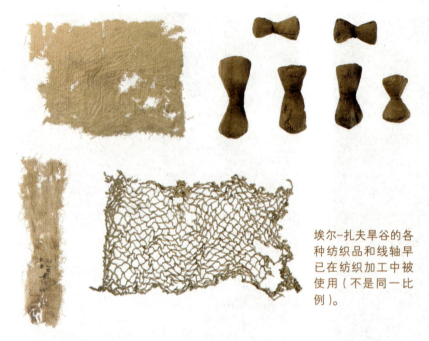

埃尔–扎夫旱谷的各种纺织品和线轴早已在纺织加工中被使用（不是同一比例）。

的是，这些仓库仍保存着原本放在那里的第四王朝时期的大部分材料，但钱财已经全部被盗。频繁出现的沾满树脂的纺织品说明当时可能已经知道密封船体的方法，这点只能通过完整检查材料来明确。总之，田野工作为研究法老时期古埃及的造船技术提供了丰富的材料。

136

人们在仓库里发现航海使用的材料，还找到大量家用人造物、石制物品（燧石刀刃、砝码以及石制捣具）、铜凿、木制工具（木棒和纺织梭子）以及大量纺织品，还有一些原本用于保存材料的袋子。在挖掘出的一些仓库里还发现大量压进黏土里的滚筒印章，这

137

[137]

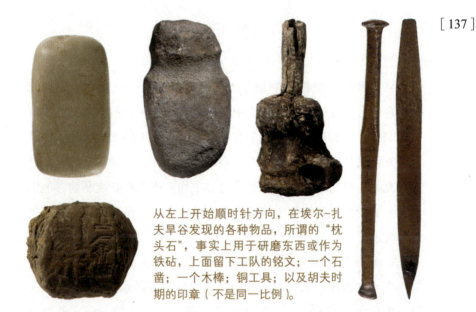

从左上开始顺时针方向，在埃尔−扎夫旱谷发现的各种物品，所谓的"枕头石"，事实上用于研磨东西或作为铁砧，上面留下工队的铭文；一个石凿；一个木棒；铜工具；以及胡夫时期的印章（不是同一比例）。

些印章明显用于标记储藏设备和供给王室工队的箱子或袋子，印章上面保留着参与供给活动的许多官员的头衔。

我们也发现一些古埃及人遗留下的更私人化的痕迹。一些储藏仓库的墙壁上保留着纪念铭文，庆祝一次特殊的远征活动或者某次穿过港口的活动。位于仓库 G3 入口处的一幅彩色图像描绘了一个小的站立的人，他戴着假发和缠腰布，手拿权杖，根据他头顶上的象形文字标题，辨认出他是"伊杜，南湖的书吏"。地名"南湖"经常指埃及北部法雍地区的湖泊，伊杜很可能是一位从法雍被派遣到埃尔−扎夫旱谷的远征队首领。通常西奈的远征队离开尼罗河谷后，沿着阿拉巴旱谷的天然沙漠走廊进入红海海岸，之前必须穿过法雍地区。

138 ## 沙漠里的水源

从这些仓库里挖出的最令人震惊的东西是一批巨大的储藏陶罐，它们可能在整个港口生活中发挥重要作用。它们明显是在遗址中被制作，在仓库 G8 至 G11 前发现了一组加工黏土的水池，在几个地方都发现大量陶轮。陶工们很可能在仓库入口处制造船，那里光线充足，且可避免阳光直射，适合工作。推进窑炉烧制前，他们可能会晾干船。窑炉位于储藏仓库群的边缘，那里通风良好，离生活区较远。

一个著名的淡水泉，现在在圣保罗基督教堂内，当时每天可以产生 4 立方米的水，为法老的工队提供必要的水源，埃尔-扎夫旱谷港口得以运行，工人们集中使用港口。泉水位于距离港口大约 10 公里的地方，可能驴队驮着装水的皮囊，不间断地来回跋涉。水被运送到遗址的仓库区，储藏在大陶罐里，每个陶罐的标准容量为 30 公升。用这种方法为远征队提供充足的水源，远征队几百人长期居住在遗址里。因此，这些大储藏罐成为埃尔-扎夫旱谷港口运行的基本组成部分，没有它们，港口无法发挥功能。

港口运行期间，在遗址制作几批这种罐子。制作每批新容器时，负责的工队在烧制它们之前，通常会在容器上标记工队的名字。仓库 G15a、G15b、G22、G23 专门储藏这类罐子，有时会发现上百个（2017—2018 年考古季，仅在仓库 G22 里就发现了将近350 个陶罐）。仔细研究埃尔-扎夫旱谷连续几批生产的储藏罐，其中三个陶罐上的名字在遗址各处发现的文献里明确出现，从而使我们可以明确整个遗址运行时期的相对年代。首批储藏陶罐的年代可能是第四王朝的创立者斯奈夫鲁统治时期，其余陶罐的年代是他的继任者胡夫统治时期。从这点可以推测港口活跃了大约 70 年，直到埃尔-扎夫港口被废弃，航海活动移至艾因-苏赫纳，这段时间为斯奈夫鲁和胡夫统治时期。

139

[139]

制作陶器的窑炉，其中一个位于埃尔-扎夫旱谷仓库区边缘，远离生活区。

[139]

仓库 G22，存放上百个陶罐，这些陶罐属于"'胡夫的眼镜蛇是它的船头'护航队"（很可能是梅尔的工队）。

[140]

仓库 G22 内部概览，里面发现大量陶罐。

工队及其名字

141

第四王朝时期频繁在遗址出现的工队的组成人员如何呢？工队的功能是什么呢？谁首次开凿岩石层建造仓库，并封住仓库的入口呢？谁制作了储藏罐？谁又组装和拆卸在红海使用的船只呢？考古发现的两组文本提到至少六个远征队的名字，这些远征队明显是在不同时间段使用遗址。第一组文本书写在储藏罐上，第二组文本是大量控制符号，用红墨水书写在石灰石块上，这些石块封闭仓库入口。

每支工队的名字通常遵循基本相同的逻辑：工队［埃及语为"阿帕尔"（aper）］或以当时统治国王的名字，或以与工队紧密相关的一艘船的具体名字命名，并配合单独的王室徽章。第一类例子（以当时统治国王的名字命名）是"瑞胡·比奎-奈布"（rekhu bikui-nebu），在仓库 G15a 里发现在遗址各处都没有出现过的几十个陶罐，名字可以被翻译为"那些为双金荷鲁斯所了解之人"，明显与国王胡夫五个王衔中的一个有关。埃及国王通常拥有五个名字或者称号来组成他们的王衔，胡夫的金荷鲁斯名是"双金荷鲁斯"。这个名字强调工队与国王的关系紧密，这种亲密关系在纸草 D 里也能看到，后面将继续讨论这个。

第二类工队的名字至少有三个例子。一支工队的名字"阿帕尔·沙姆苏·维尔·迈伊-艾斯"（aper shemsu wer mai-es），可以被翻译为"'伟大是他的狮子'护航队"，这个名字也经常在控制符

[142]

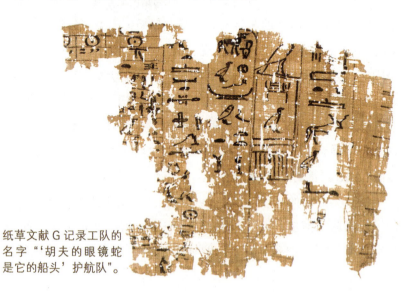

仓库 G22 陶罐上的铭文，提到梅尔工队的缩略名。

[142]

纸草文献 G 记录工队的
名字"'胡夫的眼镜蛇
是它的船头'护航队"。

号和陶罐标签里出现。另一支工队的名字"阿帕尔·沙姆苏·赫奈姆－胡艾夫－维·因·瓦杰提－艾斯"（aper shemsu Khnem-khuef-wi in wadjti-es），字面意思是"'胡夫授予它，他的双眼镜蛇'护航队"。这两个短语乍看起来可能非常模糊，我们或许疑惑胡夫授予谁他的眼镜蛇，伟大的狮子是谁。但是，基于相同逻辑的第三支工队的名字告诉我们解决的方法，这个方法是建立在遗址上百个储藏罐和纸草资料基础之上的。第三支工队名字"阿帕尔·沙姆苏·玛·维拉莱特·赫奈姆－胡艾夫－维"（aper shemsu ma wereret Khnem-khuef-wi），可以被翻译成"'胡夫的眼镜蛇是它的船头'护航队"，这个名字表明古埃及人很可能使用与工队相关的船来命名工队。容器的足部装饰王室徽章，可能是眼镜蛇或者狮子，显示尊贵。最后这支工队的工人很可能在遗址中留下他们的档案，他们在埃尔－扎夫旱谷执行最后一项重要任务时，可能丢弃了这批纸草。

143

幸运的发现：纸草

遗址许多地方都发现纸草碎片，特别是在仓库 G1 至 G17 周围区域，主要集中在仓库 G1 和 G2 前面朝向南边的狭小区域内。起初我们在仓库 G2 前面的现代地层下面收集到的纸草碎片大小仅有几厘米，包括一些小块的统计表格和脆弱的日记碎片，纸草内容提到"阿赫特·胡夫"（胡夫的地平线），即吉萨胡夫金字塔建筑群。

[143]

纸草文献 B，监督者梅尔的行程 日记，在 G1 入口处被发现。

纸草文献 H，统计文献，也在 G1 入口处 被发现。

这些纸草碎片在仓库 G2 入口以及仓库 G1 和 G2 之间的整个挖掘区集中出现。2013 年 3 月 24 日，在距离仓库 G2 5 米的地方挖出更多的纸草。这捆纸草包括明确纪年为胡夫统治时期的统计文本（纸草 G）、提到为工队运输食物和其他各种物资，包括记录铜制工具的

144　　一小块纸草（纸草 K）以及一大块日记（纸草 C 部分内容）。四天后，我们开始清理封住仓库 G1 入口的两块大石之间的坑洞，发现最多、最重要的上百个纸草残片，包括现在被辨认出的日记（纸草 A、B、C、D、E、F 以及 AA）和统计文本（纸草 G、H、I、J 以及 U）。

随后将仓库 G1 和 G2 前面地表发现的纸草 C 的残片连接起来，后来又在坑里发现最大的一块纸草文本，所有这些残片都出自同一个文献。文献最初被埋在当时封住仓库的两块大石之间的坑洞里。坑洞后来遭到扰动，纸草破碎四散，一些纸草被扔到外边。古代这次盗窃破坏了纸草，令人痛心，可能反而使这些文献较好地保存下

来。由于积水，仍在坑底部最初位置的那些纸草，几乎全部腐烂。陷进厚重沉积物的纸草卷却成功应对不利环境，雨水碰到纸草之前就几乎流尽了，所以，纸草 A、纸草 B 和纸草 H 的保存状况非常好。

这是一个令人震惊的、完全意想不到的发现，四千年后的我们可以发现这些古代文献主要凭借两个方面的幸运。第一个是档案被留在遗址，通常情况下在远征任务结束后，它们会被带回首府以备检查和存档。第二个是埋藏洞穴遭到破坏，可能在仓库关闭后不久又试图重新打开。这两个偶然事件导致部分纸草较好地保存下来。

纸草 G 告诉我们关于这批档案最有用和最准确的信息。统计文献的绝大部分内容已经丢失，只保留文献起始部分，提到书写的时间以及物品接受者的名字。前两列铭文用象形文字书写，文字字体大且内容详细，内容如下："荷鲁斯，麦杰杜，大小牲畜第 13 次统计之后那年"。"麦杰杜"是胡夫的荷鲁斯名，王名一般出现在国王在位期间的官方文献里，特别是在印章上。断定古埃及早期历史事件年代的方法主要是根据统计整个国家牲畜和财富的年份，这种活动可能每两年发生一次，现代历史学家对这个历法运行的准确方式仍然争论不断。

从一个具体例子来看，如果第一次统计发生在胡夫统治的第一年，那么，纸草 G 的年代为胡夫在位的第 26 年。如果发生在他在位的第二年，那么，文献提到的日期则是第 27 年。总之，纸草的年代可能接近胡夫统治的末期。西部沙漠也出现胡夫统治第 27 年

（第13次统计之后那年）的记录。2001 年，德国考古队在那里发现了一处采矿遗址，那里的一处国王胡夫的岩刻铭文提到他的继任者杰德夫拉。根据吉萨大金字塔船坑里一个未发表的统治标记判断，国王胡夫的统治可能在第14次统计之年后不久就结束了。

在埃尔-扎夫旱谷发现的所有纸草档案的年代从"第13次统计之后"那年开始（在位第26年或27年）到下一年的前四个月。除这个关键的年代信息外，纸草G的第三列铭文告诉我们这批文献主人的身份：工队名为"（船名）'胡夫的眼镜蛇是它的船头'护航队"。这个证据至关重要，在遗址储藏罐上上百次出现这支工队名字的简版。这些罐子上的标记很可能是它们被制作后拥有者的名字。从仓库 G22 发掘出大约 350 个这种类型的储藏罐，其中一半的储藏罐上带有彩色象形文字符号，部分储藏罐上带有这支工队的名字。其余几个纸草残片记录同一时期工队其他的活动，这些表明我们发现的可能是一组连贯的文本，基本上是第四王朝第二位国王最后一年多的统治时间里这支工队的情况。纸草 G 也提到他们，
146 可能是埃尔-扎夫旱谷被最后废弃之前在这里活动的最后一批工人和水手，牢牢建立起这支工队档案和港口之间的联系。

档案内容总体而言相当多样，包括描述这个王室工队运输各种食物和设备的内容，也包括详细记录工队每天活动的大量日记，很可能这是档案最重要的部分。

这个重要档案文献的发现提出了一个关键问题：这批纸草为何以这种方式出现？在仓库 G1 入口处发现的这批重要纸草窖藏位于沉积层中间，分布在几个地层里，推测仓库被封、遗址被废弃时，

它们被简单地丢入窖藏。窖藏明显被第二次扰动过，一大块纸草在仓库 G1 和 G2 前的台地上分裂开。在同一地方发现了上百个织物碎片，推测文献最初可能被放在衣服的口袋里。另外，在坑里发现的一些文献已经完全腐烂了，部分文献仍以细纤维连在一起，并试图保持卷起的状态，这可能暗示某种保存纸草的有意安排。总之，这些内容详尽的纸草文献后来还是被废弃了，它们没有被主人带回尼罗河谷地成为官方档案，说明它们很可能被认为不再有用。但是，为什么要封存呢？它们很可能具有重大价值。幸运的是，它们被完全遗忘了，遗落在这个遥远的沙漠之地，直到我们考古发掘，它们才重见天日。

第七章
翻译纸草

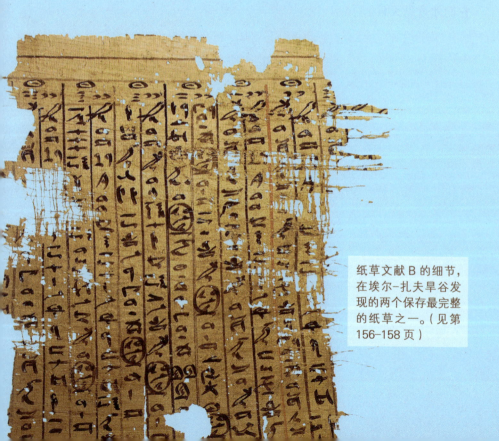

纸草文献 B 的细节，在埃尔-扎夫旱谷发现的两个保存最完整的纸草之一。(见第156–158 页)

作为一种书写媒介，纸草在古埃及可能很早就出现了。古埃及 148
人没有采用美索不达米亚文明的书写方法，用芦苇笔在未烧制的泥板
上按压，书写管理文献。古埃及人可能在某个时刻对泥板这种媒介进
行过实验。在达赫拉绿洲（约公元前 2300 年）巴拉特一处第六王朝
的地方宫殿里发现了上百个泥板档案，是用僧侣体象形文字书写的书
信、统计档案以及官员列表。达赫拉绿洲远离尼罗河谷，是纸草的重
要产地。纸草这种水生植物在尼罗河谷沼泽地边缘非常丰富，一般成
为官方书写媒材（陶片和石头是非正式的笔记和书信的书写媒材）。

制作纸草的过程是，首先从纸草茎部提取纤维，浸泡并拍打，
分层放置彼此成直角的纸草条，压紧，然后晾干，形成书写的表
面，单个纸草连接在一起形成长的纸草卷。目前已知最早作为书
写媒材的纸草残片在萨卡拉的宰相赫玛卡（Hemaka）墓里被发现，
赫玛卡是国王登（Den，第一王朝第五位统治者，约公元前 2950
年）统治期间担任政府官员的一位贵族。这些纸草残片被发现时并
没有看见铭文，可能它们是纸草留白的部分，也或许因为时间太长
导致墨水褪色。纸草是一种脆弱的书写媒材，在潮湿的环境下较难
保存，埃及早期历史阶段的纸草发现得非常少。古王国时期的纸草
档案基本上都没能保存下来，埃尔-扎夫旱谷的纸草文献说明纸草
文献在古王国时期曾经大量存在。遗憾的是，有助于现代历史学家
更好了解法老国家早期组织情况的大部分资料已经丢失了。

在埃尔-扎夫旱谷的纸草被发现之前，最重要的古王国时期的
纸草档案是在吉萨和萨卡拉之间的阿布西尔（Abusir）遗址发现的
一批文献。阿布西尔纸草（Abusir Papyri）的内容是统计第五王朝 149

前期两位国王［奈弗尔瑞卡拉-卡凯（Neferirkare-Kakai）以及拉奈弗尔瑞夫（Raneferef）］和王后赫恩特卡维斯（Khentkawes，奈弗尔瑞卡拉-卡凯的妻子、拉奈弗尔瑞夫的母亲）墓葬建筑群祭庙的活动，在祭庙里死去的国王每日获得供奉。记录采用表格形式，统计政府运输的食物和供品数量，清单还记录神庙分配给为王室服务的官员的任务。纸草的年代基本上是杰德卡拉-伊塞斯统治时期，他是第五王朝倒数第二位统治者（约公元前 2468 年至前 2432 年）。阿布西尔纸草提供了观察古王国稳定发展时期国家如何运行的一个非常有价值的视角。

在萨卡拉、象岛（Elephantine，上埃及）和沙茹纳（Sharuna，中埃及）发现另一个不同寻常的纸草，一般认为年代为古王国末期（第五王朝晚期或者第六王朝）。最可以与埃尔-扎夫旱谷发现的纸草相提并论的文献档案是在上埃及格贝林（Gebelein）一座墓葬的木盒子里发现的一组六个完整的纸草卷。这个纸草档案基本上是统计表格，已由保勒·珀塞尼-克瑞格（Paule Posener-Kriéger）发表，她认为这个纸草档案的年代较早，也许是第四王朝中期或者第五王朝初期。她根据纸草中古文字的特点推断出一个更加准确的时间，接近第四王朝末期孟卡拉统治时期。其中一篇文本提到日期"第 11 次统计之后那年"，可能指第四王朝的一位统治者的统治年代，可能是斯奈夫鲁或者是胡夫，他们统治的时间足够长，可以达到这个清单里的统计时间，不过，再进一步确定更具体的时间就比较困难了。文本中象形文字的字形与最近在埃尔-扎夫旱谷发现的纸草上的文字非常相似。

纸草内容的组织

所有纸草的年代信息表明埃尔-扎夫旱谷的纸草残片是已知世界上最古老的埃及文本。已经修复的 1000 多块纸草残片很可能最初至少来自 30 个纸草卷，所有的纸草都属于一个特定群体（排除在遗址其他地方发现的纸草）。从纸草的数量来看，这批纸草仅次于阿布西尔纸草，却比阿布西尔纸草大约早了一个半世纪。从纸草内容来看，埃尔-扎夫旱谷纸草比之前研究的古王国时期的纸草档案更加丰富多样。

150

埃尔-扎夫旱谷纸草里有统计档案，档案使用表格形式记录政府给工队运送不同食物的活动，与阿布西尔纸草档案使用的格式非常相似（见上面）。埃尔-扎夫旱谷纸草还有书信残篇、官员列表、身份证书以及一个古代地图的大量碎片。但最史无前例的文本很可能是一个由 400 多个纸草碎片组成的日记，日记最初至少由七种文献类型组成。这种日记记录在整个古埃及历史时期都非常流行，特别用在记录法老国家永久性雇用工队这件事。这类文本是按天记录工队活动，工队忙于政府分配给他们的任务。后来可以与之相比的是在戴尔·埃尔-麦地那发现的记录新王国时期墓葬工匠村的墓葬日记，日记由书吏书写，记录社区重要事件以及工队在特定日子是否工作。因此，墓葬日记是真正的时间与行动相结合的日记，刚好使用与其他国家财产相同的记录方式，日记由政府保存。这种日记在古王国时期非常流行，在埃尔-扎夫旱谷纸草被发现以前，我们已经知道至少三个这种文献。一个是在萨卡拉地区发现的第六王朝时期的纸草文献，另两个是上面提到的巴拉特的木板档案。但埃尔-扎夫旱谷这批文献的内容极大地丰富了我们对当时政府组织的理解。

纸草 A 中的一张纸草保存情况非常好，提供一个把所有数据组合在一起的方法。纸草上部包括一行长铭文，铭文记录工队一个月的活动，泛滥季第一个月（阿赫特，Akhet），对应国王胡夫统治的七月。每份管理纸草可以记录工队至少两个月的工作。再往下看，第二行分为若干方框，每一个方框里是一个月的一天，从第一天到第三十天。第一天是维帕特（wepet，"打开之日"），最后一天是阿凯特（arket，"结束之日"）。其余天则以数字简单标记：第七天、第八天、第九天等等。每天用象形文字符号"herw"（代表太阳，意思是"天"）加数字表示。每天的方框下面一般为两列僧侣体铭文（圣书体象形文字的草体），报告那天发生的事情。

这篇特殊文献的作者基本可以确定是一位中等官阶的监督者，名叫梅尔，他负责一支工队的部分工作。后面将讨论，他记录工队白天工作，夜晚休息，追踪工队活动，记录他们参与的工作。一条黑线框定每列文本，红线框定每个第十天。以此为基础，十天（或者一旬）很可能是组织工作的基本时间单元。一般书写非常整齐，以黑墨水书写每天的报告，一部分文本用红墨水书写，强调内容的重要性。红框里的内容基本上是为工队提供的物资以及工队发生的事情，例如每月口粮的到达、给予织物作为工资以及工队庆祝节日。最后，书吏可以使用文本的下边记录其他一些信息，可能书写每天报告之前的辅助备忘录。日记内容相当反复、乏味，幸存下来的文本数量相当大，其中一些文本非常长，它们报告了各种远征活动，我们最终了解到这个具体工队的活动以及更具普遍意义的问题——当时埃及国家组织管理的大量信息。

这些文献的重要意义和重要影响从在遗址发现它们的第一个月就显现出来。在发现真正重要的文献窖藏之前，我们首先发现了这批纸草文献的一些残片。我们惊奇地注意到一些文本用僧侣体象形文字书写在密集的列里，反复出现胡夫的王名框。直到 2013 年挖掘季的最后一周，我们才发现纸草 A 和纸草 B 的大块残片，并充分了解到这批文献的性质以及档案内容的逻辑，并把它们拼合在一起研究和发表。

保护纸草

当我们仍在埃尔-扎夫旱谷的考古工地时，思考研究文献之前，迫切的问题是每块纸草一旦从坑里挖出来，首先需要保护纸草残片。这是一项艰巨的任务，每天几十块纸草残片从考古遗址转移到我们营地活动房的研究室。一位在法国国家图书馆工作的同事帮助我们遵循保护纸草的协约保存这批材料。首先，我们尽可能地移除附着在纸草纤维上的泥沙，这是一项精细的工作，清洁队使用非常精细的刷子清除泥沙。下一步，重新打湿纸草，恢复纸草纤维的延展性，使我们可以压平它。我们采用开罗法国考古研究所考古学

152

153

[152]

埃尔-扎夫旱谷纸草残片发现时的样子。纸草非常脆弱，难以在潮湿的环境下保存。古王国时期的纸草几乎没有保存下来的，埃尔-扎夫旱谷纸草表明纸草文献在古王国时期曾经大量存在。

家使用的"弗奈特"（Fournettes）方法完成这项任务，这个方法以希腊化研究专家让-卢克·弗奈特（Jean-Luc Fournet）的名字命名，他在泰布图尼斯（Tebtunis）（法雍地区，1992—1996 年）工作时改进了这项技术，处理从这个遗址中挖出的大量希腊罗马时期的纸草。"弗奈特"方法使用底部潮湿的玻璃或塑料盒子，把纸草放置在盒子上部的网格里，暴露在下方的潮气中，保护纸草避免直接与水接触。几个小时后，水气渗透进纸草，还不会破坏纤维。

用这种方法恢复纸草文献后，再进行最精细的工作：展开纸草，用一张吸水纸压平，特别要选择不含酸性的吸水纸，它可以在整个操作过程中保持湿润。然后使用镊子、软刷以及精细的牙科工具尽可能平整纸草的纤维。使用这种方法平整纸草纤维可以最大程度地提高文本的可读性，有时候还可以修缮磨损或扭曲最严重那部分纸草上书写的一些象形文字符号。有时可以用这种方法将同一纸草的不同残片连接起来。然后，再用多层去酸的吸水纸重力按压纸草，使其变得干燥。如果需要的话，我们工地小型图书馆的图书就成为提供完成这项工作的重力。下一阶段需要耐心，等待几天，直到纸草完全干透，才把按压纸草的重力移走，然后，把它放在两块玻璃板之间进行保护。

　　2013年挖掘季结束时，我们向埃及文物局移交了50多个不同尺寸的玻璃板，一些是基本完整的文本，另一些则是残片。文物局再把它们转移到苏伊士博物馆的仓库。在2013年挖掘季尾声，我们花费大量时间处理这些纸草小碎片。2014年和2015年挖掘季，这项保护工作仍在进行。大约100块玻璃板里有1000多个不同尺寸的纸草碎片，这些纸草碎片现在仍在研究，等待发表。

　　我们最初的保护工作实际上是在工地进行的应急措施，保护这些珍贵的纸草残片在最好的状态被转移。如果这些纸草被放在埃及博物馆里永久展示，则明显需要这个领域真正的专家介入，确保最好的修复纸草的纤维。修复可以帮助我们把同一文献的不同部分更准确地连接在一起，特别是那些完全孤立发现的纸草残片。另外的修复工作已经启动，现在仍在苏伊士博物馆和开罗埃及博物馆的实验室进行。这个项目由著名的纸草保护专家伊娃·梅奈（Eve Menei）领导，目标是将上百个纸草残片连接起来，完成文献的展示，特别是统计文本，它占档案体量的一半以上。

157

[154]

纸草文献 G，一份统计文本，首次修复。

[154]

皮埃尔·塔莱特在埃尔–扎夫旱谷挖掘营地研究修复后的纸草。

[155]

[155]

修复人员伊娃·梅奈在苏伊士博物馆完成一块纸草的最后修复。

纸草文献 A，监督者梅尔的行程日记之一，纸草展开后，放在两块玻璃板之间框定。

[156]

纸草文献 B 的残片，监督
者梅尔的行程日记，最后修
复之前（上面）和之后（下
面）的样子。

解读日记

　　解读保存最好的日记相当简单。僧侣体象形文字书写得特别整齐和规范，说明在古埃及历史早期，书吏的书写已经变得相当标准化。另外，语法相当简单，叙述基本采用整个法老历史时期流行的动词不定式，战争记载尤其偏爱使用动词不定式。目前发现的文本每天报告的内容相当重复，从而有助于把不同残片归入特定的纸草文本之中。不同日记的布局特点也可以帮助我们把文献初步分类，例如每天的报告提到的日期以及推测不同纸草的不同列高。所有这些信息使我们可以重建这批档案七个日记最初的文本安排，有时也可以得到最初完整的文本长度（见表1）。

　　单个文本保留每天的日期，因此，一些残片可以按顺序被放回。每篇文本的作者规律地在10个工作日一组的末尾以及每月的末尾处画一条红色竖线（文本每间隔20列），这非常有助于我们重建文本，按照这个原理，我们比较容易把一些幸存的纸草残片放回到它们正确的位置上。纸草A和纸草B是现存最大的纸草残片，总共保存15天的报告。2013年考古挖掘季结束时，纸草被放置在玻璃板之间，我们可以连续地解读文本。我们遇到的唯一真正难题是辨识一些僧侣体象形文字符号，这些文本的草书体年代非常早，一些象形文字符号的书写方式后来改变了，导致不能马上释读出这些早期的符号。然而，当我们深入研究，越来越熟悉这些文本后，会轻松解决这个问题。

　　在解读这份保存完好的日记中出现其他许多问题。文本残破，经

158

[159]

表 1　日记纸草

纸草	A	B	C	D	E（a）	F	AA
已知最小长度的连续文本	63 厘米	96 厘米（BI-IV）150 厘米（BI-IV+BX+BY）	没有连续文本	168 厘米（DI-VI）	26.5 厘米	36 厘米	没有连续文本
已知总长度（已知列加在一起）	81 厘米	265 厘米	85 厘米	130 厘米	未知	66 厘米	16 厘米
两个月的文本长度	180 厘米	180 厘米	204 厘米	168 厘米	204 厘米	90 厘米	60 厘米
列宽	1.5 厘米	1.5 厘米	1.7 厘米	1.4 厘米	1.4 厘米	1.5 厘米	1 厘米
总高	19.5 厘米	22 厘米	15.5 厘米	20.5 厘米	未知	16.5 厘米	15 厘米（最少）
上部空白区域的高度	4 厘米	4 厘米	3.5 厘米	3.5 厘米?	3.5 厘米	3.5 厘米	4.8 厘米
下部空白区域的高度	2 厘米	没有下部空白	没有下部空白	3 厘米	未知	没有下部空白	没有下部空白
天的符号	行	列	行	行	行	列	列

常缺少每天报告的日期，往往是导致无法恢复记录信息逻辑的最主要原因。另外，文本残破，一些符号和文字仅部分保存，辨识困难。仅有纸草 C 和纸草 E 记录工队活动的大概情况，但无法恢复这些纸草残片的年代顺序。另一方面，纸草 D 是一篇长文本，记录工队最初两个月的活动。总体而言，幸存下来的可以被放回、连接在一起的 100 多块纸草残片仅是最初长度的百分之十五。成功拼接这个纸草文本是因为绝大部分能够连接在一起的纸草残片在发现时仍与另一部分纸草相连，这意味着同一文本中内容连续的许多纸草残片被保存在同一个地层里。在把它们放在玻璃板之间的过程中可以建构出来纸草残片的前后顺序，我们总是保持残片发现时它们的前后顺序。

整体观察文献，特别是保存最好的部分，例如纸草 H（几乎保存完整的统计档案），我们注意到每张纸草都是从左手边卷起来，书写面朝上，纸草 H 的右边末端大部分留白证明了这点，这样做可以把书写内容完全卷在里面保护。纸草 H 统计档案的标题同样是书写在纸草右手边的反面，当纸草卷起时，才可以看见内容。所有纸草文本都是从右向左书写（这是僧侣体象形文字的书写方向），内容按照年代顺序排列，最早的报告书写在纸草卷边上，最晚的内容、有时也是保存最好的部分则卷在最里面。如果纵向切过最初纸草卷完整的横截面，我们将会发现纸草残片按照与文献内容时间相反的顺序排列（也就是说，从最早的第一天到最晚的第十天），从纸草卷的中心向外排列的顺序是从最晚到最早（从第十天到第一天）。

由于这个原因，如果我们打开一捆挖出的纸草卷残片，书写面朝上，时间最晚的文本部分将最先看到（包括那些最新日期的文

159

160

本），最早的文本部分则捆在里面。为了尽可能准确地重建这些残片的时间顺序，最好的方法是按照这个时间框架从左向右移动，放置每个纸草残片。假设把不同捆的残片（挖掘出至少六个不同捆的残片）放在正确位置上，尽可能考虑这些因素，如空间联系、文献内容的逻辑以及保存下来每天的日期，基本上整个纸草卷的内容可以修复成最初的样子，这将在下一章讲述。

因此，发表完整的纸草内容是一件特别长期的工作，它的困难并不单纯在于翻译，而是首先需要重建文献和解释文献内容。我们现在已经发表了总共七个我们辨识出的日记，现在需要对剩余文献，主要是统计文本，进行相同的工作。这类纸草反复给我们制造不同的问题。一些文本提到原料的种类或食物的名字，而在目前已知的整个埃及文本中并没有发现这些。埃尔-扎夫旱谷纸草的年代非常早，文本也具有自身特色。历史学家将其归为"实践类文本"，文本不同于官方文献的视角，而是记录每天的生活，官方文献是埃及这个历史时期主要的资料来源（例如丧葬场景和个人自传铭文）。辨识不同食物以及诠释这些纸草内容必须主要倚靠考古资料，特别是研究同一时期的艺术品以及古王国早期遗址中的动植物遗存。

埃尔-扎夫旱谷纸草的年代恰好是古埃及人建造所有金字塔中最大的"大金字塔"的时期。解读埃尔-扎夫旱谷的统计文本和日常生活记录将告诉我们胡夫统治时期的一支工队每天的生活，纸草提供的前所未有的信息可以帮助我们更好地理解埃及历史上这个关键时期。但是，它们怎么会被遗留在这个遗址中，它们的具体内容是什么呢？

纸草告诉我们什么

埃尔-扎夫旱谷发现的纸草文献 C 的残片，文献提到在尼罗河三角洲的活动。（见第 168–169 页）

163   把挖掘出的考古证据和文献内容相结合会发现，埃尔-扎夫旱谷的纸草明显是一支工队的档案。工队总共有 160 名工人，工队的名字是"'胡夫的眼镜蛇是它的船头'护航队"。纸草内容覆盖的时间范围超过一年，很可能从第 13 次普查之年（胡夫在位的第 26—27 年）末至第 14 次普查之年（第 28—29 年）伊始，在这期间国王可能去世了。因此，纸草大部分的内容是关于第 13 次普查之后那年，这支工队流转、承担至少五项不同的任务，分别由纸草 A、B、C、D、E 记录，所有记录都采用日记形式。工队 160 人可能被分为四个组（这可能来源于希腊的部族），每组大约 40 人。埃及语"组"为"扎"（za），每个组都有自己的名字："伟大（weret）组"、"亚洲人（setjet）组"、"繁荣（wadjet）组"以及"小（nedjeset）组"。我们至少在一篇文本（纸草 D）中可以看到，这些不同的组很可能在大致相同的时间，但在不同的地点承担着相似的任务。

       埃尔-扎夫旱谷发现的日记纸草实际上有两种。纸草 A、B、C 很可能是中等官员监督者梅尔率领的"伟大组"的记录。这三个纸草的日常记录都以相同的格式开始，"某天，监督者梅尔与他的组白天在……"。类比来看，可能四个不同的组持有这类文献，或许可以由这批纸草中的一个残片证实这种观点，残片上的文本三个连续列以短语"监督者麦苏（Mesu）在白天"开始。其他一些残片以同样的方式至少提到两位官员的名字［尼卡乌奈苏特（Nykaunesut）和塞赫尔（Sekher）］，他们可能是其他组的领导，分别持有自己的日记。一般记录两个月活动的纸草被研究得最多，总共 24 个纸草卷组成这组纸草档案，记录整支工队四个组一年的活动。我们不确定

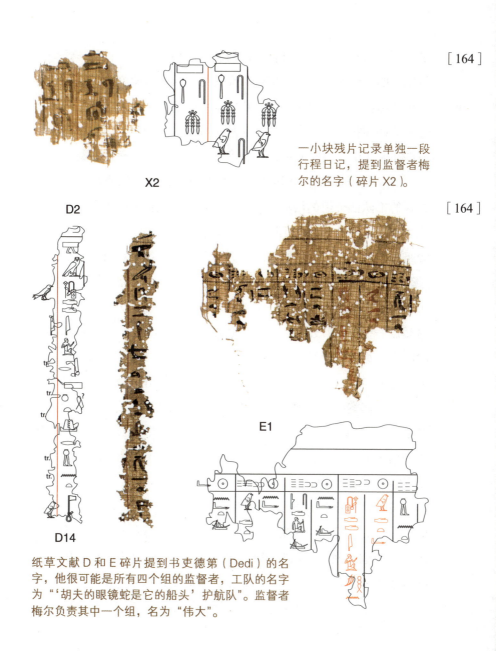

[164]

X2

一小块残片记录单独一段行程日记，提到监督者梅尔的名字（碎片 X2）。

D2

[164]

D14

E1

纸草文献 D 和 E 碎片提到书吏德第（Dedi）的名字，他很可能是所有四个组的监督者，工队的名字为"'胡夫的眼镜蛇是它的船头'护航队"。监督者梅尔负责其中一个组，名为"伟大"。

是否所有组都记录有这种报告。梅尔是"伟大组"的首领，这个组可能是四个组中最重要、地位最高的组，这可以解释为什么他在日记里仔细记录他的组的活动。我们也不确定日记是否用来记录一整年的活动安排，没有发现一个文献提到 12 月至来年 3 月这段时间，或许在一年中这段时间里，工队可以自由返家，与家人团聚。

另一些报告纸草 D 和纸草 F 的类型不同，它们概述整个文献提到的工队四个组的活动。报告作者是一名叫德第的书吏，他可能代表中央王室监督整支工队，而不是监督单个组。梅尔领导的"伟大组"经常出现，有时被"亚洲人组"和"小组"替代。第四个组"繁荣组"仅被提到一次。因此，另外六个文本可能最初由书吏德第书写，后来转录在更高一级的行政档案里。但这类报告的内容能够涵盖一整年吗？还是一年中工队在埃及国家核心吉萨地区那部分时间呢？德第是否陪同工人们一起被派到遥远的地方，如埃尔-扎夫旱谷港口呢？对这些问题回答的差异，可能导致重构出的最初完整的文献档案差异很大。从理论上来说，根据目前收集到的数据来推断，一个单独的工组全年的工作会记录 30 多个日记，因此，丢失的信息无疑是相当巨大的，我们现在主要聚焦在埃尔-扎夫旱谷留存的档案文献上。

我们已经可以从形式上辨认出 7 个不同的日记以及一些额外的、不相关的残片，最初的几十个日记可能被保存在我们发掘的窖藏里。考虑到胡夫统治时间的长度，如果每队 40 人，参与国王金字塔修建的工人上千人，在三十年的时间里，梅尔每两个月就能够书写出一个日记吗？下页表 2，根据我们发现的日记，记录官方一

[166]

表 2　日记纸草记录工队活动的时间表

工队	书吏德第（总监督）	"'胡夫的眼镜蛇是它的船头' 护航队"			
组		伟大组（1）	亚洲人组（2）	繁荣组（3）	小组（4）
监督者		监督者梅尔	- 监督者麦苏 - 监督者塞赫尔 [...] - [...] 尼卡乌奈苏特（？）		
收获季第四个月（6月）	纸草 D 1 (X7)、2 (X1)、3 (X1)		残片 X2		
泛滥季第一个月（7月）	纸草 D 1 (X4)、2 (X4)、4 (X2)	纸草 A	残片 X125		
泛滥季第二个月（8月）	纸草 F？	纸草 A 或纸草 B	其他三个组中的两个？		
泛滥季第三个月（9月）		纸草 B	未知的任务		
泛滥季第四个月（10月）		纸草 B			
生长季第一个月（11月）		纸草 B			
生长季第二个月（12月）		纸草 C			
生长季第三个月（1月）	不活动期间或现存文献中主要的间隔期				
生长季第四个月（2月）					
收获季第一个月（3月）					
收获季第二个月（4月）	纸草 E (a)				
收获季第三个月（5月）	纸草 E (b)	很可能是一个组的报告（可能，但是推测属于梅尔组）			

整年安排的任务在不同组的分布情况。

国王胡夫工队的活动组织

日记的细节可以串联起一年中工队以及不同组从事不同活动的情况。从胡夫在位第 26 年的最后一个月，即胡夫第 13 次普查之年（收获季第四个月，很可能是 6 月）至下一年的第 11 月（生长季第一个月），工队最初在吉萨地区活动。当时，工队负责运输劳力，

维护吉萨高原脚下修建的水渠和人工湖。每年尼罗河泛滥，河水灌满人工湖（纸草 A 的内容）。

然后，工队花费大量时间从吉萨地区尼罗河对岸的图拉采石场搬运石灰石块到金字塔建筑工地（纸草 B 的内容）。工队在两个不同的采石场工作（图拉北部和图拉南部），平均每 10 个工作日完成 3 个来回的行程。每次来回的行程由工队不同的部分承担，或许是梅尔领导的"伟大组"和"亚洲人组"，纸草 B 的一部分内容提到他们乘船参加海上航行。同时，纸草 D 提到这些组还承担其他任务，吉萨地区的一些机构负责管理供给和储藏。其中一个机构名为"安胡·胡夫"［胡夫，生活！（Khufu Lives!）］，很可能指胡夫的山谷庙，整个金字塔建筑群被称作"阿赫特·胡夫"，或者"胡夫的地平线"。纸草 D 还提及王室居住区和粮仓，它们可能也在同一区域，说明当时的王宫靠近金字塔墓葬建筑群。考虑到王室墓葬纪念建筑的修建在国王统治时期将一直持续，建造活动很可能吸纳了国家的所有财

富和剩余农产品。一个范围广的密集征税网络在整个国家延伸，埃尔-扎夫旱谷港口是其中最遥远的组成部分，由梅尔的工队维持，从而支撑这个修建系统。运输原料的关键位置很可能集中在吉萨高原脚下，胡夫的山谷庙附近。相较于马克在海特·埃尔-古拉布发掘的哈夫拉和孟卡拉统治时期的文化遗存，这将在十一章讨论，这个区域更热闹，各种活动在这里更密集，文化遗存范围更大。

工队在完成最初的准备工作后，具有非常强的适应能力，分配给同一支工队至少两个完全不同的任务。纸草 C 报告的事件很可能发生在图拉石灰石采石场工作刚结束后，也就是那年的 12 月，即生长季第二个月。当时，尼罗河水位已经下降，运输重货从河岸穿过泛滥平原到对岸已经不可能了。统计文本纸草 G 的一个残片上的日期提到这段时间，可能处于同一工作阶段。此时，工队活动的主要舞台已经明显转移到三角洲的中心区域，特别是在埃及历史时期靠近大海的沼泽地。工队在那里负责修建一种名叫"双杰阿杰阿"（double djadja）或"第二杰阿杰阿"（second djaja）的建筑，使用埃及语动词"胡斯"（Khus），字面意思是"捶打、压实"。这个建筑靠近两个城镇，这两个城镇通常被命名为"罗·维尔·伊德胡"（Ro-Wer Idehu，"沼泽地伟大河流的入口"）以及"罗·玛阿"（Ro-Maa，"真正的河流入口"）。与其他埃及文献资料相印证，精确定位这些定居点在下埃及第 12 诺姆（行省）的杰布-奈杰尔拉特（Tjeb-Netjeret）地区。这两个地名也可能指尼罗河三角洲朝向地中海的支流的河口。

另一些地名可能也与这个建筑有关，如"胡特·泰帕特"（Hut Tepet，"泰帕特庄园"，"最重要的基础"），这个地区的所有活动可

168

[169]

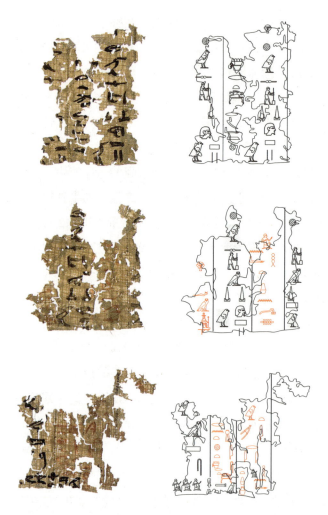

纸草文献 C 的碎片，文献记录在尼罗河三角洲中部的任务，很可能在 12 月，那年完成从图拉搬运石头到吉萨。

能都由胡夫在附近建立的地方机构"胡特·胡夫"（Hut Khufu，"胡夫庄园"）管理，它不仅为工人们提供食物，而且为他们提供工作所需的建筑材料。文献没有提及这个地方精确的布局，而是使用

"杰阿杰阿"（djadja）指代，通常的含义是"一座平台、开阔的平地或者码头"，工人们很可能参与防波堤或者双防波堤的建设，可能与埃尔-扎夫旱谷的防波堤相似。第四王朝的统治者明显开始了一项重要的造船政策，从斯奈夫鲁统治时期开始，埃及人能够与东地中海，特别是与比布罗斯的黎凡特港口开展贸易关系。港口建设进一步加强了埃及沿海、地中海地区以及红海地区之间的联系，因此这可能是完全连贯、合情合理的发展。

这个三角洲的任务之后，文献仍然停留在工队长时间参与的这项工作上，整个档案实际上没有提及冬天（1月至3月）发生的任何活动。当然，可能是因为大部分的档案缺失，许多文献，特别是在洞坑底部积水长期浸泡的那些纸草已经腐烂，没有保存下来。因此，也许记录这些月份的报告全部丢失了。但这个明显的记录空白也可能是工队工人们的休息时间，允许他们离开几个月，与家人团聚，这不是一年中向王室墓葬建筑工地搬运石块最忙的时间。

无论如何，我们可以辨识，事实上工队是在苏伊士湾海岸执行最后一项任务，很可能是在埃尔-扎夫旱谷港口活动。考虑到这里是纸草文献的最后保存地，很可能也是工队最后的落脚点。埃尔-扎夫旱谷的一小部分纸草残片频繁提到地名"巴特"（字面意思是"灌木丛生之地"），"巴特"出现时通常与苏伊士湾地区有关。因此，在埃尔-扎夫旱谷遗址发现的日记，很可能在被丢弃之前，至少一个日记记录了这个最后的任务。古代和中世纪的埃及文献都提到，只在四月至夏季结束之间这段时间进行红海航行，其他时间的气候条件很可能使得在红海航行有困难。根据西奈半岛和艾因·苏赫纳港口遗址的信

169

170

171

息，已知所有法老时期的红海远征活动都发生在 3 月末至 8 月之间。

因此，胡夫可能是在收获季第二个月（在埃尔-扎夫旱谷发现的一个统计文本残片上的一个日期）至泛滥季第三或第四个月之间（收获季之后的那个季节）进行红海远征，纸草 H 提到胡夫在位的第 13 次普查之后那年。残片提供少量最后这项任务的信息，当时埃及人可能在西奈海岸建立了一座要塞，名为"伊奈布·胡夫"（Ineb Khufu，"胡夫之墙"），采矿远征队经常在那里靠岸。可能也发生了海上远征活动，或许在西奈半岛修建了埃尔-扎夫旱谷那样凿入岩层的储藏仓库。把各个文献提到的这支工队远征活动的顺序和时间编入一个时刻表，如表 3 所示。

这组日记里的信息汇总在一起可以看出，工队非常能干，他们

表 3　埃尔-扎夫旱谷纸草里远征活动的时间顺序

文献	远征	预计时长	预计一年中的时段
纸草 D	在安胡·胡夫入口处工作	2 个月	收获季第四个月（第 13 次普查那年）至泛滥季第一个月（第 13 次普查之后那年）
纸草 A	运输劳动力以及开挖季节性河渠	2 个月	泛滥季第一个月至泛滥季第二个月；文献提到泛滥季第一个月的日期
纸草 B	从图拉搬运石块至吉萨	3 个月？	泛滥季第三个月至生长季第一个月（9 月至 11 月）
纸草 C	在三角洲建筑港口设施（下埃及第 12 诺姆）	1 个月多些	生长季第一个月结束至第二个月（11 月至 12 月），纸草 G 提供日期
纸草 E（a）和纸草 E（b）	在红海海岸工作	每隔 2 个月？	收获季第二个月（第 13 次普查之后那年）至泛滥季第四个月（第 14 次普查那年）

能够承担各种工作：搬运石块，维护人工水渠网络，修建港口设施以及穿越红海航行。他们可能是文献每天提到的各种王室机构的装卸工人（脚夫）和监工。

翻译纸草 A 和纸草 B

仅有两个日记可以真正提供连续的翻译文本：纸草 A，其中10 天部分（AⅠ和AⅡ）几乎是完整的；纸草 B，保存下来的部分几乎是连续的文本，涵盖 40 天（BⅠ至BⅣ部分），以及其他两个部分，每个涵盖 10 天（BX 和 BY），这两个部分保存较差，且无法与纸草其余部分直接相连。两个文本都报告了梅尔组的工作，几乎总提到每天报告的开始部分。纸草 A 的日期是泛滥季第一个月，可能对应 7 月，当时尼罗河水已经开始上涨（按照太阳历，埃及的季节以现实生活的农业季节来命名，但也逐渐与它们并不完全一致）。①

纸草 B 很可能连着纸草 A，内容是梅尔组在图拉采石场与吉萨金字塔之间的来回行程，搬运修建胡夫大金字塔所需的精美石灰石

172

---

① 古埃及的历法由三个季节组成：泛滥季、生长季以及收获季。每个季节又分为 4 个月，每月 30 天，从而构成了一年 360 天。他们再加上 5 天。在埃尔－扎夫旱谷遗址发现的纸草 H 第一次记录一整年 365 天。但是，这个历法与回归年并不一致，回归年为 365.24 天，因此，每 4 年，两者（埃及历法和回归年）就相差 1 天。

块。根据纸草上具有准确年代的修建工程的内容，这些石块可能被用于建筑金字塔的外壳，最初用这种精美的白色石头覆盖形成金字塔的外壳，后来这些石块可能也用于国王墓葬建筑群的其他部分，如祭庙、铺道和山谷庙。下面是这些文本的翻译，下一章将对内容进行更加详细的分析。

纸草A

第一部分（Ⅰ）

〈月〉第1天：[……] 白天……在 [……]。第2天：[……] 白天 [……] 在? [……]。第3天：从? 启航 [溯流而上航行] 至图拉，晚上在那里。第 [4] 天：从图拉启航，早上扬帆顺流而下到阿赫特·胡夫，夜晚在那里。第5 [天]：下午从图拉启航，航行至阿赫特·胡夫。第6天：从阿赫特·胡夫启航，溯流而上至图拉 [……]。[第7天]：早上启航从 [……]。第8天：早上从图拉启程，航行至阿赫特·胡夫，夜晚在那里。第9天：早上从阿赫特·胡夫出发，溯流而上航行，夜晚。第10天：从图拉出发，在阿赫特·胡夫靠岸。[丢失一名官员的头衔和名字] 以及贵族和工队的教谕。

第二部分（Ⅱ）

第11天：监督者梅尔白天与〈他的组〉在 [罗-舍]·胡夫 [……] 堤坝工作。第12天：监督者梅尔白天与 [他的组] 在罗-舍·胡夫工作 [……]。第13天：监督者梅尔白天与 [他

173

的组？……] 堤坝在罗–舍·胡夫，依靠工队的 15 个组。第 14 天：[监督者] 梅尔白天 [与他的组] 在堤坝 [在罗–舍·] 胡夫。第 15 [天]：在罗–舍·胡夫 [……]。第 16 天：监督者梅尔白天 [……] 和贵族？[……] 在罗–舍·胡夫。第 17 天：监督者梅尔白天 [……] 抬堤坝桩。第 18 天：监督者梅尔白天 [……]。第 19 天：[……]。第 20 天：[……] 为了船舵？团队。

纸草B

第一部分（Ⅰ）

[第 25 天]：[监督者梅尔白天与他的组在图拉南部拖运石块]；夜晚在图拉南部。[第 26 天]：监督者梅尔与他的组从图拉 [南部] 启程，装载着石块，去往阿赫特·胡夫，夜晚在舍·胡夫。第 27 天：从舍·胡夫启航，去往阿赫特·胡夫，装载着石块，夜晚在阿赫特·胡夫。第 28 天：早上从阿赫特·胡夫启航，溯流而上航行〈至〉图拉南部。第 29 天：监督者梅尔白天与他的组在图拉南部拖运石块，夜晚在图拉南部。第 30 天：监督者梅尔白天与他的组在图拉南部拖运石块，晚上在图拉南部。

第二部分（Ⅱ）

[〈月〉第 1 天]：指挥官伊杰 [鲁] 乘坐伊乌阿特运输船启航去往赫里奥波利斯（Heliopolis），从赫里奥波利斯给我们带回食物。然而，贵族在图拉。第 2 天：监督者梅尔白天与他

的组在图拉北部拖运石块，夜晚在图拉北部。第 3 天：监督者梅尔从图拉北部启程，装载着石块，航行至阿赫特·胡夫。[第 4 天……]：指挥官 [伊杰] 鲁从赫里奥波利斯 [返回]，满载 40 袋贝塞特面包（beset-bread）。同时，贵族在图拉北部拖运石块。第 5 天：监督者梅尔白天与他的组把石块拉到图拉北部的运输船上，夜晚在图拉。第 6 天：监督者梅尔与"塔维尔（Tawer）〈组〉"海军的船航行，顺流而下至阿赫特·胡夫。夜晚在罗–舍·胡夫。第 7 天：启航至阿赫特·胡夫，船帆拖着〈船〉至图拉北部，夜晚在 [……]。第 8 天：从罗–舍·胡夫启航，航行至图拉北部。监督者梅尔白天与塔维尔? 的船? 在一起 [……]。第 9 天：从胡夫的 [……] 启航 [……]。第 10 天：[……]

174

第三部分（Ⅲ）

[第 13 天：……] 舍·[胡夫][……夜晚在图] 拉南部。[第 14 天：……拖运] 石块 [……夜晚在] 图拉南部。[第 15 天：] 监督者梅尔 [白天] 与他的 [组] 在 [图拉] 南部拖运石块，夜晚在图拉南部。[第 16 天：监督者梅尔白天与] 他的组，向运输船（?）装载石块，顺流而下 [航行……]，夜晚在舍·胡夫。[第 17 天：从舍·胡夫启航] 在早上，航行至阿赫特·胡夫；[从] 阿赫特·胡夫 [航行……]，夜晚在舍·胡夫。[第 18 天]：[……] 航行 [……]，夜晚在图拉〈南部〉。[第 19 天]：[监督者梅尔] 白天 [与他的组] 在图拉 [南部?] 拖

运石块。第 20 天：［监督者］梅［尔］白天与［他的组］在图拉南部（？）拖运石块，装载五条船，夜晚在图拉。

第四部分（Ⅳ）

第 21 天：［监督者］梅尔白天与他的［组］在图拉北部装载一条运输船，下午从图拉启航。第 22 天：夜晚在罗−舍·胡夫。早上，从罗−舍·胡夫启航，航行至阿赫特·胡夫，夜晚在罗−舍·胡夫的粮仓？第 23 天：十人指挥官赫西（Hesi）白天与他的海军在罗−舍·胡夫，夜晚在罗−舍·胡夫。第 24 天：监督者梅尔白天与他的组拖拉（船？），和那些贵族、团队以及罗−舍·胡夫的指挥官贵族安赫−哈夫（Ankh-Haf）在一起。第 25 天：监督者梅尔白天与他的工队在图拉拖运石块，夜晚在图拉北部。［第 26 天］：航行至［……］

第 X 部分

第 X+1 天：顺流而下［航行］［……］在舍·胡夫的岸边。第 X+2 天：［……］从阿赫特·胡夫航行？［……］罗−舍·胡夫。第 X+3 天：［……装载？］［……图拉］北部。第 X+4 天：［……］装载石块［……］罗·舍［胡夫］。第 X+5 天：［……］罗−舍·胡夫［……］从阿赫特·胡夫航行，［夜晚……］。第 X+6 天：［……航行……］图拉。第 X+7 天：［在图拉北部］［……拖运？］石块，夜晚在图拉北部。第 X+8 天：［监督者梅尔］白天与他的组在图拉北部［拖运］石块，夜晚在图拉北部。第 X+9 天：［……］石块［……图拉］北部。第 X+10 天：

175

［图］拉北部［……］石块。第 X+11 天：下午［出发？］［……］
航行？［……］

第 Y 部分

第 X+1 天：［……图拉］北部［……］夜晚在那里。第 X+2
天：［……］航行［……］图拉北部，夜晚在图拉北部。第 X+3
天：［……装载，拖运］石块［……］。第 X+4 天：［……］夜晚
在那里。第 X+5 天：［……］与他的组拖运［……］一条船。第
X+6 天：［……］航行［……罗-舍？］·胡夫［……］。第 X+7
天：［……］与他的组航行［……］在［罗］-舍·胡夫休息。第
X+8 天：［……］

　　文献内容多次重复，第一次阅读可能令人感到不悦，然而，这
两个文献提供了大量史无前例的、胡夫统治末期在吉萨王室墓地
（阿赫特·胡夫）修建工作的组织情况。这些每天枯燥而真实的报
告非常难得，它们是由某位直接参与王室墓葬建筑群修建工程的人
书写。梅尔可能是日记的作者，主要监督他的工队工作，确保工人
们有序履行职责，有效推进工作。但是，日记没有记录组织工人工
作的信息，如抬起石块到金字塔顶部的方法以及使用坡道的类型。
推测可能对梅尔而言，这些事情明显不是他报告的重点。报告事实
上提供了当时吉萨修建工地清晰的地形画面，特别是便于乘船运输
大量原料的水渠网络和人工池塘。梅尔简洁的记录也有助于我们了
解工队的运行方式，告诉我们工人的规模，供给他们的方法，监督
组织工人以及分配给他们的各种任务。但是，梅尔及其工队在吉萨

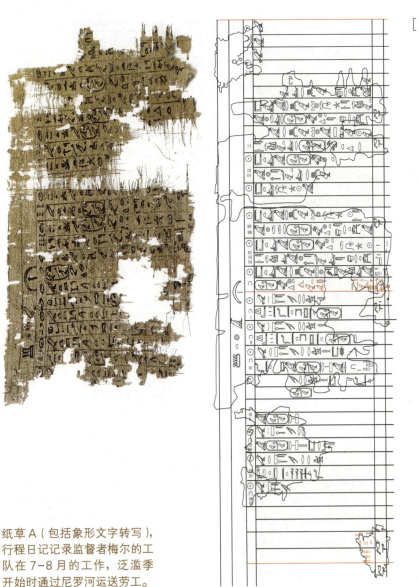

纸草 A（包括象形文字转写），
行程日记记录监督者梅尔的工
队在 7-8 月的工作，泛滥季
开始时通过尼罗河运送劳工。

[177]

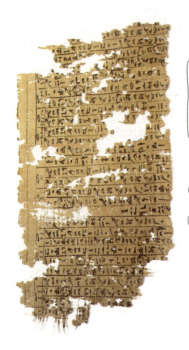

纸草 B 两个主要残片（包括象形文字转写），可能是 9–11 月梅尔工队的行程日记，此时，他们正从图拉搬运石块到吉萨。

地区的具体任务是什么呢？他们每天的生活是怎样的呢？幸运的是，纸草中清晰的证据结合考古发现的建筑实物，可以告诉我们当时工人参与大金字塔修建活动的一幅引人入胜的画面。

第四部分

监督者梅尔的故事

第九章
梅尔及其工队如何搬运石块到吉萨

国王乌纳斯在萨卡拉金字塔建筑群的浮雕细部，内容为沿尼罗河搬运花岗岩石柱。（见第193-195页）

第 12 天：监督者梅尔白天与［他的组］在罗-舍·胡夫工作　　181
［……］。第 13 天：监督者梅尔白天与［他的组？……］堤坝在罗-
舍·胡夫，依靠工队的 15 个组。……第 16 天：监督者梅尔白天
［……］和贵族？［……］在罗-舍·胡夫。第 17 天：监督者梅尔
白天［……］抬堤坝桩。

——纸草 A 的第二部分

　　纸草 A 和纸草 B 明显是由一位政府官员书写，作者梅尔没有
记录太多细节，仅勾勒出他领导的工队活动的大致轮廓。报告缺乏
具体细节，作者本人以及阅读报告的人明显已经了解这个情况，而
最终阅读报告的官员们则负责管理工人们的时间表。当时可能由于
某种原因，工队偏离了标准的工作惯例，梅尔扩大了他的报告范
围。纸草 B 出现梅尔没有如期从图拉搬运石块返回的现象，原因是
他同时被要求承担其他地方的工作（在罗-舍·胡夫），之前并没
有计划这项任务，他发现他必须报告推迟其他任务。因此，必须理
解文本的原始信息，吃透它们，才能从中获得埃及历史上这个关键
时期所有有用的证据。

　　首先，这些报告是日记的形式，日记采取一种量化数据的方
式，提供的信息很少，一同在档案里发现的大量统计文本则不同。
一个关键信息一开始就缺失，即监督者梅尔负责的工队或组的真实
规模。对胡夫那个时代的人来说，这个问题很可能不言自明，没必
要提及。现代历史学家推测古王国时期这些工队的组成人员以及人
员的等级差异很大，从几百人至几千人不等。分析现存所有文献，

182　将告诉我们一个相当清晰的王室建筑工作的组织情况。工人组织最主要的形式是"团"（aper），"团"又分为四个"组"，每个组都有自己的名字："伟大组""亚洲人组""繁荣组""小组"。这些组很可能按照海军的标准组织，特别是按船上的职务进行安排，每个组监督船只航行。"组"再分为四个部分，根据在吉萨发现的第四王朝的陶片估计每部分大约 10 人。地上的证据相对较少，但文献材料表明"组"由 40 人构成，一个完整的工队人数是 160 人。

这个最近由埃尔-扎夫旱谷的纸草证实的结论，也由马克在吉萨靠近哈夫拉金字塔脚下地区考古发现的海特·埃尔-古拉布工匠居住区遗址（见第十一章）再次证实。在那里，考古发现工人居住的房屋，房屋呈长廊形，又大又长，可以容纳 40 人左右。因此，生活空间可能被准确计算过，可以容纳一个像梅尔组那样的团体居住。而埃尔-扎夫旱谷遗址纸草的详细记录也可以与海特·埃尔-古拉布的考古发现相印证。纸草 B 报告第二个月的第一天，下等海军官员伊杰鲁（Idjeru）率领运输船，被派往赫里奥波利斯，为工队运输食物供给。三天后，他装载着 40 袋贝塞特面包返回，这是数量相当多的面包供给，可以与 17—19 世纪供给长期航行的欧洲船员的"海上饼干"相类比。伊杰鲁的货物体积接近 2 立方米，很可能相当于大约 1 吨贝塞特面包。

古埃及人平均每天的面包口粮是 0.8 千克，很多历史资料也证实了这个数据，例如中王国早期的赫卡纳赫特纸草（Hekanakhte papyri）以及在努比亚第十二王朝要塞内发现的统计档案。古埃及人基本的食物是面包，也需要其他食物补充。伊杰鲁每月运送的面包是精确计算过的，维持一支工队40人的生活：如果总共1吨面包，首先除以一个月30天，然后，再除以工人的数量40人，准确数字是0.83千克，与其他埃及文献中面包口粮的数量非常吻合。古王国时期每个人一个月的口粮最初很可能是成袋的面包（每袋48千克）。因此，梅尔的工队可能是成员数量相对比较小的群体，由40人组成，人数适合掌控一条大船。正如纸草内容所描述的，在一些情况下，他的工队会被分配特定的任务，需要与其他工队一起工作。

183

分析纸草 A

纸草A的两个部分基本上完整保存下来，为在文献中经常遇到的情况提供了一个好的解释：严格划分劳动时间为10天一个单位。从第一个10天到第二个10天，分配给工队的任务完全改变。在第一个10天里，文献没有提及监督者梅尔，纸草讲述图拉［罗-阿乌（Ro-Au）］采石场和吉萨胡夫金字塔建筑群（阿赫特·胡夫）之间来回行程的时间。这些行程的速度相当惊人：10天工作的头三天内容没有保存下来，但是从第4天至第10天，记录了5次来回行程：

1. 第4天早上从图拉出发，同一天到达吉萨，并且开始返回。在途中休息。第5天早上返回图拉。

2. 第5天下午从图拉出发，晚上到达吉萨，或者第二天。第6

天从吉萨出发，返回图拉，工队在那里过夜。

3. 第 7 天早上从图拉出发（很可能前往吉萨），同一天返回图拉。

4. 第 8 天早上从图拉出发，前往吉萨。工队在吉萨过夜，并在第 9 天早上从那里出发，返回图拉。

5. 第 10 天从图拉出发，最终停靠在吉萨。

184　　以这个速度稳步进展，每天或者每一天半就发生一次图拉到吉萨的往返行程，行程大约 40 千米。纸草 B 提到另一个速度，装载货物的船平均需要花费 2 天或 3 天才能完成同样的行程。另外，工作报告没有提及拖运石块和装载它们上船的过程，每次行程至少花费 2 天时间。因此，纸草 A 描述的行程可能运输的不是笨重的货物。这些行程的动机是什么呢？最合理的解释在文献下一部分实际上已经暗示出来了，文献讲述 15 个组的工队，总共 600 人，在"罗-舍·胡夫"（字面意思是"胡夫湖泊的入口"）集合，纸草第一次提及这个地名。这一大群人的数量远远超过可能在梅尔监管下的一支 40 人的工队。图拉采石场和吉萨之间这种特殊行程可能只是周期性地为特定任务派送劳力。如果每条船运输 120 人，5 次行程就足够完成转移任务。重要的是，在第 10 天，工人被运走后不久，团队监管者到达，推测他将指导工人们从事安排的工作。

但是，这些工作是什么呢？文献再次使用简单而模糊的文字描述，没有提供任何直接的回答。报告提到第二个 10 天"在罗-舍·胡夫的堤坝工作"，却没有具体说明任务的内容。这个地点本身就有意思，"罗-舍·胡夫"的堤坝是整个区域水利基础设施的入口，方便为修建金字塔提供原料，第十一章将更详细进行

描述。金字塔修建者在"胡夫的湖泊"（舍·胡夫）和它的通道
（罗-舍·胡夫）之间挖掘出一个巨大的人工湖，直接将吉萨与尼
罗河连通。马克近年在这个地区的考古工作也证实了这些湖泊和水
道的存在。他分析了吉萨地区所有的考古发现，包括挖掘出的遗
址，还充分利用了20世纪80年代美国和英国联合财团（AMBRIC）
在整个地区一组72个核心钻挖掘得到的材料。这家公司当时签订
合约，为现代城市吉萨安装污水系统（大开罗污水处理工程），在
这之前需要先研究这个区域。各种不同类型的调查能够获得第四王
朝吉萨地区准确的地形图，当时主要的河渠应该比今天更靠近修建
金字塔的高原。

　　埃及考古学家扎西·哈瓦斯（Zahi Hawass）在吉萨地区进行
抢救性挖掘时发现，大型池塘或者湖泊的建造与胡夫金字塔建筑群
山谷庙的修建是同步进行的，山谷庙的轮廓由玄武岩和石灰石构
造。另一个人工景观紧靠哈夫拉金字塔甬道的东边。吉萨高原的这
边是天然斜坡，根据国王金字塔基座台地的高度推测，建筑材料很
可能经过这条路运送到胡夫金字塔的建筑工地，因为向下下降运输
材料可能更加困难。池塘的开口面向两个土丘之间的水渠，南边的
土丘现在是现代村庄纳兹莱特·埃尔-巴特拉恩（Nazlet el-Batran），
北边的土丘是现代村庄纳兹莱特·埃尔-斯西（Nazlet el-Sissi）。梅
尔的纸草提到这个地区有水渠和池塘，上面这些考古证据可与之相
印证。

　　但纸草A第二部分的内容更加不同寻常，甚至史无前例。完成
一项常规任务（我们仅知道在胡夫湖泊入口堤坝工作）后，那月第

185

[186]

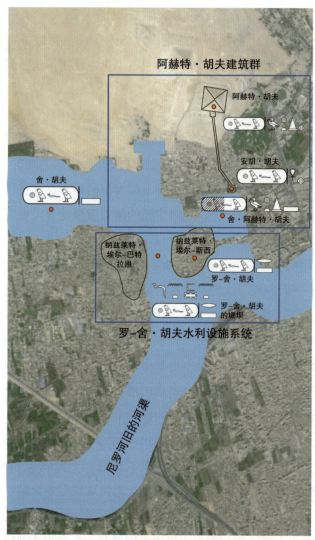

根据纸草 A、B 和马克·勒赫尼的考古研究，卫星图显示胡夫时期吉萨地区的水道、湖泊和水渠。

17 天，在一位王子级别的高级官员，或许是指挥官（我们在后面将再讲述他，他头衔的起始部分可能出现在第 16 天报告前面的留白处）的领导下，工队继续抬堤坝桩。文献的日期十分重要，这告知我们堤坝桩活动的意义，这是泛滥季第一个月，即埃及每年 7 月尼罗河洪水到来。这可能是埃及水利活动最早的历史证据，但仍无法证实法老时期短期季节性水渠是否在一年这个时间开放，而中世纪的水利活动记录得特别好。法老时期，尼罗河岸边许多战略性运输线路仅在泛滥季被使用（特别是连接亚历山大到开罗或者三角洲至红海的线路）。大约 11 月份，尼罗河水位急剧下降，埃及人在这些水道上筑坝拦水，保留剩余的水源，从而使船甚至在冬季月份也能继续航行较长时间。约翰·P. 库普（John P. Cooper）在他的一本奠基性著作《中世纪的尼罗河：伊斯兰埃及时期的线路、航行以及景观》（*The Medieual Nile: Rouce, Navigation, and Landscape in Islamic Egypt*）中对这些水利系统进行了特别好的研究。库普尤其依靠 18 世纪英国驻埃及领事阿巴拉哈姆·帕尔森（Abraham Parsons）的记录，描述其中最重要的一个季节性沟渠——"开罗水渠"关闭和重新开放的情况：

> 木板屏障从河岸建造到水渠岸边，水渠的入口向内 8～10 码（7.3～9.1 米），杖杆支撑嵌入空水渠的墙壁和地板。然后，在这个屏障的上游筑堤，与尼罗河的河岸持平，隐藏水渠的入口，河水消失在视线里。当堤坝建到大约最终高度一半时，从河水表面到后面的厚木板之间出现一系列小砖铺的暗沟。在河水尾部，水闸封住这些水渠的入口。6 个月后，时间一到，打开水渠，开幕仪式炮声响起，使用滑轮和绳索打开闸门，拉开

支撑木挡土墙的扶壁。结果湍急的河水流过每个水渠，也是涵洞，木板建筑瞬间塌陷，覆盖在上面的泥土一起被冲走。

这个过程被称作"切割尼罗河"，对我们来说，纸草 A 的报告可以完美地与帕尔森描述的这种系统相对应。进入吉萨的通道，如"开罗水渠"，很可能是灌满水渠的最重要的通道之一，在尼罗河水位低时，筑堤拦住尼罗河西部水渠的河水，直到洪水达到顶峰。然后，切开大坝，释放河水，释放河水的压力足以填满向西一直延伸到沙漠高原的水道和池塘。然后，运输和装卸供给可以开始了。最重、最庞大的建筑材料，例如图拉的石灰石、法雍北缘的玄武岩以及遥远南方阿斯旺的花岗岩，很可能仅在尼罗河泛滥时期运输（7月至 10 月或 11 月之间），那时，平均水位上升了约 7 米，运输重货变得更加轻松。即使如此，里面的困难也不应该被低估。

准确地说，最符合逻辑的拦水堤坝的位置在高于地面两个地点之间的水渠上，这两个较高的地点现在是纳兹莱特·埃尔-巴特拉恩和纳兹莱特·埃尔-斯西，水渠可以进入整个水利系统。如果我们解释正确的话，纸草 A 告诉我们遗址每年重要时段开始时的活动：抬高堤坝桩，淹没水渠，控制高原下的整个区域。另一方面，纸草 B 告诉我们接下来几个月船夫是如何使用水道运输货物的。

分析纸草 B

纸草 B 是现存最长的文本，基本上连续报告第一个月的第 25

天至下一个月的第 25 天三个 10 天周期梅尔工队的活动。另外两个
10 天报告的重要部分以及大约 50 个纸草残片也保存了下来。整个
纸草文本可能总共记录了至少两个月或者三个月的活动。内容高度
重复，基本上描述从图拉采石场到吉萨之间运输石灰石块的常规活
动。在每年这个长时段里，现存的纸草还提到另外两项活动：第一

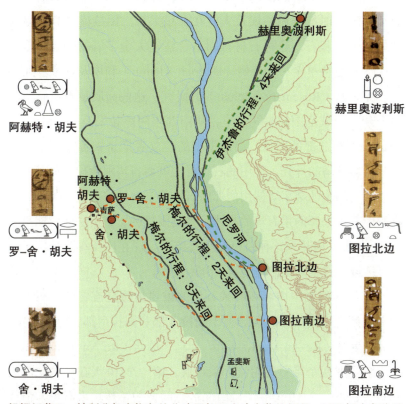

[189]

根据纸草 B，绘制监督者梅尔从北边图拉至南边吉萨的行程，以及伊杰鲁往返
赫里奥波利斯行程的地图。

项是向工队分配每月的供应（纸草 B 第二部分开头提到），供给包括上面提到的 40 袋烤面包；第二项是梅尔及其工队参与营救活动，协助海上远征队出发（纸草 B 第四部分中间）。但是，如同纸草 A

189 一样，仔细研究纸草 B 的内容可以帮助我们更好地理解古埃及人的工作环境。

图拉采石场位于尼罗河东岸，距离现代城市开罗南部较近。可能从古王国时期开始，埃及人就在那里采矿。图拉盛产高质量明亮的白色石灰石，这种石材特别适合建造大金字塔的外壳。根据地质学家迪特里希·克莱姆（Dietrich Klemm）和埃及学家罗斯玛丽·克莱姆（Rosemarie Klemm）的研究，这些高质量石灰石块的整个开采区域范围超过 7 公里，从南部玛阿萨拉采石场（Maasara

190 quarries）到北部的图拉。第四王朝的建立者斯奈夫鲁在代赫舒尔建造的金字塔的外壳，使用的石块可能就源自玛阿萨拉，但是，他的继承人胡夫的金字塔使用的那些石块却来自图拉。辨认某个纪念物所用石块来源的采石场的具体位置是困难的，整个法老时期至少有 50 个采石场开采这种白色石灰石矿石。现在埃及军队征用了这整个区域，科学发掘已经变得十分困难了。

纸草 B 的文本内容表明采石场的重要地位是流转的，胡夫统

191 治末期两个重要的采石区域位于图拉北部和图拉南部，分别是罗-阿乌·麦赫（Ro-Au Mehi）和罗-阿乌·瑞西（Ro-Au Resi）。梅尔的工队在这两个采石场轮流开采石块，第一个 10 天在图拉北部装载石头，下一个 10 天在图拉南部进行同样的工作。采石场与最终目的地之间的距离很可能较远，从图拉南部运输石块还需要额外航

[190]

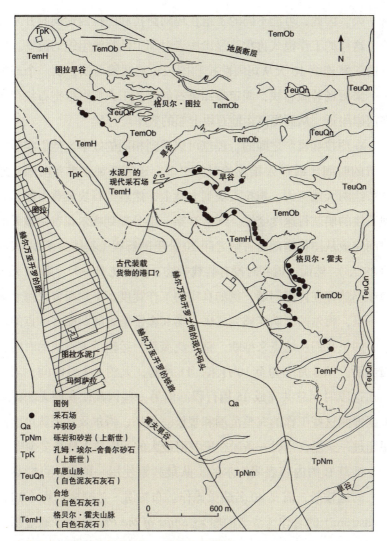

古代图拉和玛阿萨拉采石场，呈现当地地貌。

行一天。因此，可能不同的工组在玛阿萨拉和图拉两地同时开采石块。这样的工作模式再次凸显出法老时期工队物流组织的流畅。梅尔的工队连续 10 天从玛阿萨拉和图拉轮流运输石块，从一个或另一个采石场装载石块，固定参加采石的那些工人们可以把石块存放在河岸附近，从而提高运输石块上船的效率。

在图拉和吉萨之间的行程也可以看到相同的效率。他们实际上花费的时间比纸草 A 描述的时间更多，还需要加上准备时间，通常持续两天或三天，拖拉石块到大橇上，然后把石块装载上船。装载石块的船航行速度变慢。纸草 B 第一部分提到梅尔花费两整天的时间完成从图拉南部至吉萨之间 20 公里的行程（具体为第 27 天和第 28 天），然而，返程时没有装载货物，仅仅花费一天（第 29 天）。现在仍然存在许多问题，例如真实的工作速度。平均而言，每十天轮一班，梅尔的工队能够完成采石场和金字塔之间两圈多一点的行程。如果我们从这点来推断，整个泛滥季，运输沉重石块的时间相当灵活，从 7 月中旬至 10 月末、11 月初，大约 4 个月时间，工人们在这段时间总共完成 25 趟行程。但另一些因素使我们无法得到数据推测这些工作的完整范围和规模。例如，梅尔及其工队可能使用超过一条船，当时一条船在尼罗河最大的运输载重量是多少呢？

192 纸草 B 的内容表明梅尔的工队最频繁使用一种船，可能是一种大的运输船，需要 40 名船员操作。布约恩·兰德斯约姆（Björn Landström）的著作《法老的船》（*Ships of the Pharaohs*）通过墓室壁画上船的图像推测古王国时期船的实际大小。他认为船一般长 25～30 米，需要 35～50 名水手操作。举个可能与梅尔及其工队操

[192]

萨卡拉奈弗尔墓室壁画上的船。

作的船的情况差不多的例子，萨卡拉第五王朝官员奈弗尔（Nefer）墓室壁画上描绘了一条船，由 42 名水手操作，其中 28 名桨手、2 名官员、4 名舵手、8 名水手驾驶船航行。兰德斯约姆根据船可以在良好条件下运行所需要的每排桨之间的最小距离推测船的长度，设定最小距离为 105 厘米，因此奈弗尔船的总长为 25 米。大部分时间里可能只有一条船在采石场和吉萨之间来回航行，纸草 B 提及可能偶尔多条船参与运输，其中一次（纸草 B 第二部分）可能 5 条运货船［描述为哈乌船（hau-craft）］同时参与。

运输

　　也可以推测这些船运输的货物种类。古王国时期的图像材料表明通常船可以运输非常大而重的物品。另一个第五王朝时期的图像应该是这个主题最有说服力的材料，在乌纳斯金字塔建筑群甬道

193

[194]

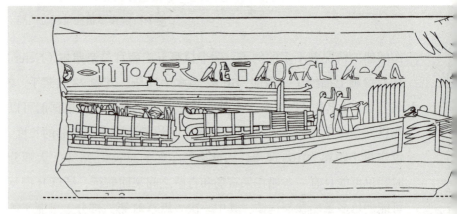

［ 195 ］

萨卡拉乌纳斯金字塔建筑群
甬道描绘的船运输棕榈叶状
的巨大圆柱（第五王朝）。

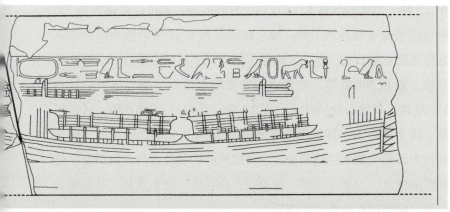

墙壁上的浮雕壁画上，一条船正运输国王墓葬所需的棕榈叶状的花岗岩柱子，据说每个柱子 20 腕尺长（10 米多点）。根据花岗岩的密度，这种尺寸的柱子在那个时期每根约重 38 吨，即 38000 千克。因此，乌纳斯甬道浮雕描绘的船运输的货物很可能重达 70～80 吨。

我们假设梅尔负责这种船，他在图拉和吉萨之间一次行程可能平均运输 30 块石灰石块。胡夫金字塔使用的石块的平均重量估计在 2.5 吨（可能差异很大）。在四个月时间里，他可以运输大概 750 块石块到金字塔建筑工地，如果在胡夫整个 28 年的统治时间里以这种速度运输石头，那么，梅尔工队差不多可以运输总共 20000 块石块，总重 50000 吨。大金字塔外壳的图拉石块的总数量估计约 67000 块，每块石块估计平均重 2.5 吨，总重量 168000 吨。可以想象，四个如梅尔一样的工队在差不多 20 天里完成这项任务。图拉的石灰石块也用来建造胡夫金字塔建筑群的其他部分，包括金字塔庭院的铺道、卫星金字塔、甬道以及山谷庙。梅尔及其工队运输的石块很可能用在修造这些部分上。

虽然所有这些都是假设，缺乏具体证据，但埃尔-扎夫旱谷纸草可以帮助我们重新审视这种大型纪念建筑的修造。长久以来，胡夫的大金字塔一直被认为是由大量工人受到某位暴虐国王的残酷剥削而修造的。但是，这些大型建筑事实上完全是倚靠完美的运输组织，雇用技术精湛、薪酬优厚的工人们，非常高效可靠地进行各种任务完成的。埃尔-扎夫旱谷纸草不仅证明这三个条件是完美地结合在一起的，而且表明纪念建筑其实是由比过去认为的少很多的能力出众的工人们更加高效地修建成的。

　　另外，纸草 A 和纸草 B 的整个文本提供了许多其他信息，特别是在尼罗河上航行所需要的条件。航行的方向总是清晰的，船利用水流朝北航行，或者利用北风逆流而上向南航行。梅尔在尼罗河上航行很可能并不像初看那样简单，当风力减弱时，必须拖拉船只前进。纸草 B 第四部分提到，梅尔和他的工队被调到罗-舍·胡夫，船队接到命令航行，但到了秋季船只可能在尼罗河水里搁浅，无法航行，一名海军官员赫西命令梅尔工队拖运船只。

　　纸草 B 也强调罗-舍·胡夫，即胡夫湖泊入口的作用，纸草 A 也提到这些内容。这个湖泊入口很可能是服务吉萨高原整个水道系统和盆地池塘的主要进入口，冬季（尼罗河水位下降），堤坝关闭入口。在一年中使用这些湖泊的时间里，这个地方可能被当作驶向胡夫金字塔建筑群的中途停泊站。梅尔不间断运输石块进入金字塔建筑工地之前，一般会在这里停泊，海军官员赫西的船也停靠在这里，赫西的船队搁浅了，梅尔前去营救。这里肯定也是卸货的地方，可以看到仓库和谷仓，另外还有政府管理机构的遗迹，机构负责管理、控制修建王室丧葬建筑。

　　纸草 B 第四部分提到罗-舍·胡夫的指挥官，在这个工作中发挥非常重要作用的负责人，特别提到名字安赫-哈夫。一般认为安赫-哈夫是斯奈夫鲁的姜室所生，是胡夫同父异母的兄弟，安赫-哈夫在吉萨的墓葬闻名遐迩，他精美的雕像现在被保存在波士顿美术馆。他的头衔为"宰相""国王工程的监督者"。他很可能是胡夫统治末期负责金字塔修造的重要人物，第十二章将详细讨论。这位身份显要的王子拥有自己的指挥部，这个地方或许是整个设施

197

[197]

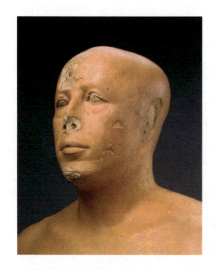

安赫-哈夫胸像。胡夫的兄弟，吉萨国王港口的指挥官。在东部墓葬区一座巨大的马斯塔巴墓里发现，雕像表现了一位成熟而有力量的男性。

系统的核心，专门为修建胡夫墓葬建筑而建造。在挖掘的沟渠里发现第四王朝时期的陶器以及胡夫湖泊主要入口的北边纳兹莱特·埃尔-斯西土丘上大致同时期的泥砖建筑遗存。考古学家希望在这里发现港口设施以及相关的第四王朝早期重要行政中心的遗存。

埃尔-扎夫旱谷纸草本身并不能解决吉萨胡夫大金字塔建造的秘密，例如准确的建造方法，或者当金字塔逐渐升高时，托运原料到建筑顶部的斜坡类型。但是，纸草确实用一种意想不到的方式阐明了运输原料建造胡夫墓葬建筑群这部分内容，古埃及人利用尼罗河水运输人力和原料，实际上，建造金字塔推动了运输系统的发展。许多问题仍然没有解决，但是纸草清楚地表明建造这个纪念建筑所需要的条件：第一是极其复杂的运输组织，第二是技巧娴熟的劳动者参与完成这个非凡工程并得到最多的报酬。

从红海到尼罗河三角洲：
梅尔及其工队一年的活动

纸草文献 D 的残片，书吏德第的行程日记，被暂时修复，连接在一起。
（见第 201-205 页）

199   "伟大组"白天在安胡·胡夫大门处……赐予监督者梅尔织物……；"小组"还在工作中，"伟大组"在这个地方忙着敬神……"伟大组"白天在大门处，赐予织物……作为［回报？］……书吏德第去仓库，取回泡碱。

——纸草 D

埃尔-扎夫旱谷纸草很可能是在一年多时间里持续书写的，从胡夫第 13 次统计之后那年的 7 月到下一个夏天第 14 次统计之年刚开始时，国王当时可能去世了（约公元前 2605 年）。在这整个时期，工队在埃及统治者控制的整个区域多个地方从事不同的工作：从首都周围区域到红海沿岸，向上进入尼罗河三角洲中部，主要是在地中海岸边。工队参与者也并不是同一批人，绝大多数是从事海运以及航海工作的专业人员，工作内容包括沿尼罗河运输笨重的货物（纸草 A 和纸草 B）、海上旅行（纸草 E）、建造海岸设施（纸草 C）以及监督吉萨胡夫墓葬建筑群周围的设施（纸草 D）。

根据所有文献记载的细节，我们可以重构这批档案中工队的活动和他们的才艺，也可以清楚地看到宫廷在最大程度地利用劳动者的技能，这些劳工可能与中央政府保持着密切关系。他们很可能仅在一年中的部分时间里，当尼罗河洪水足够高时，进行运输建造金字塔笨重原料的艰苦工作，在这之前劳工被安排去做其他他们富有经验的工作。另外，正如文献记载的那样，远征活动可能从一年轮转到下一年，即第 14 次统计之年的夏天，梅尔的工队在红海沿岸，而另一支工队应该同时在运输图拉的石灰石块。可能在胡夫统治的最后那年，不需要运输图拉的石块了。

　　整个纸草内容提及时间和工队工作时自身带有档案的特点，这　　200
可以解释纸草被丢弃在埃尔-扎夫旱谷的原因，工队最后的任务在
苏伊士湾海岸。这些文献事实上是由负责记录的人每天书写的，我
们甚至可以通过重建书吏的书写技巧来观察书写日记的特定方法。
通常他书写文本时，需要芦苇笔蘸墨水，笔中墨水逐渐减少，文本
的颜色也逐渐变淡。值得注意的是，一般这些报告每天起始部分都
是笔灌入最大墨水量的时刻。如果报告是先书写，后再编辑，肯定
就不是这种情况了。每天书写档案的这种做法也解释了这批文献随
工队来到红海岸边的原因。

　　但是，真正弄清楚它们留在那里的原因却比较困难，工队离开
后，照理说这种官方档案通常会被带回首都备查和存档。一个重要
的事件可以解释这个遗漏，工队在红海海岸进行最后一项任务时，
国王胡夫非常突然地离世了。一个国王的死亡以及另一个国王的继
位可能导致中央政府的改变，如此剧变可能让他们觉得这些日常档
案完全无用了，因此把它们丢弃在这个遥远的地方，工队则返回家
园。另一个解释是在埃尔-扎夫旱谷发现的纸草只是官方存档文献
的初稿，清晰的抄本后来被送到吉萨。但是，第二种假设似乎不太
可能。不管它们是如何碰巧幸存下来的，又为何会被丢弃，这个独
一无二的纸草的发现使我们得以紧紧追踪监督者梅尔及其工队的长
期活动。这些文献不仅提供了这些工人们的日常生活细节，也为我
们提供了一个了解王宫活动以及第四王朝初期中央政府在多个不同
领域职能的新视角。

吉萨的梅尔和德第

纸草 D 留存下来的部分非常残破，一些残片拼接在一起至少可能形成原始文献一个合理的重构。另一个日记并不是单纯的关于组的内容，例如梅尔组，而是关于一名叫德第的书吏领导整个团队的内容。德第的日记记录了两个月的活动，很可能部分内容与纸草 A 属于同一时期。纸草 D 的一块残片提到图特［Thoth，埃及神"杰胡提"（Djehuty）的希腊语名字］节，节日恰好发生在泛滥季第一个月，也是纸草 A 的年代。纸草 D 的内容是一群工人在"大门"处的活动，术语"安胡·胡夫"指称这个机构的入口。这个机构可能与河流有关，文献提到这个机构也靠近皇室住所。纸草还提到另一些中央机构，例如皇室档案和仓库，它们保存各种物品，包括泡碱，一种天然盐。

不过现存的纸草残片仅为原始文献非常小的一部分，根据残片内容，明显工队是轮流工作来确保这个重要的王室机构永远有人。工队承担各种任务，包括护卫、供给设施和食物以及运输人员，可能也有宗教任务，一块残片告诉我们梅尔组在那里进行敬神活动。红墨水书写的一些段落（这里加粗标示）也提到上级支付工队许多报酬，包括衣物，监督者梅尔和他的下属也是受益者。下面是文献保存最好的一个段落，为我们提供一些工队活动的情况：

［……］［……］卸货？［……］：［……安胡·胡夫］或者［……］［……］［胡夫］［……］监督者梅尔［航行至］？

安胡·胡夫［……］伊乌阿特船来了，书吏德第［去］粮仓。
安胡·胡夫，"伟大组"白天在［安胡·］胡夫大门处［……］
"伟大组"白天在安胡·胡夫大门处［……］［……］第 X+10
天，赐予监督者梅尔织物，"小组"还在工作，"伟大组"在这　　202
个地方忙着敬神。"伟大组"［白天……］［……］"伟大组"白
天在大门处，赐予织物［……］作为［回报？……］［……］
书吏德第去仓库，取回泡碱。

　　明显安胡·胡夫位于高原脚下，根据纸草 B 的一些残片，梅尔
工队的船夜晚在那里，上面纸草 D 的段落也确定了这个位置。地
名"安胡·胡夫"的限定符号在不同语境中也不同：有时是房屋符
号，代表建筑或机构；有时是城市符号，可能指代地点，或者是一
个大范围的定居点。本身可以被译为"胡夫，生活！"这个地名特
别有意思，指代活着的国王，与"阿赫特·胡夫"（胡夫的地平线）
相反，后者指死去的、神化的国王。

　　正如前面提到的，明显"安胡·胡夫"是一个地方，这里有许
多中央机构，最引人注目的是王宫和储藏档案的机构。"安胡·胡
夫"明显具有宗教功能，"伟大组"（梅尔组）正在执行任务，庆祝
一个节日，获取一种用于仪式的洁净材料，材料也用于防腐处理，
据说是由书吏德第带到了"安胡·胡夫"。整个文献的年代为古王
国时期，术语"大门"在这个纸草残片里出现了几十次，特指"神
庙前殿"，后来它可能被更广泛地使用，指称其他官方建筑。结论
清晰，我们认为安胡·胡夫主要是指山谷庙，山谷庙有时也被称为
胡夫金字塔建筑群的"接待神庙"。

[203]
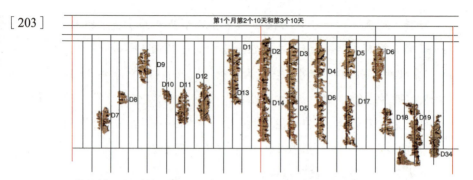

纸草文献 D 部分被重建，提到书吏德第，来自残片的照片。

[203]
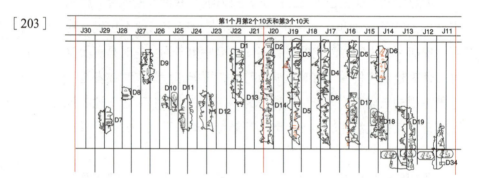

纸草文献 D 部分被重建后的象形文字转写。

胡夫的山谷庙没有被考古发掘，遗址现在被埋在吉萨边缘的现代开罗城市下面，它实际上充当了包括金字塔在内的整个皇室墓葬建筑群的大门，通过一个湖泊与主要水道相连。皇宫也可能围绕山谷庙，这是国王胡夫统治时期建筑工地最重要的中心，周围大部分建筑是重要的中央管理机构。容纳国家官员的大部分建筑在当时可能也位于大金字塔脚下这片规划好的区域。梅尔和德第率领的工队当时驻扎在吉萨地区，因此，他们发现自己靠近国家权力最重要

203

的中心。这或许是在文献里工人们被描述为塞泰普·扎（Setep za，"被选择的组"或者"贵族"）的原因。这个术语通常指代王宫本身，这些技术娴熟的工人们在建造金字塔的过程中发挥重要作用，且接近国王，显然成为国王身边之人，他们与国王关系亲密，这些　204
组的名字也明确突出这点，埃尔-扎夫旱谷纸草里一支工队的名字被证实为"那些为双金荷鲁斯所了解之人"明确证实了这点。"双金荷鲁斯"是国王胡夫的五个王衔之一，这个组的名字强调工队成员很可能被允许进入国王的领域，甚至在一些时候能够出现在国王面前。

　　国王与工队中这些技术娴熟的工人之间的关系实际上更亲密，纸草 D 的残片提到，这些人不仅修造王室墓葬纪念建筑，在国王的一生中，他们还参与庆祝国王的个人崇拜活动。大约 150 年后，"阿布西尔纸草"提到第五王朝王室丧葬建筑群的功能，神庙工作人员由不同的组构成，当时有五个组，包括在第四王朝的文献里就已经提到的最初的四个组："伟大组""亚洲人组""繁荣组""小组"。各组轮流负责维持神殿运行的不同方面的工作（供给、护卫和参加　205
崇拜仪式），每月轮流进行。在国王奈弗尔瑞卡拉-卡凯和拉奈弗尔瑞夫墓葬建筑群里发现与埃尔-扎夫旱谷纸草 D 类似的安排名单，可能从第四王朝初期这个系统在吉萨起源，埃尔-扎夫旱谷纸草中可以发现。除了在建造国王丧葬建筑中发挥重要作用，梅尔的工人们很可能也参加崇拜国王的宗教仪式，当时国王还活着。在纸草 D 中也可以看到这类花名册，"伟大组""亚洲人组"以及"小组"明显轮流护卫机构的大门。

[204]

含纸草文献 D 出现地名的地图。在大金字塔修建期间，这些地点与吉萨高原的大致关系。红框分别标示"安胡·胡夫"，活着的国王的领域，以及"阿赫特·胡夫"，死去的国王的领域。纸草文献 D 也提到舍尼斯（Shenes）诺姆、大金字塔的山谷庙、工匠村，以及延伸到吉萨高原东部的整个泛滥平原。基本图绘制于 1985 年，在发掘海特·埃尔-古拉布之前，也在水道、港口盆地暴露之前。现代考古发现和埃尔-扎夫旱谷纸草表明，许多方面与最初绘制的假设内容实际上相一致，包括河岸陆地的位置、山谷庙南边胡夫宫殿的位置以及主要港口盆地南边广阔的第四王朝的定居点。

工队在王庭发挥着重要作用，这可能也解释了国王密切关注它的原因。国王经常奖励工人，特别频繁地赏赐长布，一种奢侈品，可以当作准货币，整个纸草 D 出现许多红墨水书写的突出的标题（与支付有关）。这与工人受到暴君剥削、被沉重劳役压榨的刻板印象完全不同。在埃尔-扎夫旱谷出现的工人是一群在当时社会上具有相当地位的群体。

尼罗河三角洲的梅尔

纸草 A、纸草 B 和纸草 D 完整记录了工队在吉萨地区长期的工作，尼罗河水位在泛滥季末期下降，河谷水道运输重货很可能变得不可行，工作结束。最终留存下来的纸草 B 可能已经提到洪水周期结束时的这些困难，一位名叫赫西的人在航行中遇到困难。

后来分配给梅尔的工队另一项任务，纸草 C 提到他们被派到尼罗河三角洲的中部。不过这个纸草的保存状态并不好，现存可读的部分仅有约 50 个残片，有的残片上仅书写五六列铭文，绝大部分缺少上半部分，因此无法重构记载活动的准确年代顺序。纸草 C 留存部分表明三角洲的工作至少持续一个月。一个统计纸草残片（纸草 G）上的日期可能与这个工作有关，工作可能发生在生长季第一个月末，也就是那年 11 月末或 12 月初。工队在两个地方工作，可能是尼罗河三角洲的两个支流：罗-维尔·伊德胡（"沼泽地伟大河流的入口"）以及罗-玛阿（"真正的河流入口"）。正如前面提到

206

的，通过与其他资料相对照可知，这些地方可能位于三角洲中部下埃及的第 12 诺姆，很可能沿着当时尼罗河的达米艾塔（Damietta）支流。在第四王朝早期一位名叫帕赫尔奈弗尔（Pahernefer）的官员的自传铭文里出现过地名罗-维尔。希腊罗马时期的神庙铭文也提到罗-玛阿与下埃及第 12 诺姆有关。如果把罗-维尔·伊德胡和罗-玛阿周围区域标注在当代埃及地图上，则它们对应与地中海海岸有一些距离的现代城市曼苏拉（Mansura）。但是，古王国时期三角洲并没有延伸到今天那样远的北部，重建后的景观把第 12 诺姆放置在靠近胡夫时期的海岸线附近。首次提到的地名"沼泽地"可能仅指三角洲北岸的"混杂区域"。

梅尔在三角洲工作的具体位置可能相对容易确定，但工人工作的准确内容并不清楚。据说工队"击打或者拍实"石头的行为被表述为"双杰阿杰阿"（或者"第二杰阿杰阿"）。这个埃及语词汇在不同语境下含义不同，"击打或者拍实"可能是这个词最佳的词义。日记主要报道一群水手的活动，"杰阿杰阿"可能是一个码头或者靠近一片广阔水域的平台。支持这种解释的证据来自埃尔-扎夫旱谷的古代 L 型防波堤，它包括两个彼此成直角的部分。当我们检查这个防波堤时，注意到材料已经被压实，形成内核非常坚实的建筑，更加持久稳固。考虑到它的年代，这个建筑可以与纸草 C 日记里提到的那个建筑相对照。如果这个认识正确的话，文献将对研究古王国早期的历史产生巨大影响，它表明早在第四王朝时期，埃及统治者就追求一种向外部世界开放的积极政策，在红海海岸（考古发现埃尔-扎夫旱谷港口）以及在地中海海岸（纸草 C 记载）发展

[207]

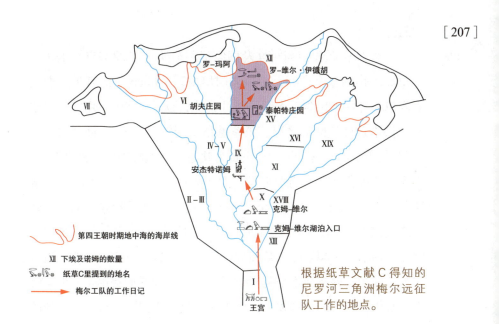

根据纸草文献C得知的
尼罗河三角洲梅尔远征
队工作的地点。

港口建筑。

　　当时与黎凡特和东地中海的联系可能增多了，最早在第四王朝时期，埃及就与比布罗斯城建立起紧密的商贸联系，从那里得到杉木和松木（埃及两个都没有）以及造船所需要的其他东西。帕勒莫石碑（Palermo Stone，上面书写国王年表的一块石碑，列举古王国时期统治者的活动）多次提到斯奈夫鲁统治时期，进口木材建造大船。为了交换这种木材，埃及统治者输送雪花膏石雕刻的奢侈品，上面经常刻着王室成员的名字，包括斯奈夫鲁的妻子，也是胡夫的母亲赫泰菲拉斯（Hetepheres）王后，以及胡夫本人。20世纪早期在比布罗斯考古发现了这类物品，或许它们当时是作为外交礼物的。

208   纸草 C 告诉我们当时埃及国家运行较为详细的信息。工队在三角洲工作的整个期间，一位名叫伊梅瑞（Imery）的官员定期去取面包和啤酒来供养工人们，并且奖赏衣服。在文献中用红色墨水记录供给这些工队的情况。王室基地"胡特·胡夫"，即"胡夫庄园"，负责供给，这个机构还负责为建造"双杰阿杰阿"提供石材，工人们主要的工作任务是建造"双杰阿杰阿"。埃及学家非常了解这些"庄园"，国家控制着这些建筑，有时由战俘看守。第四王朝的统治者为了加快埃及国家周边地区的发展而建立了一系列"庄园"。因此，"庄园"在三角洲数量特别多，这是王室殖民地，当时埃及的区域发展相当不平衡。纸草 C 第一次向我们提供了一个了解古埃及国家运行的内部视角，即当时通过"庄园"进行土地管理的重要实践活动。

红海海岸的梅尔

    三角洲任务结束后，梅尔的工人们参与其他任务，但我们并不清楚，文献在相当长一段时间里没有内容。正如前面提到的，工人们可能在冬季（1 月至 3 月）休息，被允许返回家庭，他们一年中大部分时间离家工作。但是，我们可以肯定一件事情：那年他们最后一项任务使他们来到红海岸边的埃尔-扎夫旱谷，这里是档案最后被丢弃的地方。

得益于辨识出的三个海岸港口（第二章）和在目的地西奈纪念这些任务的铭文的综合研究（第三章），我们越来越了解埃及人从红海海岸出发的海上远征活动。许多古王国和中王国时期的文献提及一些准确日期，表明埃及人基本上在4月至夏季末之间使用这些建造的"间歇性港口"。这时很可能是穿越红海的最佳时间。冬季，甚至在今天，海洋仍被认为是变幻莫测和危险的。埃及日历具有流动性特点，准确推测这些日期是困难的。埃及人的日历一年为365天，每四年增加一天，对应一个真正的太阳年（大概比埃及年长约6个小时）。然而，对于古王国时期来说，仍可以相当确切地提取年代信息：

> 红海海岸艾因·苏赫纳的一篇铭文提到日期"第7次统计之年，收获季第4个月的第4天"，这是第五王朝晚期的统治者杰德卡拉–伊塞斯统治时期，很可能对应绝对年代为约公元前2454年6月至7月之间。

> 在西奈采矿区的玛格哈拉旱谷，第六王朝的统治者佩比一世竖立了一块石碑，日期为"第18次统计之后那年，收获季第4个月的第5天"，可能对应绝对年代为约公元前2357年7月至8月之间。

后来推测中王国时期文献的年代通常根据这个古王国时期的信息。阿蒙涅姆赫特一世统治时期，去往艾因·苏赫纳的一次远征活动，时间可能为公元前1964年7月，另一次塞索斯特里斯一世统治时期的远征活动时间为公元前1935年3月至4月。埃尔–扎夫旱谷的纸草也提供了关于远征活动时间的有用信息。许多文献是纸草档案里发现的布袋上的笔记以及一些统计文本，讲述在港口停留期间工队的供给，提及日期收获季第 2 个月至泛滥季第 3 个月之间，这段对应国王胡夫统治时间 4 月至 9 月。因此，工队很可能在海岸停留长达 6 个月的时间，从"第 13 次统计之后那年"（胡夫在位的第 27 年，约公元前 2606 年）至"第 14 次统计之年"（第 28 年）。

210　　　重新激活"间歇性港口"肯定需要停留较长时间，移除或打碎封住仓库入口的重石封，取出里面被拆解的船，运到岸边重新组装。可能也必须从尼罗河谷运来工人们，港口停工期间，储藏的材料遭到破坏，部分船体可能丢失。工队必须坐船穿越苏伊士湾，到达西奈的采矿区。在埃尔-扎夫旱谷对面的海岸边，埃及人在戴尔·拉斯·布德拉恩（埃尔-马克哈）建立要塞，确保当时去往西奈的通道的安全。王室工匠在西奈活动时，军队负责这项工作。

　　　远征队员一旦开始开采绿松石和铜矿，几个地方就同时工作，玛格哈拉旱谷的岩刻铭文提到斯奈夫鲁和胡夫。梅尔的工人们的工作还没有结束，他们必须定期乘船在埃及和西奈海岸之间穿梭，为数百名矿工提供在西奈无法找到的补给。在埃尔-扎夫旱谷的陆地上，梅尔的工队必须制作大陶罐，给船配备装水的容器，储藏从工地附近泉水取回的水。梅尔的工队在工地停留期间，制造了 1000 多个这样的陶罐，其中 500 多个陶罐（一些陶罐带有铭文，提到护航队的简略名字"胡夫的眼镜蛇是它的船头"）在岩洞仓库群的仓库 G22 和仓库 G23 里被发现。在工地整个活动区域，包括海边和港口池塘都有发现陶罐。最后，在远征军结束工作、返回前的一长

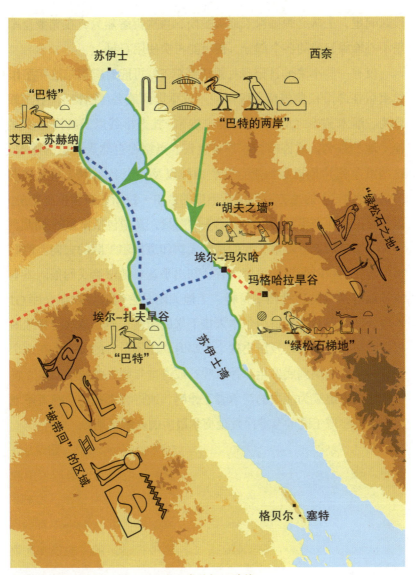

[211]

古王国时期的地名以及远征西奈通常的组织路线。

段时间里，工队必须确保工地被关闭，再次拆解船只，在储藏仓库里小心堆垛起船的各个部分，很可能再次使用石封。

仅有一些小块的日记残片组成纸草 E，可能对应梅尔这年工作结束后在海岸长期停留那段时间。纸草提到地名"巴特"，字面意思为"灌木丛生之地"，很可能是埃尔-扎夫旱谷以及红海海岸其他工地的古名，或许暗指在旱谷生长、点缀在自然景观里的灌木。这些纸草残片也提到海上远征、山脉以及一个名叫伊奈布·胡夫（"胡夫之墙"）的地方，可能指港口的戴尔·拉斯·布德拉恩堡垒，以及停泊在西奈半岛西南海岸码头的船只，其中包括梅尔的船队。

文本最后部分零散，我们最终无法知道梅尔工队的去向。他们很可能在初秋时节返回尼罗河谷，却出乎意料地留给我们他们原本应该随身携带的这批档案材料，工地关闭时它们被埋藏在仓库 G1 入口处。我们并不知道梅尔本人接下来的命运，但是他这份详细的报告已把我们带入埃及历史这个关键时期国家运行的核心。在这个关键一年的末尾到底发生了什么呢？或许这年胡夫的统治结束了？工队被要求继续为胡夫的继承者工作吗？或许将来我们会在吉萨地区南端金字塔工匠的墓葬区发现梅尔最后的安眠之地。

他们如何建造大金字塔

第十一章
从工匠村到港口城市

在吉萨地区海特·埃尔-古拉布发掘出两个完整的仓库，构成一□分定居区的主体。（见第□□3-231页）

第 22 天：夜晚在罗-舍·胡夫。早上，从罗-舍·胡夫启航，　215
航行至阿赫特·胡夫，夜晚在罗-舍·胡夫的粮仓？第 23 天：十人
指挥官赫西白天与他的海军在罗-舍·胡夫，夜晚在罗-舍·胡夫。
——纸草 B 第四部分

　　考古发现告诉我们建造金字塔的工匠们在吉萨地区日复一日地
生活和工作的情况了吗？梅尔卸下石块的地点在吉萨的地上还是地
下呢？或是在他日记提到的国家建筑的地点吗？国王的宫殿和山谷
庙现在都已经消失，它们可能的位置在哪里呢？我们需要使用所有
的考古材料，结合埃尔-扎夫旱谷纸草的内容，大致想象埋在 4 米
至 5 米深的尼罗河沉积泥沙下面的陆路和水路景观。每年 6 月末至
11 月初，尼罗河洪水泛滥，泥沙沉积。现代建筑层现在覆盖了吉
萨的泛滥平原，尽管存在局限性，但一些考古发现非常完美地契合
了我们从纸草得到的内容。

吉萨：两个定居点的传说？

　　现代首次调查吉萨高原底部的河谷，地图显示有两个区域比
周围泛滥平原高，一个在北边，另一个在南边。1977 年末，纳兹
莱特·埃斯-塞曼（Nazlet es-Semman）村庄孤零零地在北边的高
地上，如蝴蝶翅膀般向南北方向延伸，胡夫的甬道穿过高原边缘，
通向他的山谷庙曾经所在的区域。纳兹莱特·埃尔-斯西、纳兹莱

[216]

控制尼罗河水流的阿斯旺大坝在 20 世纪 60 年代修建之前，每年尼罗河洪水都能到达吉萨高原，正如这幅历史照片所示。在古代，泛滥季利于船只运输，为金字塔修建提供物资和建筑材料。

[216]

20 世纪 80 年代，美国和英国联合财团沿着曼苏里耶运河，挖掘深沟铺设污水管，切入大金字塔山谷庙的玄武岩路面。

特·埃尔-巴特拉恩以及卡弗瑞特·格贝尔（Kafret Gebel）的村庄占据斯芬克司东南边高地的南缘。1970 年至 1971 年建造阿斯旺大坝后，每年的洪水泛滥消失，现代房屋从村庄山丘向下延伸，穿过泛滥平原。古王国时期沿着吉萨南北传统的定居区继续建造两个卫星城，城镇管理者在吉萨墓葬的墙壁上刻写自己的头衔，从这些头衔的内容可以看出当时吉萨定居区的情况。

　　20 世纪 80 年代末，美国和英国联合财团为吉萨高原底部现代 　217 城市的污水工程挖掘沟渠网络，钻取土芯至岩层，填补深盆地，发现古代定居点掩埋在这些盆地以及沿着西尼罗河支流（大致在现代的曼苏里耶水道上）的堤坝周围。一条玄武岩铺道切入曼苏里耶水渠的一条深沟，这条铺道曾是胡夫山谷庙的一部分。南边一条切入定居点的沟渠属于金字塔时代，沟渠的厚泥砖墙包裹着石灰石，在大约与之相距 100 米的地方发现了一处被掩埋的王室建筑（一座宫殿？）。梅尔和德第的日记告诉我们一些王室机构，如国家档案、粮仓和宫殿，它们与胡夫的山谷庙相连，成为更大的定居点"安胡·胡夫"的一部分。文献材料和考古发现，无论多么零碎，两者相结合，会提供整个拼图。

　　30 年来，我（马克）与古埃及研究所的团队合作一个项目，绘制大斯芬克司南边 450 米处第四王朝的定居区，即吉萨地区南边的古代定居点。我挖掘出海特·埃尔-古拉布遗址，阿拉伯语意为"乌鸦墙"，一座巨大石墙位于定居区的西北边，基座长 200 米，宽 10 米，带有一个 7 米高的门。我们发掘的这个定居区的范围超过 7 公顷，从西边悬崖到纳兹莱特·埃尔-巴特拉恩和卡弗瑞特·格贝尔现代村庄西边之间的区域。我们从海特·埃尔-古拉布遗址了解到工人们的房屋、作坊、面包作坊以及营房的具体情况，并通过提取和分析大量古代植物遗存、动物骨骼、打制石片、印章和艺术品，了解到许多金字塔建造者的饮食和经济情况。

"胡夫湖泊的入口"以及居住区的大门

胡夫的水利工程是他在地质上人为干涉的结果，可能是导致高地和定居点分离形成吉萨洪水泛滥平原两个不同区域的部分原因。胡夫挖掘出一个特别宽且深的池塘水道，此后 4500 年间每年尼罗河洪水带来泥沙，冲刷、沉积形成高达 5 米的泛滥平原，谷底留下轮廓痕迹。一个盆地的水道在水渠末端形成一条更宽的水道，使得船可以停泊、卸货，不阻挡其他通行的船只，并为船只转弯留下足够空间，形成一个带有码头的内陆港口。

考古证据表明吉萨地区中间的盆地水渠，从一条西尼罗河支流的西向弯曲处开始，沿着古老的利贝尼水渠（Libeini Canal），进入高原金字塔的底部，从西北向东南倾斜。高原在那里的岩床遇到尼罗河泛滥平原，金字塔建造者后来在泛滥平原东边雕造斯芬克司像。在南边，高原倾斜如同一个天然旱谷，将金字塔高原正北方向的莫卡塔姆山脉（Moqattam Formation）与南边的玛阿迪山脉（Maadi Formation）露出地面的岩层分隔开来。旱谷是向上通往高原的天然通道，从斯芬克司像东边到"乌鸦墙"之间的区域是运输外来石材和其他建筑供给最佳的地点，从那里石材可以被拉上正在建造的金字塔。利贝尼弯曲处的山丘，现在被村庄纳兹莱特·埃尔-斯西占领，犹如一个漂浮在泛滥洪水之上的岛屿。南边的土丘，现在的纳兹莱特·埃尔-巴特拉恩东（Nazlet el-Batran East，主村庄的一个卫星村）三面被水包围。两者之间较低的地面向西延伸，直接通向斯芬克司和哈夫拉的山谷庙。从大范围来看，地面直线延伸，埋进水渠盆地。深核钻探确认了这个盆地的存在，我们框定了盆地的轴线，估计它的大小和深度为约 8 米深、135 米宽、70 米长。

在人们停止使用吉萨中心港口盆地几个世纪后，尼罗河泛滥沉淀的淤泥阻塞了它，埃及人不断在纳兹莱特·埃尔-斯西和纳兹莱特·埃尔-巴特拉恩东的山丘定居点建造以及重建泥砖房屋。这些村庄使人联想到"双子村庄"埃尔-贝拉特（El-Beirat）和拉姆拉·埃尔-阿尔卡塔（Ramla el-Alqata），它们位于通向伟大的比尔凯特·哈布（Birket Habu）港口盆地入口的废土堆上，约在胡夫之后 1250 年，第十八王朝的法老阿蒙霍特普三世统治时期，在卢克索西岸挖掘出这个港口盆地。吉萨的山丘村庄最初是作为中间水渠盆地入口的前哨。我们可以把盆地看作舍·胡夫，即梅尔经常提到的胡夫的湖泊或盆地，双峰标记它的入口，"罗"字面意思是"入口"。所以，我们可以确定罗-舍·胡夫，"胡夫湖泊的入口"的位置。在梅尔的日记里提到这个官方港口发挥着特别重要的作用，我们从纸草 B 了解到，胡夫同父异母的兄弟安赫-哈夫成为罗-舍·胡夫的指挥官。

[219]

复原第四王朝吉萨泛滥平原和下尼罗河的运输设施，水位高于海平面7米，从北向西北望去。

[219]

复原洪水顶峰时第四王朝吉萨洪水泛滥平原以及水道运输设施，水位高于海平面13.5米，从北向西北望去。

吉萨北部："胡夫，生活！"，"胡夫的地平线"，胡夫的定居点

埃尔-扎夫旱谷纸草告诉我们胡夫行政管理中心位于他的山谷庙旁边一个名叫"安胡·胡夫"的地方，梅尔和德第在那里记录他们工队的各种活动。考古发现了关于安胡·胡夫的哪些信息呢？考古发现肯定不充足，只发现"安胡·胡夫"的一些特征以及两个重要建筑的位置。

美国和英国联合财团挖掘胡夫山谷庙的壕沟，它大致与胡夫的上庙一样宽。山谷庙的建造者用黑色玄武岩在一个巨大石灰石地基上铺建部分建筑，很可能是中心庭院，与上庙相匹配。神庙面向它专属的码头，码头在梅尔的日记里名字可能为"舍·阿赫特·胡夫"，以胡夫金字塔的名字命名，意思是"胡夫地平线的湖泊"。1993年，建筑工人在胡夫山谷庙东边500米处建造一座公寓大厦，挖掘地基时遇到一堵巨大石墙，与原来胡夫山谷庙的玄武岩石板高度相同（海平面以上15米）。"扎格罗尔街道墙壁"（Zaghloul Street Wall），因它建在同名街道东边一点而得名，街道的墙壁由玄武岩建造，建在一个石灰石地基上，胡夫的上庙和山谷庙也使用这种石材。墙壁是与这些神庙相配合的建筑群的一部分。美国和英国联合财团对其进行挖掘，发现一部分相似的东西走向的墙体，一个在北边，一个在南边，基本上都在海平面以上15米处。南北两边的那些断壁残垣形成一个矩形，"扎格罗尔街道墙壁"在东边，胡夫的

山谷庙在西边，南北长 400 米，东西长 450 米。美国和英国联合财团钻探碰到这个围墙里非常深的黏土和淤泥，这是一个 8～10 米深带墙的盆地，在停止使用后，尼罗河淤泥在盆地里沉积下来。

梅尔工作期间，每年洪水泛滥，上升到"胡夫地平线的湖泊"的水位，神庙城镇"胡夫，生活！"很可能在黄昏时炉火闪烁。当梅尔从东边驶入码头时，他们可以看到胡夫的山谷庙坐落在一块巨大的石灰石基座上，前面是盆地的码头。国家建筑、粮仓以及臣属的房屋位于神庙的南边和北边，坐落在高地的蝴蝶双翼之上，高地很可能是挖掘胡夫码头产生的废土堆形成的。胡夫很可能为他的码头建造出口，通向主要中心港口"舍-胡夫"以及水渠盆地。每年洪水顶峰时，胡夫的湖泊延伸到南边。岩心钻探和挖掘都表明纳兹莱特·埃尔-斯西土丘位于这个出口、尼罗河支流弯曲以及中间水渠盆地重建的罗-舍·胡夫开口的连接处。

沿着这个水边向南延伸的建筑是"安胡·胡夫"。1990 年，美国和英国联合财团沿着曼苏里耶挖掘，碰到梅尔很可能知道的建筑。从胡夫山谷庙南边大约 50 米处，承包商穿过古王国时期的泥砖建筑以及定居区，切割延伸 1.8 千米的两个重要地层。较低的地层建筑在低矮的山丘和西尼罗河支流的堤坝上，即一个沙漠边缘土丘的天然凹凸表面上。一条沟渠穿过曼苏里耶水渠，到达一个高沙土堆，西边向下倾斜，明显是在古王国时期两个时段的建筑下面。因此，一幅图景出现了，定居点面向吉萨的金字塔，但隐蔽在尼罗河水渠西边的高堤和高原之间。天然的表面和最早墙壁底部之间的一层厚黑灰表明，工人们可能烧掉草和灌木丛，大范围生火，为建

221

筑准备地基。在最底层的定居层发现大量家畜，包括猪和羊的骨骼以及它们的粪便、木炭和泥砖墙基之间其他有机材料的碳化遗存。当建筑被毁，夷为平地，早期定居点消失了。较低的第四王朝的地层和海特·埃尔-古拉布遗址一样，可能延伸到中间水渠盆地的南部，埃及人在第四王朝末期废弃了这个定居点。更高的地层表明古埃及人在第五王朝胡夫和哈夫拉的山谷庙附近定居。

阿布·塔莱布桥（Abu Taleb Brigde）从北部横穿曼苏里耶水渠，两堵巨大泥砖墙插入水渠西面的沟渠，比其余的墙大很多，用

[222]

第四王朝吉萨的水道运输设施及其等高线复原图。白色标示低于海平面 7 米，标签对应梅尔日记中的名字。

方形石灰石块砌成。不幸的是，考古报告并没有发表这些内容，那些参与发掘的人回忆沟渠向南延伸 50～100 米，另一个厚的包裹石灰石外壳的泥砖墙插入。这些墙壁属于一个巨型建筑。重要的是，建筑与胡夫金字塔的南边以及纳兹莱特·埃尔-斯西位于一条直线上，这是一个有利于建造宫殿的地方。

222

美国和英国联合财团在西边沿着现代斯芬克司街道的壕沟挖掘出一个泥砖和石灰石铺设的地板，向东延伸至一堵大墙，墙铺设在天然沙土之上。这个地板比较干净，地板上掉落的是砖块而非堆积垃圾。我们绘制出重建的第四王朝的陆地和水域景观图，一个广阔平台延伸至中间水渠盆地的北边（舍·胡夫？）、胡夫山谷庙的南边、山谷庙码头的西南边以及纳兹莱特·埃尔-斯西土丘的西边（罗-舍·胡夫的门柱）。从那里到山谷庙是吉萨的王室区域，即梅尔、德第以及他们的工队在胡夫行政管理中心的活动区域。

223

除了山谷庙，所有这些建筑，如同"扎格罗尔街道墙壁"一样，沿着与西部沙漠边缘平行的西部老尼罗河水渠排列，似乎西偏北 17～19 度。这是因为只有在吉萨这个地方，沙漠与农耕的分界线才开始从东南向西北延伸，形成三角洲西侧的开口。

所有这些比我们过去知道的多很多，过去只有有限的挖掘以及从小壕沟收集的信息，但是现在有一个完全不同的信息来源——埃尔-扎夫旱谷纸草，我们从中了解到胡夫行政管理最中心的区域正是在这里，包括粮仓和其他仓库、一个国库、一个档案机构以及一座胡夫的王宫。

海特·埃尔-古拉布遗址

海特·埃尔-古拉布位于中部水渠盆地的南部，我们根据纸草内容重建遗址情况，洪水泛滥季，尼罗河水填满南部和东部低矮的泛滥平原，河水在中部水渠盆地汇集形成"舍·胡夫"。海特·埃尔-古拉布遗址应该被理解为当时尼罗河港口的一个重要组成部分。但是这些发生在什么时候呢？这个巨大设施以及营房和房屋在胡夫统治时期就以某种形式在那里吗？或者在更北边的胡夫山谷庙附近存在与海特·埃尔-古拉布相似的遗址吗？到目前为止，我们发掘和绘制的绝大部分遗址的年代是在孟卡拉统治后期，但是，我们有理由相信可能在胡夫统治时期它就开始了。

2004 年，我们考古队绘制出我们称为"街区"的建筑组合，四个街区横向分布，有三条宽阔的东西向街道。面包坊和其他作坊位于街区的东边、西边和南边。一堵围墙沿着遗址西侧，从"乌鸦墙"向南边延伸，然后向东转到街区的南边，与王室管理建筑相连。这个建筑的绝大部分遗存被埋在一处荒废的现代足球场下，很快被移走，我们了解到这个巨大街区在我们挖掘区的东南边还包括一个下沉庭院的大粮仓。 224

我们调查东边边界，挖掘出我们称为"东镇"的部分建筑，建筑由一系列小房子和庭院组成，反映出一种类似村庄的有机秩序世界。频繁在东镇发现的研磨石表明当地居民为街区周围许多的面包作坊生产面粉，他们使用王室粮仓里的谷物制作面粉。尽管靠近这些国家储藏粮仓和面包作坊，东镇的居民还自己制造炉子和烘焙设 225

[224]

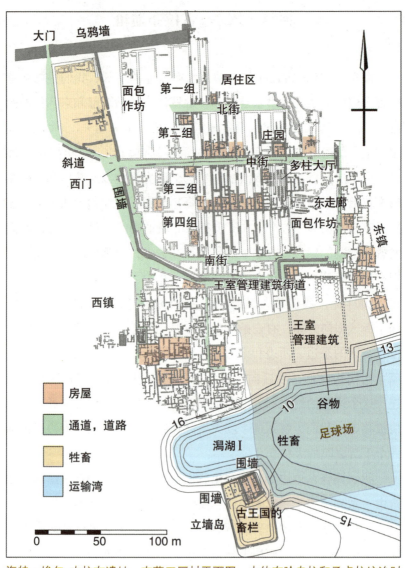

海特·埃尔–古拉布遗址，吉萨工匠村平面图，大约在哈夫拉和孟卡拉统治时期。考古发现更古老的地下地层，可能属于胡夫时期。

备，很可能基本由中央政府供给他们谷物，把它们储藏在自己的小粮仓里。

这部分定居区向东延伸，在现代道路和街区下面，可能远至曼苏里耶水渠，超过我们的抢救范围。正如前面提到的，水渠很可能沿着一条古代水道，一条最西边的尼罗河支流，仅在洪水泛滥季才能在上面航行。梅尔从图拉南部驶入吉萨时（他从图拉北部出发走另一条道路），可能通过这条水道到达吉萨，或者可能是附近的另一条水道。海特·埃尔-古拉布定居点在吉萨南部，呈半岛形状，向东延伸进入洪水泛滥平原。为了到达中心水渠盆地末端的卸货地，进入胡夫码头，即山谷庙前面的"胡夫地平线的湖泊"（舍·阿赫特·胡夫），梅尔不得不穿过东边这个延伸区域。他可能从这里径直向北航行，进入山谷庙前的码头，然后不得不向西转弯才能到达中心盆地末端的码头。梅尔的日记激起我们对房屋的好奇心，房屋沿着遗址东缘排列，绝大多数房屋可能都是梅尔这样官阶的小官居住的。

一处迷宫般的建筑位于街区的西南部，我们称之为"西镇"，可以辨认出更厚的墙壁，属于贵族的大型房屋。我们挖掘出四个这样的房屋，房屋的大小（高达 400 平方米）显示出所有者的社会地位高，房屋外墙厚实，里面有大量上等牲畜的骨头、印章，印章上出现当时一些最高的官衔，以及封印包、盒子、罐子和门的软黏土。黏土干燥变硬以前，印章持有者在上面滚动一枚雕刻着象形文字的小圆柱印章，留下印痕。印章上的头衔包括"王室文献书吏""王室孩子教师的书吏监督者"和"国王所有事务的书吏监督者"。我们发现四个大房子都有一个大的中心观众厅，所有观众厅大小大致相同，一般南北朝向，柱子框架突出，涂绘红色，壁龛在南端。

226 这些官方居住区或者住宅办公区的主人也进行商业活动。书吏、侍从以及请愿者可能沿着高墙排列，或许他们手持文献盒子，坐在政府壁龛框里的主人面前。在另一些古王国时期的遗址里也发现过这种特征的观众厅，在三角洲布托（Buto）的早王朝时期的宫殿里也发现过这种房屋（包括吉萨赫恩特卡维斯城镇所有的大房屋）。近年，在中间水渠盆地末端斯奈夫鲁山谷庙的北面发现大型贵族房屋，房屋的主人是在代赫舒尔为斯奈夫鲁两座金字塔服务的官员。

在西镇南边一处填满沙土的浅坑附近，遗址消失踪迹，我们命名此处遗址为潟湖 I。向南约 65 米再次出现高达 1 米的由散石构筑的墙，我们命名这个区域为立墙岛屿（Standing Wall Island, SWI），两个围墙（ES1 和 ES2）向南延伸进入一个更大的围墙，拐角弯曲，还有古埃及的畜栏，早王朝时期至新王国时期的浮雕场景出现这种畜栏，我们还在另一处遗址挖掘出类似栅栏的建筑结构。我们称这里为"古王国的畜栏"，动物专家理查德·雷丁（Richard Redding）研究了我们在那里考古挖掘出的动物骨骸，发现居民们饲养牛、绵羊和山羊，并且加工整个海特·埃尔-古拉布遗址的居民所需要食用的大量肉。一座带有厚墙的贵族房屋占据东北围墙（ES2），我们认为这个建筑是管理居民区的官员的住宅。邻近的附属围墙（ES1）可能是个屠宰场。

潟湖 I 在干旱季成为运输通道，泛滥季成为南部港口。人们带来活的牲口（蛋白质），抬进南部立墙岛屿的围墙里，谷物（碳水化合物）放入北边的王室谷仓里。牲畜被带入"乌鸦墙"的大门处，饲养在西北围墙里。社区的头领把自己的大房子安排在这个港湾的头部王室管理建筑和陡坡之间，与现代关税局的官员们一样，头领们可以监督物品的运输和分配，这些物品用于满足王室工程和城市设施的需要。

营地和团组 227

在我们大范围清理和绘制整个街区的地图之前，小规模的挖掘沟渠揭露出与古埃及其他时期类似的工匠房屋，房屋带有偏离轴线的入口、灶台以及后面的居住区，还有做饭和烘焙的房间。揭露出更大范围后发现当时政府在类似长廊的仓库后面安排这些小住宅，住宅宽与长的比例为1∶7，住宅周围围绕非常厚的墙。我们绘制出四个街道的长仓库，这些长仓库从"乌鸦墙"末端向南延伸150米，三个开阔的铺道横向穿过，即北街、主街和南街，每个街道宽5.2米。

我们在仓库群Ⅲ里挖出两个完整的仓库（2002年的GⅢ.4和2012年的GⅢ.3）。仓库开口长，前端中间被一堵矮墙隔开，圆形石灰石柱基嵌在里面，每个柱基长2.6米（5腕尺）。细木柱子过去曾插在基座上，一个柱廊位于长廊正面，我们在那里发现一些供人休息的平台，比地面高一点，GⅢ.4里有6个平台，GⅢ.3里有5个平台。一个人可以躺在平台的长边末端，监督来回走动的人们。更大的休息平台穿过大门，从类似房屋的建筑进入后面的厨房。这些房屋属于工队首领，在他休息的时候，仍可以护卫大门，有点类

[228]

[228]

考古挖掘后的海特·埃尔-古拉布遗址仓库Ⅲ.3-4，它们组成整个仓库群，是为临时居住者提供住所的官方建筑，相当于我们现代的医院、监狱、学校、酒店和兵营。

仓库高约7米，内有高挑的拱形屋顶和常见的平顶阳台。

似现代看门人，晚上睡在开罗现代建筑的门口。

　　这些营房建筑显示出街道空间的数量差异明显，不到 20 个类似的房屋建筑，分布在街道的东边、西边和南边，有许多物质遗迹和几十个面包作坊。面包作坊是工业化生产规模，产出远远超过那些小家庭的需求。我们在"东走廊"（EOG）挖出嵌入被挤压的面包炉的一大块砾石残片，残片接近 1 米厚。在走廊内发现牛、绵羊和山羊，根据我们有限挖掘得到的一些遗存，理查德·雷丁推测，229每天需要 30 头绵羊和山羊以及 11 头牛为上千人提供肉食，这些消费者是谁？在哪里呢？

　　根据志愿者的实验结果，我们判断在编号Ⅲ.4 长 16.5 米、宽 4.6 米的走廊多柱厅里，大概 40 人可

[229]

房间最多可容纳多少人休息呢？考古队员做实验证明房间Ⅲ.4 可容纳 40～50 人休息。

仓库Ⅲ.4 的建筑特征表明，这是一个休息场所。在前门（北面）附近是为卫兵设置的灶台。还有长圆柱柱廊、床、平台、后院和后面的会议室。

以在这里伸展开。这个结果，再结合埃尔-扎夫旱谷纸草发现之前就已经为人所知的古埃及文献，我们推测团队每组为 40 人。如果每个走廊是一个工人或王室军队的兵营，听从一位监督者，后面安置家庭区域，则推测一个走廊可以容纳一个组的工人居住。文献资料，主要是"阿布西尔纸草"记录，工组轮流为神庙服务，我们推测兵团同样是轮流进入街区，当他们从事王室工程时居住在那里，完成后返回家。在走廊街道 II 和街道 III 里，我们发现八个走廊的西面都有两个更大的建筑，即庄园和多柱大厅。因此，每个街道可以容纳两支工队居住，每支工队由四个组组成，总共 320 人。

虽然埃尔-扎夫旱谷走廊与海特·埃尔-古拉布遗址的不是同
230 一类型，但却为我们推断后者里面的走廊系统以及劳工组织提供了帮助。在切入岩层的仓库里发现的水罐残片，用红墨水在上面书写工队名字，名字组合表明工队与仓库存在关联，工队或船员与仓库里保存的被拆解的船之间很可能也存在关联。在海岸平原中部岩洞仓库到海岸的半路上，皮埃尔和他的团队又发现了一个干燥石墙建造的建筑，由 13 个长仓库组成，与海特·埃尔-古拉布的走廊街道相似，大小差不多，但建筑并不正规。这些仓库可能是工人们的营房，远征军队去往西奈或者从西奈采矿区中转而经过埃尔-扎夫旱谷。这个海岸建筑与代赫舒尔斯奈夫鲁金字塔附近发现的两组仓库更相似。所有这些建筑都有一个明显特征，平行排列的仓库形成类似梳子状的建筑。

梅尔的日记还提供海特·埃尔-古拉布遗址与兵营假设相契合的另一方面内容。根据梅尔列出的每月工队的口粮，皮埃尔推测梅尔组的人数为 40 人，类推海特·埃尔-古拉布每个仓库可能容纳相同数量的人。考古发现和纸草文献两方面的材料改变了我们对这个非凡时期的理解，当时在吉萨正在建造巨大的金字塔。

港口与各区域之间的联系

　　海特·埃尔-古拉布遗址及街区位于主要运输区域和中间水渠盆地的南边，它们是建造金字塔港口的重要组成部分。港口的一个标准特征是再分配，运输的货物可能被立刻或暂时储存在类似走廊的建筑里。因此，街区可能部分发挥储藏进口货物的功能。北边的仓库可能通向中间的吉萨水道，不幸的是河水侵蚀已经移除仓库组合 I 北边的大部分，我们无法知道这里道路的样子。重要的是，高高的"乌鸦墙"在仓库组合 I 的西北角终止了，仿佛允许开口穿过与那个街道仓库共同的北墙。

　　仓库群和埃尔-扎夫旱谷细节之间的关联使得我们应该视该遗址为海特·埃尔-古拉布遗址的"工匠村"，梅尔工队的成员并非干重体力活的工人。工人被征召进入王室工程，要求工队在不同时间为国王纪念建筑搬运大石块，行军至遥远的采石场，获取精美的石头和矿物，乘船穿越红海到西奈获取铜矿，沿地中海海岸航行，到黎巴嫩获取橄榄、橄榄油、葡萄酒、树脂以及雪杉。分析在海特·埃尔-古拉布遗址发现的物质遗存，确认了这种区域间交换网络的存在。黎凡特的木材，如雪松、橡树以及橄榄生成的木炭在仓库里大量堆积。我们已经发现黎凡特早期青铜时代第三期梳子状的陶器，很可能是盛装进口橄榄油，或者葡萄酒和树脂，也包括上等肉的罐子，有时还盛装黄金和织物等奢侈品。埃尔-扎夫旱谷纸草记载，这些为远征这些地方的军队提供食物保障和供给。

梅尔有时称他的工队为"塞泰普·扎"，字面意思是"选择一个组"或"被选择的一个组"，即一个被选定的贵族群体。在某个时刻，工队加入被选择的那些贵族名单。当时工作艰苦，埃尔-扎夫旱谷纸草提到，这些被选定的人因为接近国王而具有某种特权。最后，术语"塞泰普·扎"提供了连接海特·埃尔-古拉布遗址、埃尔-扎夫旱谷纸草以及吉萨胡夫宫殿的一个可能。

胡夫的宫殿

梅尔为胡夫搬运石头，我们已经基本上绘制出梅尔为胡夫搬运石头的路线图，挖掘出哈夫拉和孟卡拉统治末期的海特·埃尔-古拉布遗址。我们注意到，在海特·埃尔-古拉布遗址较低的、更早期的地层中，"乌鸦墙"末端仓库组合 I 下面存在更古老的仓库。遗址被改建时，绝大部分较早的建筑被夷为平地，这个较低地层的年代大概为胡夫统治时期。后来哈夫拉的工人们移走了大部分较早年代的建筑，原因完全不清楚，他们在西边悬崖放置大量碎石，悬崖西边向格贝尔·埃尔-齐布里（南边的山，在玛阿迪形成的小山）倾斜，遗留下6.5 米厚的大量沉积层，分布范围超过 5 公顷。1971—1975 年，奥地

古埃及研究所考古学家在海特·埃尔-古拉布遗址的物料堆里发现了这枚小印章，编号5848，上面的象形文字符号是setep za（塞泰普·扎），限定符号是"房子"，表明这个建筑是王室宫殿。

利史前史家卡尔·科罗梅尔（Karl Kromer）在这个地区挖掘，发现了胡夫和哈夫拉时期的印章。到目前为止，我们在海特·埃尔-古拉布遗址只发现了哈夫拉和孟卡拉的印章。后来科罗梅尔又发现了一些哈夫拉的印章，与我们在西镇大贵族房屋里发现的印章基本相同。2018年，我们返回科罗梅尔的挖掘遗址，采用更加细致的方法推测出，倾倒材料来自海特·埃尔-古拉布遗址更古老的地层。

科罗梅尔以及美国和英国联合财团的考古发掘，辨认出一个含有废弃物料的更古老的地层，地层从东边海特·埃尔-古拉布遗址方向过来，这说明发生过一次大规模拆毁建筑的事件。废弃的物料包括泥砖残片、彩绘石膏墙壁、屋顶、地板、拐角以及炉灶。在一些建筑里很可能居住着社会地位高的人，石膏残片涂绘各种颜色的条纹，有深红色、橘色、黑色、浅灰色、深灰色、米黄色以及红色或橘色的轻微阴影。物料堆里也有日常生活用品，如铜针、刮刀、鱼钩、陶珠以及小雕像，还有有机物，如木头、棕榈纤维以及衣物。

到目前为止，我们没有发现胡夫的印章。在科罗梅尔发表的那些印章中，只有5枚带有胡夫的名字，38枚带有哈夫拉的名字。

233

[233] DAY 24
b a

梅尔使用名字 setep
za（塞泰普·扎）命
名他的团组，从纸草
文献 B 提取的这段铭
文记录了梅尔书写的
行程日记，他们加入
了"那些登记为塞泰
普·扎的人们"。

两次考古发现的哈夫拉的印章上带有相当高官阶的官员名字，其中一些印章与我们在西镇大房子里发现的印章完全是来自同一种滚印。在废弃物料里发现的一块编号为 5848 的印章小残片最重要，这块残片展现了一个荷鲁斯名的下部，出现表示"团组"的象形文字符号，梅尔也用这个术语标识他的组。

这里书写的"团组"，限定符号是房屋，明确指一个地名，可能是宫殿。这个小黏土残片的前面部分没有发现"团组"符号与房屋符号书写在一起表示"宫殿"，中王国时期之前没有工队出现这种现象。"团组"是表示"宫殿（或者宫殿各个部分）"的五个主要术语之一，意思是国王坐里面做决定的地方，与他的顾问大臣商量手工制作、建筑或建造的事情。"团组"作为动词，意思可能是"护航"或"护卫"。满足和照料国王的需求也是梅尔的工人们需要承担的一项任务，埃尔-扎夫旱谷纸草提到过这项任务。有时最接近国王的人被当作一个身体的集合（更大的"身体"，如他的"组织"）。

这枚编号为 5848 的小印章，与其他信息相配合，如社会地位高等，可以告诉我们仓库群和海特·埃尔-古拉布遗址容纳的"团组"，即兵营，是如何为工队的王室船员和军队提供住处的。正如奥地利埃及学家曼弗瑞德·比尔塔克（Manfred Bietak）注意到的，埃及的宫殿除公共展示这个主要特点外，也容纳官员，特别是国家重要管理者（西镇？），用作兵营、军火库（仓库群？）以及用于收集和分配产品的相当大的储藏区（王室管理建筑）。

埃尔-扎夫旱谷纸草使用通用术语"赫努"（Khenu）指代胡夫的宫殿，这个术语在表示宫殿的术语中具有特殊意义，指代王室居所，即国王真正居住的地方。从文本的语境来看，胡夫的王室居所很可能在定居点的北边，靠近他的山谷庙，称为"安胡·胡夫"。胡夫的宫殿可能是美国和英国联合财团沿着曼苏里耶水渠挖掘沟渠时遇到的那个大型建筑。那么，这个建筑与大金字塔和纳兹莱特·埃尔-斯西山丘位于同一个方向吗？

我们知道许多王室建筑位于这个区域的现代建筑下面。在海特·埃尔-古拉布定居点南边，我们发掘出第四王朝时期原初城市的一部分。从零散的考古和纸草两方面资料，我们了解到城市不同的组成部分。海特·埃尔-古拉布遗址所有主要的建筑，包括营房和烘焙作坊可能都属于"团组"。埃尔-扎夫旱谷纸草提到的管理建筑可能是一个巨大宫殿群的组成部分，如同埃及古王国时期的"凡尔赛宫"，或者新王国时期的阿玛尔纳城（Amarna），或者底比斯的马尔卡塔城（Malqata）这样的王室建筑的布局。这个王宫城市包括各种王室宫殿、大厅以及管理机构。中间水道南北两侧的第四王朝的两个定居区被分割，这个宫殿包括建筑和基础设施，可能随着时间的推移而搬迁到新地点。这是一个规模庞大的港口城市，为从国王胡夫开始的三代君主的金字塔建造服务。

234

第十二章
胡夫港口指挥官安赫–哈夫

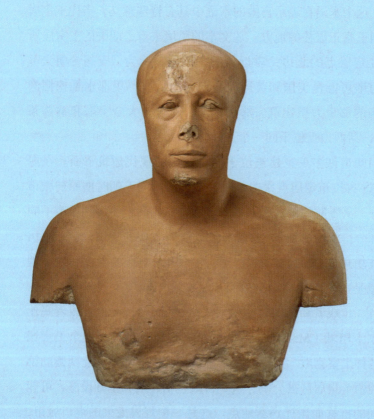

王子安赫–哈夫，雕刻精美的石灰石胸像，以橘红色赭石颜料上色，应该是真人的肖像。在纸草文献 B Ⅳ 里，监督者梅尔特别提到安赫–哈夫是罗–舍·胡夫的指挥官，也就是吉萨国王港口的指挥官。

　　第 24 天：监督者梅尔白天与他的组拖拉（船？），和那些贵族、　236
团队以及罗－舍·胡夫的指挥官贵族安赫-哈夫在一起。

——纸草 B 第四部分

　　几个世纪以来，胡夫大金字塔因其体量巨大以及曾经近乎完美的完成度而充满了神秘，人们认为它的建造者不是人类，不像人类所为。但是，大金字塔上到处都是人工的痕迹，现在在梅尔的日记里，我们可以读到真正建造胡夫大金字塔的个人和群体的名字以及他们的日常活动。当然，埃及学家以前就知道建造金字塔的那些人的名字和头衔，还发现建造金字塔的那些人留下的物质遗存，但是，墓葬墙壁上的头衔没有提及他们的影响和生活环境。第四王朝末期，头衔开始演变为原始的自传铭文。我们现在可以通过埃尔－扎夫旱谷纸草跟随一个典型的工队梅尔组早上、下午和晚上的移动和工作来了解那些建造金字塔的人们。纸草告诉我们"历史中的个体"不仅包括梅尔个人，我们也看到一位名叫伊杰鲁的六人指挥官，他从图拉航行至赫里奥波利斯运输食物，三天后带着面包和 40 袋谷物返回。一名叫赫西的十人指挥官，白天与他的海军队员在罗－舍·胡夫，即胡夫湖泊的入口工作。我们知晓德第可能是包括梅尔工队在内的四个组的首领，他负责记录日记，并赏赐给梅尔衣物。

　　梅尔日记提到另一个人：王子安赫-哈夫，他是一位富有戏剧性的人物，在第四王朝的王室管理中具有决定性的影响。在 10 天一轮的一个特殊的第 24 天（纸草 B 第四部分记载），梅尔记录他和他的组忙着拖拉某物，可能是船，地点很可能在罗-舍·胡夫。他的组加入其他选定的组（字面意思是"在贵族登记册上的那些人"），重要的是，日记提到"罗-舍·胡夫的指挥官"贵族安赫-哈夫，这里仅记录了一个头衔。正如我们在第十一章所描述的，罗-舍·胡夫是一个容纳各类运输货物的官方港口，从遥远的黎巴嫩、阿斯旺到埃及各地的物产，如图拉的精美石灰石，进入吉萨国王胡夫的港口中部，那里的书吏如同梅尔记录他工队每天的劳动那样，仔细记录所有进入的货物。得益于在埃尔-扎夫旱谷遗址中发现的纸草，我们现在可以辨认出胡夫港口的指挥官是安赫-哈夫，他负责这个地方。

历史中的个人

20世纪20年代，美国考古学家乔治·莱斯纳在吉萨东部墓葬区紧挨编号G7510墓葬的石制祠堂里，发现著名的安赫-哈夫胸像，胸像具有明显的现实主义艺术风格，这个发现使得原来安赫-哈夫建造大金字塔的模糊历史变得清晰起来。雕刻者在附在精美石灰石雕像的一层石膏上塑造出更精美的细节，包括短胡子和耳朵，然而，这些早已折断、丢失。整个雕像以橘红色赭石颜料涂色，胸以下的部分已不存，肩膀以下的双臂被砍断。雕像是一个富有感染力的成年男性肖像，它看起来相当疲倦，眼下有眼袋，光头，两侧的发际线后移，所有这些都说明雕刻者对真实人物具有敏锐观察。安赫－哈夫的胸像与埃及官方经典化风格的圆雕和浮雕，如安赫－哈夫墓葬石制祠堂西壁上他真人大小的立像完全不同。他的形象在西壁被完整展现，他穿着长裙，拄着拐杖。而安赫－哈夫的胸像却极不寻常，鼻子断掉，耳朵丢失。保存这座胸像的波士顿美术馆的馆长重新彩绘安赫－哈夫的眼睛，忠实复原眉毛和头发，并给它戴上帽子，穿上西服，打上领带，面孔呈现的现代性特征震惊了世人。它呈现出一个曾经活着的真实人物的容貌，呼吸并且思考着。德国埃及学家扬·阿斯曼（Jan Assmann）注意到，如果稍微修复，并用青铜翻制，放在一座政府建筑里展示，它可能很容易被当作一个现代政治家或者商人的肖像。

安赫－哈夫除了是胡夫港口和码头的指挥官，他的墓志铭零散地提到他拥有其他重要的职位和头衔，埃及学家仍在通过研究他的墓葬线索来讨论当时国王统治的确切年代。

安赫－哈夫墓葬　　238

著名的安赫－哈夫墓（G7510）位于吉萨东部墓葬区，和许多在金字塔下成排分布的其他墓葬一样，墓葬采用传统的马斯塔巴墓的形式。马斯塔巴墓是以在埃及房屋外发现的矮板凳命名，墓葬的墙壁平顶、向内倾斜。安赫－哈夫墓长 105 米，宽 52 米，为吉萨两座最大的墓葬之一，第二座大的墓葬是西墓葬区编号 G2000 的一座不知姓名的巨大马斯塔巴墓。乔治·莱斯纳和威廉姆·史蒂文森·史密斯（William Stevenson Smith）认为安赫–哈夫是哈夫拉统治时期的首位宰相，哈夫拉是胡夫、杰德夫拉之后的国王，他向北转移到阿布·罗什（Abu Roash）建造他的金字塔。莱斯纳挖掘吉萨金字塔下面的墓葬区，他认为东部墓葬区（编号 G7000）从西向东扩展，胡夫的工匠首先建造他的三位王后的金字塔，然后为国王最亲近的家庭成员建造八个大的马斯塔巴墓（最初的十二个核心墓）。莱斯纳认为安赫–哈夫巨大的马斯塔巴墓是在原来这些墓葬的东边增加的第一座墓葬，时间为哈夫拉统治早期。

莱斯纳提出这个观点后，一些学者则坚持认为安赫–哈夫建造了他的马斯塔巴墓，他是在胡夫统治时期而非哈夫拉统治时期担任宰相的。在此基础上，他们根据残留的精美浅浮雕壁画片段的铭文风格和技法，重新判断墓葬建筑及其装饰，走廊形状的石祠堂建造在墓葬的东南角，两个假门在西壁。奥地利埃及学家彼得·扬诺斯（Peter Jánosi）在他关于第四王朝的吉萨的精彩研究里，根据大金字塔和胡夫两位王后金字塔（GI-a 和 GI-b）南边和中轴线延伸线之间对齐的方式，推断编号 G7510 的墓葬是胡夫东部墓葬区最早的马斯塔巴墓。

安赫–哈夫墓的石制祠堂由一个南北向狭窄墓室组成，北边通向一个走廊，整个祠堂布局呈 L 型。两座假门嵌入西壁，这座祠堂与紧挨王后金字塔 GI-b 的墓葬祠堂以及下面将讨论的赫米乌努（Hemiunu）马斯塔巴墓葬（G4000）的祠堂以及西墓葬区编号 G2000 的墓葬祠堂类似。工匠在祠堂南边为安赫–哈夫雕凿出更大的假门，北边的假门属于他的妻子赫泰菲拉斯，但在墓里没有发现

239

她的第二个墓葬甬道。安赫－哈夫的一座雕像很可能竖立在南边假门后面的一个雕像间（一个封闭的雕像墓室）里，但现在里面没有发现雕像的踪迹。

涂抹白色石膏的祠堂泥砖墙向东延伸。一座开放庭院穿过墓葬里一个椭圆形南北向的墓室，莱斯纳的挖掘工人发现安赫－哈夫的胸像仰面躺在西壁涂抹白色石膏的泥砖基座的前面。当拿起胸像，他们看到破损的陶碗以及 94 个食物供品的石膏模具，这些明显用于安赫－哈夫的最后用餐仪式。基座北边一座低矮的板凳成为这些供奉的架子。端着这些供奉的侍从是如何与安赫－哈夫的胸像发生互动的呢？

胸像一个明显特殊的地方是它的制作方法，刚好在胸部以下被水平切割，两臂刚好在肩以下被水平切割，这样的切割方法将从古埃及雕塑的模式以及样品的角度来审视。安德烈·波尔沙科夫（Andrey Bolshakov）仔细研究胸像，他认为雕像原本应该连接下面的胸和伸展的手臂。如果是这样的话，雕像就形成如同著名的第六王朝的祭司伊杜胸像那样的形象，伊杜的胸像在吉萨东部墓葬区北缘他的墓里被发现。在他的假门下面，伊杜呈现胸之上的形象，好像从冥府出现，浮雕的手臂伸出，手心向上，接受供奉。波尔沙科夫认为安赫－哈夫胸像可能是伊杜像的原型。安赫－哈夫祠堂基座的宽度仅能容纳胸像，胸像背靠墙壁，推测丢失的伸展前臂以及双手应该是成比例的。胸像被放置在基座上，使得安赫－哈夫出现在死后服侍他的那些人的视平行线上，后面墓室北端的安赫－哈夫的形象与墓里石制祠堂南端的假门里以及雕像间里他的雕像位于

安赫-哈夫胸像可能曾有胸膛和展开的手臂，如同在这里出现的第六王朝祭司伊杜的雕像，这座雕像在吉萨东部墓葬区北边他的墓里被发现。

一条直线上。正如波尔沙科夫所言，火把点亮黑暗的墓室，安赫－哈夫胸像为死者的影像，突然从墓室深处出现，凝视带来供品的拜访者。

监督罗－舍·胡夫

如果安赫－哈夫的马斯塔巴墓和胡夫王后金字塔 GI-a 是东部墓葬区最早出现的两处纪念建筑的话，那么更加让人好奇的是，安赫－哈夫的墓葬建造得更往东一些，在金字塔 GI-a 东边 117 米处。安赫－哈夫的马斯塔巴墓和最早的两位王后的金字塔为工匠们后来的建造确立了一个框架，以后他们往里面插入国王胡夫家庭成员的马斯塔巴墓。安赫－哈夫墓葬的大小和位置表明他的地位是最高王子，埃尔－扎夫旱谷纸草提到安赫－哈夫的头衔为"罗－舍·胡夫的指挥官"，地位确实高。

那时，陡峭的悬崖从吉萨高原向泛滥平原下落 36～40 米，安赫－哈夫把自己巨大的马斯塔巴墓安置在距悬崖仅 30 米处，他的泥砖祠堂向东延伸 13 米，使得他墓葬的正东面距悬崖的倾斜面仅为 17 米。安赫－哈夫的胸像从他的祠堂看向外边，生前他曾担任罗－舍·胡夫的指挥官，监督水利设施。

另一些直线也重要。安赫－哈夫的马斯塔巴墓与纳兹莱特·埃尔－斯西的山丘位于一条直线上，这个已经讨论过。纳兹莱特·埃尔－斯西土丘是一个非常古老的、具有战略意义的地方，它成为胡

241

夫港口入口的北边门柱。安赫-哈夫的马斯塔巴墓与巨大石墙围绕
的大型建筑的中心位于一条直线上，这个建筑可能是被埋的宫殿。
美国和英国联合财团挖掘和钻探的结果表明，王室台地沿着中间水
渠盆地的北边伸出。建筑、台地、土丘以及安赫-哈夫马斯塔巴墓
的南边与大金字塔的南边位于一条直线上。编号 G7510 的马斯塔
巴墓恰好是负责胡夫官方港口的王子的墓葬。

安赫-哈夫的职责与社会关系的谜团

安赫-哈夫马斯塔巴墓残留的浮雕证实他的头衔是"国王长
子"，国王一般被认为是斯奈夫鲁，安赫-哈夫应该是胡夫同父异
母的兄弟。当然，如果长子在父亲去世之前去世的话，头衔将移到
下一个儿子身上。虽然书写完整的历史并不容易，但是这样的头衔
可能不会随便给予。埋葬在梅杜姆编号 16 的马斯塔巴墓葬里的奈
弗尔玛阿特（Nefermaat）也拥有"国王长子"头衔，他与斯奈夫
鲁有关系。在吉萨，赫米乌努和卡瓦布（Kawab）两人的墓葬中也
出现了"国王长子"头衔（我们发现哈夫拉统治时期出现六个"长
子"）。还有一个小众的观点认为，安赫-哈夫的父亲可能是胡夫而
242 不是斯奈夫鲁，但是，这里我们将继续维持普遍的观点，即斯奈夫
鲁是安赫-哈夫的父亲。

安赫-哈夫的妻子名叫赫泰菲拉斯，在安赫-哈夫石质祠堂北
侧假门上，精美的象形文字清晰地拼写出她的名字。她的头衔是

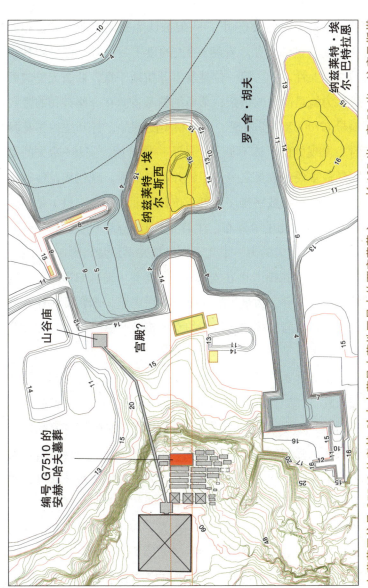

[242]

山谷庙

宫殿？

编号 G7510 的
安赫－哈夫墓葬

纳兹莱特·埃
尔－斯西

罗－舍·胡夫

纳兹莱特·埃特拉恩
尔－巴特拉恩

东墓葬区编号 G7510 的安赫－哈夫大墓是吉萨地区最大的两座墓葬之一，长 105 米，宽 52 米。这座马斯塔巴墓与远处的纳兹莱特·埃尔－斯西西山丘平行，这座山丘位于安赫－哈夫负责的罗－舍·胡夫的北边。

"长公主""斯奈夫鲁的女祭司"，一般被认为是国王斯奈夫鲁和王后赫泰菲拉斯一世的女儿。安赫-哈夫的妻子是当时三位名叫赫泰菲拉斯的杰出女性之一。第一位是赫泰菲拉斯一世，斯奈夫鲁的妻子，一般认为她是胡夫的母亲，莱斯纳的考古队在一座神秘的竖穴墓葬（编号 G7000X）里发现了她的精美随葬品，打开她的雪花膏石棺椁时，发现她的尸体不见了。从下一代开始，安赫-哈夫的妻子成为宫廷最重要的成员之一，但她并不是王后，现代埃及学家没有分配给她一个罗马数字排序。第三位赫泰菲拉斯（二世）是胡夫的女儿，嫁给他的儿子卡瓦布，生育了梅拉萨赫三世（Meresankh Ⅲ），后来她嫁给胡夫的另一个儿子，但是并不清楚是哪一位儿子。有趣的是，赫泰菲拉斯二世在安赫-哈夫墓葬（编号 G7520）南边建造了她自己的墓葬，为最早的一座马斯塔巴墓，却转手将这座墓连同一个黑色花岗岩棺椁赠送给她的女儿梅拉萨赫三世，她的女儿或许在她之前去世了。

243

安赫-哈夫的妻子赫泰菲拉斯的头衔为"斯奈夫鲁的女祭司"和"国王长女"，结合安赫-哈夫的头衔"国王长子"（荣誉性或非荣誉性），很可能说明安赫-哈夫和他的妻子都生在王室家庭，与胡夫是同代人。这也提出了一个问题，如果安赫-哈夫真是斯奈夫鲁与另一位不知姓名的妻子所生的儿子，为什么他把墓葬安置在胡夫子女下葬的墓葬区而不是像他的同辈奈弗尔玛阿特那样埋在梅杜姆或者代赫舒尔呢？而且，在埃尔-扎夫旱谷纸草里，安赫-哈夫是胡夫港口指挥官，这也提出了另一个相关问题，即头衔"宰相"以及"所有国王工程的监督者"的继承顺序的关系。

两个宰相的秘密

　　埃尔－扎夫旱谷纸草残片提到安赫－哈夫，告诉我们他是罗－舍·胡夫的指挥官，同一窖藏的另一份纸草的日期将这批纸草的年代定为胡夫统治末期。但是，这个头衔并没有出现在曾经装饰安赫－哈夫墓葬祠堂的浮雕残件里（或许在其他地方，但到目前为止没有发现）。虽然纸草残片提到安赫－哈夫是"所有国王工程的监督者"和"宰相"，这些官职非常重要、具有影响力，但是他是在什么时候拥有这些头衔的呢？我们在这里陷入困惑，历史上至少有两位宰相宣称自己是为国王服务的"所有国王工程的监督者"。

　　可能安赫－哈夫是胡夫统治时期"所有国王工程的监督者"和"宰相"（到目前为止，并没有人明确说他为这位国王工作）。然而，我们也怀疑是赫米乌努为胡夫工作，赫尔曼·扬克（Hermann Junker）在西部墓葬区挖掘出他的巨大马斯塔巴墓（编号 G4000），此后很长时间赫米乌努被认为是胡夫金字塔工程的监督者。在这个墓里发现赫米乌努的头衔为"宰相""所有国王工程的监督者"，他的极富感染力的石灰石坐像在雕像间里，他是一位负责建造的重要官员。赫米乌努很可能从他的父亲斯奈夫鲁的儿子奈弗尔玛阿特那里继承官职，在斯奈夫鲁统治早期，他成为斯奈夫鲁"所有国王工程的监督者"和"宰相"。他的木乃伊被埋在梅杜姆编号 16 的巨大马斯塔巴墓里（在他那代人时，墓葬就被盗掘了）。这个马斯塔巴墓葬祠堂的壁画上三次出现赫米乌努的形象，重要的头衔和社会地

244

位表明他是奈弗尔玛阿特的长子，也就是斯奈夫鲁的孙子。编号
G4000 的马斯塔巴墓葬出土赫米乌努的雕像，雕像底座出现相同的
头衔，刻写的象形文字被涂上颜色，祠堂里的奈弗尔玛阿特浮雕也
采用相同方法。名字和头衔、象形文字的书写风格、父子关系，以
及编号 G4000 的赫米乌努的马斯塔巴墓葬作为西部墓葬区最大（约
长 53 米，宽 28 米）、最古老的胡夫官员的墓葬，所有这些表明赫
米乌努从很早就负责胡夫的工程（与另一位"所有国王工程的监督
者"一起，奈弗尔玛阿特之后就再没有出现斯奈夫鲁的宰相了）。
是安赫-哈夫后来在胡夫统治时期从赫米乌努那里接替了这项工
作吗？

另一方面，正如上面提到的，目前的研究确认安赫-哈夫墓葬
的年代为胡夫统治时期，并非哈夫拉统治时期。可能安赫-哈夫是
第一位在大金字塔脚下的东部墓葬区建造马斯塔巴墓葬的人。尼格
尔·斯特鲁德维克（Nigel Strudwick）认为安赫-哈夫应该生活在
赫米乌努之前，而不是在他之后。

如果安赫-哈夫确实是从赫米乌努那里接手"工程监督者"和
"宰相"头衔，那么我们不得不接受一个现象：安赫-哈夫作为一
个与胡夫和奈弗尔玛阿特同时代的人，从他更年轻的侄子赫米乌努
那里接替这项工作。但是，这是违背常识的，正如斯特鲁德维克所
言，"升官并最终担任宰相取决于资历，这是优先考虑的条件"。但
如果赫米乌努是从安赫-哈夫那里接手"所有国王工程的监督者"
以及"宰相"头衔，那又如何能与梅尔日记中记录的胡夫统治末期
担任罗-舍·胡夫指挥官的安赫-哈夫一起工作呢？安赫-哈夫到底

[245]

赫米乌努的石灰石雕像。出自吉萨西部墓葬区他的墓葬里，墓葬编号 G4000。这位重要的官员，可能是大金字塔的建筑师，头衔为"宰相"和"国王所有工程的监督者"，安赫－哈夫也有相同的头衔。

是不是当时的"宰相"和"所有国王工程的监督者"呢？纸草文献并没有说明这方面内容。

安赫-哈夫可能在梅尔书写他的日记时，从"宰相"和"所有国王工程的监督者"的高位下台了？我们疑惑梅尔会仅仅记录罗-舍·胡夫指挥官的工作而不提及另一位"所有国王工程的监督者"或者"宰相"吗？换成现代，如果我是一名装卸工人或是一条货船的船长，想要记录与纽约和新泽西官方港口指挥官一起工作的一天，如果另一个人是商务部长或者是接近宰相头衔的总统，或者在其他国家是总理，难道我只记录较低头衔的那位官员吗？或许安赫-哈夫对梅尔更有意义，梅尔在他手下工作，安赫-哈夫担任胡夫港口的指挥官，梅尔职务的具体工作内容是为大金字塔运输石块。

安赫-哈夫特意把他的马斯塔巴墓（编号 G7510）安置在胡夫港口入口的正上方，与他的头衔"罗-舍·胡夫指挥官"有关系，另外，这个墓是东部墓葬区第一座墓，说明胡夫的工匠在东部墓葬区开始工作时，他已经拥有这个头衔。东部墓葬区最早的墓葬是竖穴墓，为胡夫的母亲赫泰菲拉斯一世王后（编号 G7000）建造，墓葬切入一个未建成的金字塔 GI-x 的甬道，工匠们向西移动了 28 米，他们在那里完成王后金字塔 GI-a，这些建筑框定了东部墓葬区的北边。赫泰菲拉斯一世的墓葬隐蔽，她的随葬品埋在那里（编号 G7000x），墓葬的边界与大金字塔国王墓室的中轴线位于一条直线上。可能在国王胡夫在位的第 18～20 年，工匠们修筑大金字塔达到某个高度，此时他们可能开始修建东部墓葬区，国王墓室当时

246

仍然开口朝向天空。赫米乌努的马斯塔巴墓葬最晚的日期是在胡夫在位期间的第 10 次统计之年，他可能在 55～65 岁去世。如果工匠建造赫米乌努墓葬的时间是胡夫统治时期，当时赫米乌努可能已经去世，更年老的安赫－哈夫随后成为"所有国王工程的监督者"和"宰相"。然后，安赫－哈夫本人可能亲自设计东部墓葬区，在高原边上建造最大的马斯塔巴墓葬（赫米乌努墓葬的两倍），墓葬直视罗－舍·胡夫，展示他拥有指挥王室港口的绝对权威。

然而，我们仍然有疑问为什么梅尔没有提及安赫－哈夫的高官阶头衔，尤其是"王室工程以及工人监督者"（更长的变体）头衔，梅尔在图拉和吉萨之间、在埃尔－扎夫旱谷和西奈之间执行的任务恰好与建造大金字塔有关。另外，工程监督者也负责远征，赫米乌努或者安赫－哈夫可能成为"所有国王工程的监督者"，另一个人则成为"宰相"吗？个人可以担任或者卸任职务吗？担任宰相的安赫－哈夫，当他作为罗－舍·胡夫的指挥官监督梅尔时，他会把宰相这个职务交出来吗？

坦白地说，埃及学家并不真正了解官职继承的规则，甚至王位继承这件事情。一连串雕刻在墓室上的头衔是官员整个或绝大部分职业生涯的总结。当然，没有一名官员拥有这个时期的所有头衔。胡夫的四个儿子被葬在东部墓葬区的巨大马斯塔巴墓里，他们拥有"宰相"头衔，哈夫拉的三个儿子被葬在他金字塔前面和右边的王室岩穴墓里。我们发现大量"国王儿子"和"国王长子"头衔，猜测长子成为国王，但令人迷惑的是，还发现大量古王国时期的宰相，斯特鲁德维克指出，第四王朝至第五王朝初期在首都孟斐斯区域出现了 16 位宰相。沃尔夫冈·赫尔克（Wolfgang Helck）研究古王国时期的官员，发现"宰相"头衔如同"国王儿子"头衔，为荣誉性头衔，表达最高权威的授权。也就是说，真正行使宰相职权的那些人与可能只有宰相头衔的那些人是否重合？或者在特定时间里出现了不止一位宰相？在第四王朝末期以及古王国剩余的大部分时间里，可能多人拥有"所有国王工程的监督者"这个头衔，每个人负责不同建筑工程。我们了解到，整个第四王朝总共有超过 6 个人拥有这个高级头衔。到目前为止，没有证据表明胡夫时期存在头衔重合的现象。现在我们必须把埃尔-扎夫旱谷纸草里拥有罗-舍·胡夫指挥官头衔的安赫-哈夫考虑进来，但没有证据证明他拥有"所有国王工程的监督者"或者"宰相"头衔。

或许在人生的后半段，安赫-哈夫在哈夫拉统治时期担任"宰相"以及"所有国王工程的监督者"，莱斯纳推测是在胡夫的继承人杰德夫拉统治以后。埃及学家认为杰德夫拉仅统治了 8 年。麦克·瓦罗吉亚（Michel Valloggia）调查国王杰德夫拉在阿布·罗什的金字塔，证明杰德夫拉可能统治了将近四分之一个世纪（23 年），但并不是所有学者都认可这种观点。如果安赫-哈夫在斯奈夫鲁统治的最后几年出生，到哈夫拉登基时，他已经 36 岁至 40 岁，之前胡夫统治了 28 年，杰德夫拉统治了 8 年。但如果杰德夫拉统治了 23 年，安赫-哈夫的年龄将超过 51 岁（胡夫统治的 28 年加上杰德夫拉统治的 23 年）。无论哪种情况，当时他可能没有退休，而是成为哈夫拉统治的四分之一个世纪时间的中段的"所有国王工程的监督者"和"宰相"。这些工作一直持续到他 60 多岁，也可能到 70

248

多岁。

  编号 G7510 的马斯塔巴墓体量巨大，说明安赫－哈夫拥有较高的社会地位。当胡夫墓葬的建造者在修造 G7510 马斯塔巴墓时，安赫－哈夫不再是"宰相"和"所有国王工程的监督者"，身为罗－舍·胡夫的指挥官、王子、胡夫同父异母的兄弟以及贵族的安赫－哈夫很可能拥有大金字塔东部墓葬区王室家族墓地最优先的位置。现在我们从埃尔－扎夫旱谷纸草了解到，在国王胡夫统治末期，安赫－哈夫很可能负责胡夫的港口，运输大量原料和人力维持国王大型建筑工程的建造。

第十三章
供养工匠

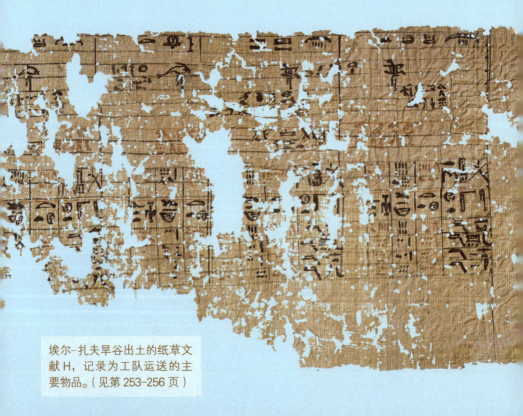

埃尔-扎夫旱谷出土的纸草文献 H，记录为工队运送的主要物品。（见第 253—256 页）

　　〔〈月〉的第 1 天〕：指挥官伊杰〔鲁〕乘坐伊乌阿特运输船启　　250
航去往赫里奥波利斯，从赫里奥波利斯给我们带回食物。然而，贵
族在图拉……〔第 4 天……〕：指挥官〔伊杰〕鲁从赫里奥波利斯
〔返回〕，满载 40 袋贝塞特面包。同时，贵族在图拉北部拖运石块。
——纸草 B 第二部分

　　埃尔-扎夫旱谷的纸草日记为我们提供了以吉萨大金字塔建筑
工程为核心的一系列工程活动每日生动的报告。同一批档案里许多
记录还添加图片，增加食物和其他原料供给的信息，这些由中央政
府在一年里分配给工队。这些即时的详细记录与考古学家在吉萨遗
址得到的证据相互印证，在那里居住着同一批工人。参与建造王室
墓葬建筑的工队的待遇明显不差。如同 1000 年之后新王国时期他
们在戴尔·埃尔-麦地那的工友一样，后者也被分配任务建造王室
墓葬（虽然类型和规模完全不同），工人们由国家给予非常好的照
顾，他们及其家人很可能完全倚靠政府养活。有时他们也会获得稀
有物品，甚至是奢侈品，以及可能仅为少数贵族使用的物品，这些
贵族是国王的贴身随从。

丰富而多样的饮食

　　在纸草文献记录的食物中，一些由粮仓分发，粮仓是中央政府
的组成部分，食物包括不同种类的鸟、家禽（如鸭、鹅和鹤）、鱼、

水果（包括无花果）、各种面包、蛋糕以及各种饮料，从最普通的啤酒到各种酒精饮料都相当抢手，如塞拉迈特（Seremet）啤酒和塞赫帕特（Sekhepet）啤酒。也供给工人们枣子（当时尼罗河谷枣椰树的果实很可能不常见）以及蜂蜜，这些东西在法老统治早期几乎很少出现，推测这些主要是由王室随从消费。克莱尔·牛顿对埃尔-扎夫旱谷考古发现的植物遗存进行分析，确认饮食中植物种类多样，可以辨认出谷物（小麦和大麦）、豆类（豌豆和豆角）、大蒜以及各种水果，如西瓜、无花果以及埃及橡树的果实（所谓的"沙漠枣子"）。更加意想不到的是，她还辨识出数量很少的枣子和橄榄油。约瑟芬·莱舒尔（Josephine Lesur）对动物遗存进行研究，发现在遗址中古埃及人主要消耗的肉类是牛肉，还包括羊（绵羊和山羊）和大量野生动物，如野山羊和小鹿瞪羚。埃尔-扎夫旱谷遗址每天家畜的消耗也被在遗址各处发现的许多印章证实，上面提到了饲养的动物和屠宰者的名字。

当时主要的食物还是谷物，大部分现存的纸草文献都提到运输各种谷物或面包。一些派发的公文是政府维持整支工队全套供给的总结，而另一些公文则明显为当地内部使用，记录每天分配给每个工人的口粮。这些当地公文完整记录三种产品的组合。第一种产品是一种面包，这种面包在一个巨大的钟形贝杰阿（bedja）模具里烘焙，这种模具在吉萨和埃尔-扎夫旱谷均有发现。第二种产品是各种类似扁平蛋糕的面包，很可能在开口类似浅盘的陶器皿里烘焙。最后一种产品是啤酒，可能是一种酒精度数低但碳水化合物含量高的饮料，明显是一种主要的日常饮料。

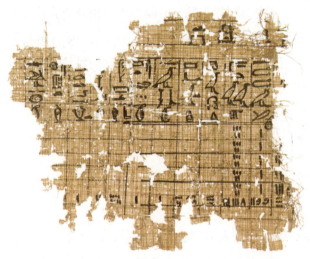

纸草文献 J，记录 ［252］
出谷仓（舍努特）
物品的数量。

［252］

纸草文献 M 的残片，登记每天分配赫杰（hetj）面包的情
况（赫杰面包是一种用贝杰阿制作的紧实面包），分配佩森
（pesen）面包的情况（佩森面包是一种用开口盘子制作的
扁平面包），以及分配赫恩凯特（henket）啤酒的情况。这
三种食物明显组成工人们的基本食谱。

　　这些口粮按照工人在远征队的不同地位以及他们的职位分配。
当监督者梅尔在图拉和吉萨之间往返旅行运输石灰石块时（纸草 B
记载），每月为他的工人提供 40 哈尔（khar）袋的贝赛特面包食物
供给，这是一种在贝杰阿模具里烘焙的非常紧实的面包，一个月后
很可能仍能食用（也见第 182 页）。在这种情况下，中央政府要十
分靠近工队工作的地方，方便供给他们从赫里奥波利斯城储藏处取 252
回的加工产品。可能在国家组织机构里加工面包，这些机构类似马
克的考古队在吉萨的海特·埃尔-古拉布定居点发现的大量大型面

包作坊。但事情完全不是这样，工队当时是在离中央政府驻地更远的地方埃尔-扎夫旱谷，离尼罗河谷超过 120 公里的一处遥远沙漠遗址出现。考虑到距离以及隔绝状态，给工人运输的供给通常是未加工或半加工的产品（如小麦、大麦等谷物或者粗加工的面粉），他们再按照日常需要加工成面包或者啤酒。

253　观察第四王朝初期的经济：纸草 H

　　纸草 H 为我们提供了深入观察法老早期的经济体系以及更深入分析胡夫时期的一些管理活动的文本材料。纸草 H 在埋藏在埃尔-扎夫旱谷储藏仓库 G1 入口的一批档案里被发现，纸草 H 基本完整地保存下来，主要包括两个大的残片，可以贴合在一起，最初长度估计为 81 厘米，现在幸存下来的文本写在 67.5 厘米的纸草上，这份纸草是一份统计文献，汇总了运输给工队的大约 5 个月的谷物。文本内容的时间范围从胡夫第 13 次牲畜统计之后那年（他在位的第 26～27 年）至下一年年初，即第 14 次统计之年（第 27～28 年）。有趣的是，文献特别提到"赫伊乌·瑞帕特"（heriu renpet），即古埃及日历十二个月以外的五天，加上每月 30 天，从而形成完整的 365 天。因此，文献记载对应 5 月至 9 月这段时间，恰好是条件适宜工队进行红海远征的时间。

　　文献展开后，反面竖排书写，观者立刻辨认出它是面包统计表。正面详细书写的内容为了解第四王朝早期的统计方法以及供养

[254]

纸草文献 H（正面），记录面包、面粉、谷物和枣子的数量。

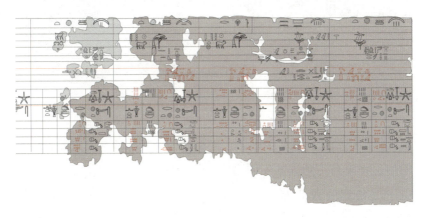

[254]

纸草文献 H 的复原以及象形文字的转写。

工人的组织系统打开了一扇窗。在纸草卷的上部，书吏记载统计内容覆盖的所有月份，月份形成每栏的主体，由竖线分割，书写内容清晰。其中四栏保存完好，其他两栏凭借同时挖出的一些小块的文本残片，基本上重构出重要部分。栏里的内容详细记载食物的来源

[254]

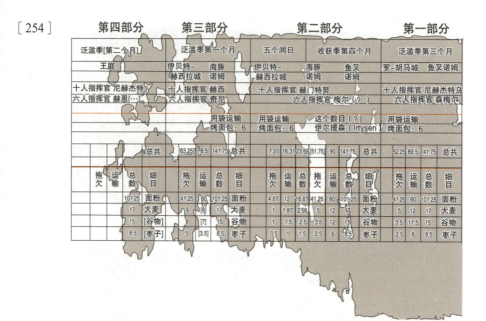

纸草文献 H 修复和抄录的象形文字。

地，供给诺姆（行省）的名字，随后是一个具体地名。文献列举运输的谷物来自三角洲的不同诺姆，包括鱼叉诺姆（Harpoon Nome，位于三角洲的西北部，靠近后来的亚历山大港）以及海豚诺姆

255 （Dolphin Nome，位于三角洲的东北部）。另一些记叙具体提到统计数据的人，很可能也是负责分发物品的人。

纸草 H 下部以表格形式列出实际情况的统计。在右边，书更列出具体组成这次分配的不同谷物，总体积在前边，以哈尔袋表示数量的形式出现。随后三列文本记录的内容：第一列为理论上应该给工人分配的物资数量（以红墨水标记）；第二列为实际分配给他们的数量（以黑墨水标记）；第三列为仍在等待分配的剩余数量（再次以红墨水标记）。这种使用不同颜色的墨水区别真实情况和理论情况的方法在后来的"阿布西尔纸草"中继续采用，"阿布西尔纸草"用相同的方法组织形成"表格"，可以一眼查验统计数据。

有意思的是，在纸草 H 的数据中从来没有真正付给工队应该属于他们的完整数量的物资，统计的分配数量仅为最初预计总量的百分之六十三。这个差额不仅在单个月份栏（所有都相同）里，而且也在每年另外增加的 5 天里出现，这 5 天里真实运输的供给，恰好按百分比显示。但这可能并不反映政府未能运输充足的、应该付给的实物工资。可能提到的一些以谷物形式提供的工资，实际上却以另一种形式提供，如工具或其他类型的食物，它们同时在另外的统计文献里作为支持文本被登记。简而言之，这些谷物可能发挥部分"货币"的功能，提供大致估算的工资，而真实工资的数量可能用各种原料提供，最初的价值增加了。

[255]

256

纸草文献 H 反面的细部，卷起时看到文献标题为"统计面包"（heseb en te）。

相当有趣的是，统计表还记录运输产品的来源地，讨论的月份不同则内容明显变动。在头两个月的栏里（从右向左），鱼叉诺姆被登记为负责运输的区域，但在第三个月和第四个月，三角洲另一端的海豚诺姆则被记录负责这项任务。这种诺姆征税的流转是政府精明的措施，努力扩大国王

[256]

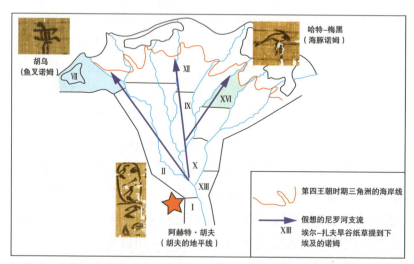

纸草 H，谷物和枣子的统计，告诉我们古王国早期地方诺姆的管理情况。每两个月从三角洲各地向工队运输物资，由国家负责计算分配物品的数量。

控制的整个区域来供养工队。在整个胡夫统治时期，明显由不同诺姆持续贡献基础供给来协助建造伟大的国家工程王室墓葬建筑。每个诺姆根据各自的方法和资源参与其中，一些诺姆提供原料或劳动力，另一些（很可能是整个三角洲区域）诺姆很可能主要贡献他们的农产品。因此，这些不同性质的税收很可能保证整个供给模式的灵活性，也意味着这个供给系统可以更加灵活地实施。

工匠如何搬起石块

沿大金字塔南边向东看去的
景观，后面是现代开罗。（见
第275、276页）

[258]

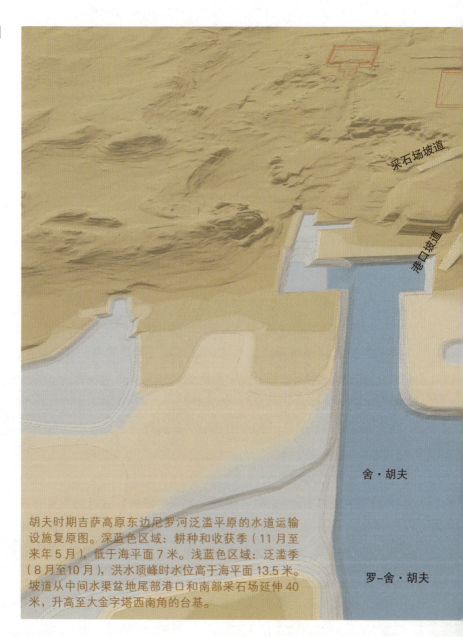

采石场坡道

港口坡道

舍·胡夫

罗–舍·胡夫

胡夫时期吉萨高原东边尼罗河泛滥平原的水道运输设施复原图。深蓝色区域：耕种和收获季（11 月至来年 5 月），低于海平面 7 米。浅蓝色区域：泛滥季（8 月至 10 月），洪水顶峰时水位高于海平面 13.5 米。坡道从中间水渠盆地尾部港口和南部采石场延伸 40 米，升高至大金字塔西南角的台基。

［ 259 ］

山谷庙

舍·阿赫特·胡夫

纳兹莱特·埃尔–斯西

[260]

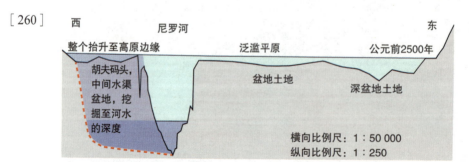

吉萨高原的轴测图，包含胡夫金字塔项目发现的吉萨高原的各种特征，山脉冒出和旱谷形成，并向东南下沉 6 度。这个下沉导致中间旱谷原有的宽度缩小。斯芬克司的东北边成为进入胡夫金字塔，到达金字塔东南角最便捷的通道（点线）。供给胡夫金字塔当地石灰石的主采石场的通道位于稍远的南边，通道穿过中间旱谷。

[260]

西	尼罗河		东
整个抬升至高原边缘	泛滥平原		公元前2500年
胡夫码头，中间水渠盆地，挖掘至河水的深度	盆地土地	深盆地土地	

横向比例尺：1∶50 000
纵向比例尺：1∶250

胡夫为什么要挖一个与尼罗河同样深的中间水渠盆地呢？为了利用尼罗河主水道高达 7 米的洪水，尽量托高起像梅尔工队那样的运输船，尽可能接近吉萨高原，达到减少运输石材至金字塔修建区距离的目的。

[第 25 天]：[监督者梅尔白天与他的组在图拉南部拖运石块]；　261
夜晚在图拉南部。[第 26 天]：监督者梅尔与他的组从图拉 [南部]
出发，装载着石块，去往阿赫特·胡夫，夜晚在舍·胡夫。第 27
天：从舍·胡夫启航，去往阿赫特·胡夫，装载着石块，夜晚在阿
赫特·胡夫。

——纸草 B 第一部分

第 27 天，梅尔和他的队员到达大金字塔，他们很可能已经卸
下十分精美的白色石灰石，这是他们穿过尼罗河谷从图拉南部的东
采石场带回的。接下来发生了什么呢？石块怎样被运到大金字塔，
也就是梅尔所说的阿赫特·胡夫（胡夫的地平线）呢？

尼罗河洪水形成天然的水利升高系统

梅尔的货船不得不穿过吉萨中部的舍·胡夫港口，一个宽阔的
水渠盆地，当尼罗河洪水达到顶峰时，河水从尼罗河西边的支流延
伸到吉萨高原脚下大金字塔基座以下 46 米处。如果梅尔搬运石块
建造金字塔主体，而非金字塔的神庙和甬道，那么，他必须把船停
靠在高原低矮的东南基座上，基座位于南边"乌鸦墙"和后来哈夫
拉用悬崖东部岩石雕刻的斯芬克司像东边之间的某个地方。山脉在
这里形成，金字塔高原恰好深入 6 度，与尼罗河泛滥平原相遇。

水渠盆地是抬升石块至金字塔工地的水利系统的第一个组成部

分。水渠深 10 米，与流入高原的尼罗河西边的支流深度相同，夏末水位低，8 月中旬洪水泛滥达到顶峰，工匠可能利用水面升高 7 米的时机抬升石块，随后 9 月至 10 月，水位逐渐降低。利用这个天然水利升高系统，胡夫的工匠们满载石块的运输船到达高原基座，通常水位抬升形成高于泛滥平原 4 米的水平面。

262 梅尔在纸草 A 第二部分记录他的工队参与扩大罗-舍·胡夫码头水利抬升系统的一项工作。梅尔组加入另外约 15 个组，"组"是团队的分支组织，总共约 600 人，在一名贵族的监督下，工人们搬移木桩或木柱。这名贵族的名字现已丢失，很可能是安赫-哈夫，纸草 B 第四部分提到他是罗-舍·胡夫的指挥官（他名字前面的头衔是"贵族"），工人们搬移木桩是为了使胡夫码头在胡夫盆地入口处阻挡水回流。当尼罗河水升得足够高时，梅尔及其团队拉出木柱，打开盆地水渠，运输船驶入，在高水位的季节里带回石块。这项工作非常重要，由王子安赫-哈夫亲自指挥。

登陆平台：台阶 I

梅尔多次提到在图拉装载石块，但仅一次提到卸载，采矿工人很可能在港湾装载聚集的石块，梅尔的工人在那里收集装载石块。吉萨很可能也有相应的卸载港湾，石块由拖运队从那里抬运到金字塔跟前。

在舍·胡夫的西端，工人们从岩层中雕刻出一个广阔的平台来完成这个功能，现在称呼它为"台阶Ⅰ"。哈夫拉后来在这个台阶上建造他的山谷庙和斯芬克司神庙，可能以前胡夫建造它以作为水运设施的组成部分。考古发掘出的台阶，微微朝向哈夫拉山谷庙的东边倾斜，高于海平面12.9米，基本上是第四王朝泛滥平原的高度。哈夫拉修建完他的山谷庙之后，又增加了一个用图拉石灰石建造的窄长斜坡，斜坡与神庙大门位于一条直线上，向外出台阶往东延伸。工匠在一个更古老的岩层表面建造这个斜坡，它稍微倾斜的坡面形成一个完美的滑道，运输船停靠在码头，船底宽阔、船体低矮，末端突然缩短，正如在古王国时期的墓室壁画、浮雕和模型中看到的那样，如乌纳斯甬道浮雕描绘的船拖运花岗岩柱子。梅尔把哈乌船和伊姆船（imu-boats）停靠在这个台阶的某个位置，纸草B

[263]

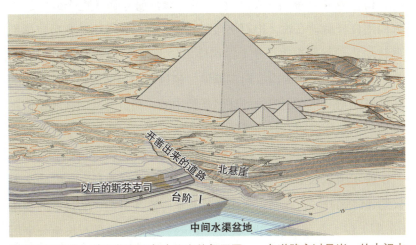

斯芬克司修建之前吉萨高原东边悬崖的复原图。一条道路穿过悬崖，从中间水渠盆地尾部运输材料，并抬高至胡夫大金字塔。台阶沿斯芬克司向东延伸，当时并没有从岩层开采石材。看向西北方向。

提及梅尔的船员乘坐这些载着石块的船进入吉萨。

263 　　这个台阶向南延伸至吉萨中部旱谷的入口，这个入口是高原上莫卡塔姆山脉和玛阿迪山脉之间的切口，直接通向出产胡夫金字塔核心石材的重要采矿区的入口。但是，到达如此远的南边使得梅尔运输图拉石灰石的意义降低（实际上，如果他运输的图拉石块用于建造位置较低的胡夫的甬道和山谷庙，将变得根本没有意义）。后来哈夫拉建造了斯芬克司神庙，在神庙的北边和前面，钻探和考古发掘揭露出台阶 I 的落差超过 12 米，与胡夫金字塔东边悬崖位于一条直线上。随后钻探确认，这个落差很可能是因为在中间水渠盆地中存在一个长期埋在地下的码头，现在则位于音响、灯光舞台和座位以及纳兹莱特·埃斯–塞曼的现代建筑下面。

　　梅尔到达阿赫特·胡夫金字塔工地，船停靠在这个码头，工人们用杠杆撬动石块，把石块搬下船，放在台阶 I 上。然后，他们调转船头，驶回东边，晚上抛锚停靠在柔和暮光照射的舍·胡夫，舍·胡夫在泛滥季向南、向东延伸，越过水渠盆地的边界。他们的船很可能是散布在湖泊里的许多条船中的一条，与从阿斯旺带回花

264 岗岩、从法雍带回石膏和玄武岩，从黎巴嫩带回木材，从三角洲带回牲畜以及从埃及各地带回人口的船停靠在一起。

　　梅尔组以及其他组使用这种方法搬运石块至大金字塔基座下大约 44 米的地方，随后 20 年里，基座一直在升高，它最近的拐角（东南）位于西北方向 500 米处。下一个任务：抬高石块至金字塔建造的位置很可能由另一支工队完成。

直接抬高至胡夫金字塔上

胡夫的石匠切入吉萨的天然悬崖形成台阶 I，留下台阶状的岩石表面。后来哈夫拉的石匠在这个表面切割出一个 U 形沟，保留一个岩心块，他们用这块岩石雕凿出斯芬克司像。从沟里切割出重数十吨的石块，然后移到东边，工匠们在台阶 I 上建造哈夫拉的山谷庙。随着开凿的深入，工匠们使用石块建造斯芬克司神庙。大量采矿和建造活动已经消除了大部分胡夫切割采矿和坡道的痕迹。从中间水渠盆地的末端上升至胡夫金字塔最直接的道路现在变成了一条柏油马路，马路从斯芬克司像前面的现代露天广场（位于被掩埋的古代中间水渠盆地的上面）升高，穿过斯芬克司向北边延伸 50米。道路沿着北边的悬崖，采石工人沿东西向切割天然悬崖，可能沿着一条古代运输斜坡，运送石块到高处的高原上。古代胡夫的石匠开始切割东边悬崖形成一个向上拖运的轨道到达他的金字塔吗？我们并不清楚，采石工人在北边的悬崖切割出许多官员墓葬，他们很可能移除了原本在那里的工人斜坡的痕迹。

事实上，为胡夫金字塔搬运石块的托运工很可能使用连接北边一点的天然悬崖的一条斜坡。1977 年的 1 米等高线地图标示出一个被埋的突出物，悬崖在那里向下延伸至重建的水渠盆地的西北角，突出物穿过悬崖向北延伸，后来可能成为一处古老的斜坡遗存，与被埋的胡夫甬道基座的等高线非常相似。

抬高、轨道以及港口斜坡

265

建筑工人使用两种基本工具抬升石块：斜坡和杠杆，也可能是一组绳子、木头以及石块组合。首先把石头运到胡夫金字塔工地，在斯芬克司东边建造一个斜坡，工人可以把石块拖运到距金字塔基座东南角仅 100 米的地方。如果运行轨道接近现在可见的表面，那

[265]

台阶 I（左），北边岩层，道路向上通到大金字塔东南角（右），以及北悬崖（圆形剧场的切割），位于斯芬克司大采石场北边。从西向西北看去。

[265]

间隔 1 米的轮廓线上突出部分（以黄色突出）从北向南延伸至胡夫金字塔东边悬崖。北边突出部分是胡夫甬道周围的墓葬区。南边突出部分可能是古代道路斜坡的遗迹？绿色突出部分是台阶 I 和现代道路。蓝色突出部分是水渠盆地西末端。

么它应该以一个令人舒适的 5 度倾斜。随后为了把梅尔运输的石块
抬高到金字塔相应的位置，石匠们需要一边建造金字塔，一边放置　　266
石块，所以，胡夫的建筑工人们不得不一边抬高金字塔，一边抬高
他们的坡道。

斜坡前行需要一条足够长的通道来适应实际 6～10 度的实用
斜坡。在从台阶 I 至金字塔东南角之间超过 500 米的距离，高原天
然斜坡形成了一个约 6 度的斜坡。从台阶 I 到金字塔基座 30 米高
处的一个斜坡，高度升高了 44 米，倾斜角度逐渐增加到 8 度 25 分
7 秒。如果斜坡在金字塔基座上抬高 40 米，则斜坡倾斜角度为 9 度
32 分 12 秒。

这个斜坡相当大，粗略估计一下它的体积。在金字塔基座上抬
升 30 米、宽 30 米的斜坡，体积达到 225000 立方米；而在基座上
抬升 40 米的斜坡，体积则达到 300000 立方米。金字塔的供给斜坡
高度与宽度相同，斜坡在底部可能张开，形成一系列堆积层。胡夫
的工人们在斜坡北端用石块（很可能是堆积废料）修筑另一个斜坡
作为胡夫甬道的一个地基，从山谷庙（海平面以上 15 米）至斜坡
顶部（海平面以上 50 米）的斜坡角度仅为 4 度，估计斜坡宽 30 米，
体积为 262500 立方米。

采石场坡道

工人们使用梅尔从图拉运来的那些精美的白色石块建造金字塔

[267]

大金字塔的轮廓图，假定的港口和采石场斜坡复原的轮廓图，斜坡盘旋至金字塔顶点。港口西部修复轮廓图，在胡夫的继任者哈夫拉统治时期，岩层被大量开采，国王哈夫拉使用岩石雕刻斯芬克司像。

的外壳，铺设金字塔的内部走廊、王后墓室以及大走廊。构成金字塔主体的大部分石块，即核心石块是胡夫的工人从南边大采石场运来的。采石场形成一个大型岩石盆地，与金字塔成一条直线，移走了 2760000 立方米的石块，比估计的大金字塔 2590000 立方米的石块多了 170000 立方米。现在无法估量整个采石场的规模,它的南端仍埋在沙里,正对着吉萨中部的旱谷。

从这个采石场北缘至金字塔西南基座上有一条高 30 米的斜坡,长 320 米,实际斜度仅为 7 度多,粗略估计斜坡宽 30 米,体积为 210000 立方米。基座往上大约 30 米高,金字塔就已经接近完成它 267 总量的百分之五十了。如果斜坡在采石场更后面的地方开始,长 100 米,斜度约为 5.5 度,大约宽 30 米,那么估计体积为 270000 立方米。如果工人抬升这个斜坡至金字塔基座上 40 米高,倾斜角度为 7 度,体积则为 327600 立方米。

明显古埃及工匠们设想出了不同规模的斜坡。"阿纳斯塔西 I 纸草"(Papyrus Anastasi I)详细提及斜坡或堤防的具体尺寸:宽 55 腕尺(略少于 29 米),长 730 腕尺(382.5 米),高 60 腕尺(31.44 米)以及一侧斜坡长 15 腕尺(7.86 米)。胡夫的工人可能使用一个港口斜坡以及南边的一个采石斜坡,从东南方向爬上金字塔。

金字塔供给斜坡的结构和框架   270

胡夫金字塔的供给斜坡是由什么建造而成的呢?在吉萨建造金字塔遗留下了大型建筑斜坡和堤防,20 世纪早期大规模的考古发掘出这些遗存,包括陷入沙漠的破损的石灰石断壁。这些墙由不同间隔组成,填满石灰石碎片、石膏以及泥沙,在遗址高原东南部的广大采矿区发现百万立方米的混合物。这些成排的间隔形成堆积

[268]

斯芬克司东边区域的地面，梅尔曾在这里入港，进入大金字塔的基座，现在被现代道路以及哈夫拉金字塔的甬道覆盖，升高约 5 度的和缓坡。从北向西北看去。

[270]

坡道堤防的墙壁，从斯芬克司西边的采石场延伸至大金字塔东边的王后金字塔和马斯塔巴墓葬区。工人用开采的石头和破碎的石灰石，混合沙漠的黏土泥浆，砌出坡道墙。看向西北方向。

[270]

大金字塔西边未完工的墙由大块石灰石砖块垒砌，对面是斜坡码头遗存。巨大石墙位于马斯塔巴西墓葬区的南缘。部分考古发现表明工匠是如何修筑增建坡道，横隔墙和堆积层互相倚靠，如同洋葱表皮。看向西北方向。

层，倾斜的外层沉积着尼罗河的淤泥和沙漠淤泥。这些涂层犹如洋 271
葱表皮，倚靠在一个内核上，形成建造的一侧墙壁（或者金字塔）。
当墙壁或金字塔升高时，建筑工人也升高内核和内部堆积层，并增
加外部堆积层作为支撑阶梯，如同早期阶梯金字塔的内部结构。

这些坡道和堤防规模庞大，结构结实，保留十字镐，可以轻易
被分解为各个组成部分。然后，建筑工人重新利用这些残块建造其
他坡道和堤防，或者留下它们填充采石场。现代早期的考古发掘者
进行过大规模考古活动，但没有发现古代石块，可能被掩埋的坡道
与相似的残迹一起被移走了，导致有时没能辨认出完整的坡道。

这种类型的供给坡道逐渐增高到建筑工人建造整个大金字塔的
五分之一高度处，但是，他们是如何抬升石块建造金字塔剩余部分
的呢？

巨石的挑战

随着建筑工人抬高金字塔接近它的顶点，自然地他们放置的石
块越来越少，从今天的胡夫金字塔也可以看到，越接近顶点核心和
支撑石块越小。原本精美的白色图拉石块的外壳现在已丢失，外壳
缩小，但在哈夫拉金字塔的顶端仍可以看到完整的外壳。

胡夫给他的建筑工人的一个特别挑战是，在金字塔里，移动最
大、最重的石块，并抬高到金字塔总高的三分之一至接近二分之一
之间的高度。安葬胡夫尸身的花岗岩棺椁位于国王墓室里，五个叠

[272]

坎贝尔墓室（Campbell's Chamber），国王墓室上方 5 个减压墓室中最高的一个，西端是山墙石灰石屋顶以及 44 个巨大的花岗岩横梁中的一个，它们共同组成国王墓室的屋顶，并将上方 5 个墓室隔开。山墙上留有红色象形文字，花岗岩横梁上仍保留着红色横线，胡夫的工匠们建造这些墓室时，绘制了它们。

涩减压墓室在它上方，位于金字塔基座上方 43～66 米处。44 个巨大花岗岩石梁，总重 2000 吨，组成国王墓室的屋顶，同时也分割上方的五个墓室。胡夫的工人们需要抬高、放置国王墓室的墙壁和地板的 1100 立方米、约 3307 吨的花岗岩石块到这个高度。最大的花岗岩横梁估重 70 吨，我们并不清楚 22 个（或者可能 24 个）石灰石横梁的厚度，它们被插入 11 对山墙里，形成最高的减压墓室"坎贝尔墓室"的屋顶。我们也不清楚上部是否存在另一个山墙横梁，如同第五和第六王朝金字塔墓室入口处上面通向下行通道的那

272

些横梁，皮特里曾丈量出山墙入口的横梁厚 0.84 米，每个横梁重约 25 吨。

移动 44 个花岗岩和 22 个（可能 24 个）石灰石巨石到金字塔上方 49～60 米处需要一条笔直的道路，480～800 名工人在斜坡上。沿着斜坡移动如此重的东西，在被拖出 48～80 米后，托运工人甚至会站成 4～8 排，对他们来说，在拐角处拖拉货物是艰难的。拖运工不得不在台阶 I 南端卸下这些石块，沿着采石场南边拖运它们，直接拉上采石场的斜坡到金字塔基座的西南角。

环绕式堆积坡道

巨大花岗岩和石灰石横梁到达基座后，胡夫的工匠们需要另一条笔直斜坡将它们抬升至金字塔上 30～40 米的高度。一旦到达这个高度，他们可以移动整块石头穿过棱锥台顶部，到达墓室里原定计划的位置。

建造者可能在金字塔的西南角通过增高的方式，从金字塔西侧一个堆积层（通常由间隔和垃圾堆组成）地面向上抬高道路，如同升高金字塔一样。额外的台阶状堆积支撑这个堆积层，堆积层从底部扩大。在金字塔基座西南角上 40 米处这个堆积斜坡可能向北延续 250 米，倾斜角度为 7 度 44 分 1 秒，高度至基座西北角上 74 米处。这样不仅能拖拉横梁穿过建筑结构中心，更可以拖拉坎贝尔墓室屋顶的横梁，一群托运工人把最上边那块石头放到要求放置的高度。

273

　　当金字塔升高时，堆积斜坡，例如这个围绕金字塔的斜坡的倾斜角度可能逐渐增加，形成一条狭窄的道路。从地面向上修建堆积层围绕金字塔四周的道路，抬升坡道至30～40米高，堆积层的体积达到金字塔本身的百分之五十。如果加上港口斜坡、采矿斜坡、西边堆积斜坡以及它较低的支撑堆积，我们总共需要2271557立方米的石块，达到大金字塔体量的百分之八十六，超过从南边采石场获得石材体积的百分之八十二（即2760000立方米）。那么，胡夫的工人们从哪里能够获得如此多的石材呢？似乎他们需要另一种斜坡抬石块和升高金字塔。

橇和陡峭的腿——螺旋形坡道

　　在金字塔升高时，工人们在金字塔倾斜表面上可能建造整个斜坡吗？还是在地面上建造整个斜坡呢？前者将省下大量原料。为了回答这个问题，我们需要观察石匠们完成几乎到达顶点的建筑以及工人们从上向下移走斜坡时，他们是如何修饰金字塔外壳表面的。胡夫王后金字塔底部未完成的外壳说明建造者放置图拉石块作外壳时，大小远超过金字塔表面最后一个平面。放置每层外壳石块时，
275　他们会轻轻凿出线条，每块石头与每层外壳顶部在金字塔倾斜表面相交汇。他们再把每块石头外表多余部分斜向削成斜角，从而使其位于金字塔预期的平面相交的点上。

　　磨平留在外壳石块表面的额外部分之前，突出部分足够支撑金

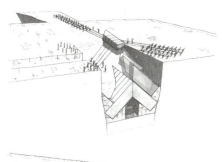

[274]

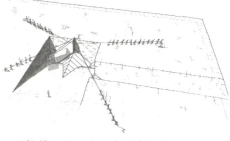

胡夫王后金字塔 G1-c 基座的外壳石头。工匠停止从上往下打磨外壳，留下多余未打磨的石头。多余未打磨的石头在这里凸出，比打磨的部分多出半米左右。

工人拉着 V 形石头，穿过金字塔，拉低到第五、六王朝的金字塔墓室上形成山墙拱顶。这些后来的金字塔墓室接近于地平面。胡夫的这种设计也经受住了考验，王后墓室和坎贝尔墓室修建的山墙拱顶分别高于金字塔基座 21.19 米和 64 米。

[274]

大金字塔陡峭的坡面。未打磨外壳上多余的石头（这里消失）是否能够支撑金字塔如此陡峭的坡面呢？沿着南边向东看去。

字塔的倾斜表面吗？如果石匠留下同王后金字塔基座相同大小的额外部分，即 50～80 厘米，那么，在大金字塔外壳石块上或者在向外延伸的台阶或壁架某些间隔上，挑选固定在金字塔里的线路足以支撑环绕斜坡的结实挡土墙。或许错角铺设金字塔表面的外壳石块可以容纳抬高的斜坡。或者在横向线路间隔里的那些石块更加向外突出，与斜坡挡土墙的基座位于一个水平面，这些线路呈台阶式上升，路基随着斜坡螺旋式上升，顶部的功能斜坡也在上升。

　　如果建造者沿着金字塔西侧外壳突出的石块延伸斜坡，顶部的路基可能倾斜六分之一塞克德（Seked，古埃及语，延伸升高形成斜坡的比例单位），将近 9.5 度，延伸 154 米，到达金字塔基座上方 75 米处。拖运工人可以从斜坡上移动石块，穿过坎贝尔墓室的屋梁。与堆积斜坡相比，减少斜坡顶部和路基的宽度将大大节约材料。基座上的金字塔升高超过这个高度（75 米）时，不得不增加斜坡坡度，螺旋坡度变窄，金字塔也变窄，几乎接近金字塔顶端时，斜坡消失了。在接近顶部的最后 10 米，建造者可能使用 A 形框架形成陡峭的腿儿，与模型、浮雕和彩绘壁画表现的古王国时期船的人字桅杆相似。工人们站在未被加工过的道路台阶上，可以向上拖拉绑着绳子的石块，绳子向上越过框架腿儿的顶部获得机械力，建造过程中，随着台阶向上抬升石块形成道路。他们也会使用杠杆，堆积逐渐抬高的石块，然后推进到需要的位置上。从南边采石场到金字塔供给斜坡，建筑在金字塔斜坡上的螺旋形坡道体积可能仅为 110000 立方米，少于金字塔体积的百分之五。

276　　重点是在金字塔 52 度倾斜表面上是否能够支撑所有坡道，甚

工匠留在坎贝尔墓室南天花板横梁上的涂鸦，意思是"胡夫的朋友"。 [276]

至突出外壳的石块是否能够支撑那些重达 10 吨的巨石、爬橇以及上百名拖运工。为此，胡夫的建造者们可能投入时间、精力和原料，沿着金字塔西边建造堆积坡道。地面上建筑的关键步骤是抬起重石块至基座上方 75 米处以及基座上方各种高度处，有时是高达 136 米的螺旋形坡道。他们可能从建造的台阶Ⅰ、南边采石场的延伸区域以及中心旱谷玛阿迪山脉的小丘格贝尔·埃尔-齐布里获得需要的废料，主要是开采、获得破碎的石块和黏土建造坡道及堤岸，而不是为了获得石块。

工队及其涂鸦

埃尔-扎夫旱谷纸草告诉我们建造大金字塔过程中各种重要的直接和间接活动，如拖拉和运输石块，记录、维持和使用水利运输设施，但这些纸草没有告诉我们金字塔的建造者是如何把石块抬到金字塔更高处的。搬运石块的工队在国王墓室上边的减压墓室墙壁上留下他们名字的涂鸦，类似埃尔-扎夫旱谷凿入岩层封闭仓库的石块上标记工队名字的符号。

277　　　　一支吉萨的工队把他们的名字与神名相结合，"库努姆-库夫"（Khnum-Khuf，库努姆神保护之人），他们在减压墓室北边10个叠涩石块上留下涂鸦，另一支工队把他们的名字书写在南壁7个石块上，他们的名字与国王的荷鲁斯名相结合，"荷鲁斯-麦杰杜"（Horus-Medjedu，荷鲁斯摧毁）。而且，工队名字的分布情况表明，两支工队彼此竞争，南边工队完整的名字是"两片土地的洁净者荷鲁斯-麦杰杜"，北边工队的名字是"胡夫强有力的白冠的追随者"（与埃尔-扎夫旱谷一支工队的名字相同，"胡夫强有力的白冠护航队"）。第三支工队的名字为"胡夫的朋友（或者陪伴者）"，在南边天花板一个横梁上出现两次。

在减压墓室长长的北壁和南壁的花岗岩、石灰岩上出现涂鸦，这些涂鸦很可能是运输墓室花岗岩巨石和石灰石块的那些人留下的，并非开采石块的那些人留下的，两批人来源不同。这些特别的工队很可能比埃尔-扎夫旱谷纸草提到的运输船船员早几年工作。记录船员活动的纸草包括一个日期，接近胡夫统治末期，当时他们建造墓室所用的那些石块以及墓室已经完全嵌入完工的金字塔里。但是，船员们的名字"胡夫强有力的白冠的追随者"以及"荷鲁斯-麦杰杜的洁净者"，与航海船无关。船员们运输石块，包括花岗岩和石灰岩，从地面石堆抬到高原上需要的地方。他们拖拉巨大石块，沿着倾斜坡道向上，穿过未完工的金字塔建筑，建造减压墓室。

梅尔和他搬运石块那年

胡夫在位的倒数第二年（第26～27年），梅尔和他的工人运输精美的图拉石灰石到大金字塔，这类石块不可能被抬进金字塔作外壳。随着金字塔升高，工人们从下向上放置外壳石块，可能从上而下移走覆盖在金字塔表面的坡道和堤岸，并削凿外壳石块。哈夫拉和孟卡拉金字塔建筑群未完工的部分，山谷庙和较低甬道是金字塔建筑群最后主要建造的部分。只能通过山谷庙进入金字塔入口，沿着长长的甬道向上。当时胡夫金字塔建筑群这些地势较低的部分可能还在有条不紊地进行收尾工作，梅尔见证了它们的建造。 278

如果梅尔和他的工人运输石材建造胡夫地势较低的甬道和山谷庙，他们不是在台阶Ⅰ上卸载石块。他们从图拉北部出发，航行穿过罗-舍·胡夫，即胡夫湖泊的入口，向右（北）转，进入舍·阿赫特·胡夫，即国王山谷庙前面的金字塔（胡夫的地平线）盆地。如果他们从图拉南部到达的话，可能直接向北穿过湖泊，进入舍·阿赫特·胡夫。

胡夫去世时，他的金字塔建筑群所有的主体部分，包括山谷庙基本上已经完成。雕凿地下墓室艰难，需要进入金字塔地上部分下面的岩层深处，所以没有完成，工人们可能在工程期间放弃了这项任务。金字塔东侧和西侧的马斯塔巴墓也没有完工。梅尔运输的一些图拉石灰石可能用于建造马斯塔巴墓吗？或者胡夫只是把马斯塔巴墓葬区的核心部分留给他的大臣，资助他们修造和装饰祠堂吗？

南边两个船坑的东侧，从下看到仍然留存的石板。这些石板很可能由运送到大金字塔的最后一批图拉石灰石建造。

　　胡夫工程的最后阶段仍需要梅尔和他的工人从图拉北部和图拉南部带回精美坚硬的白色石灰石完成金字塔其余部分吗？建造者也需要大块横梁做屋顶，并封住金字塔南边的长方形坑，坑里是用雪松制作的三桅帆船，用于胡夫的葬礼。1954 年，埃及考古学家移除覆盖在东边坑上的巨大石灰石板，坑里保存着被拆解的胡夫的雪松太阳船，后来船被复原，在上面发现了建造者的涂鸦，以及胡夫继任者杰德夫拉的 18 个王名，这些涂鸦说明这位国王打算把他的前任安葬在他建造的宏伟的金字塔里。杰德夫拉的王名构成另一个工队名字的一部分，简短的"杰德夫拉是统治者"恰好说明他是新继任者，长版名字译为"科普泰特（Coptite）诺姆工队'拉杰德夫（Radjedef）是统治者'"。

2015 年，日本考古队员从胡夫金字塔南边船坑里抬出太阳船的盖板，坑里还保存有船的残骸，在两个工作阶段他们记录的涂鸦。较新的涂鸦书写在较早的涂鸦和符号上面，粗糙的更古老表面上的涂鸦和符号与平滑的较新表面上的涂鸦和符号位置不同。更古老表面上的涂鸦主要在石块末端，石块的侧边、顶部和底部更多为较新的平滑表面。石匠并排放置石块盖住船坑，形成了这样的表面。

更古老表面上的符号标记出石块的目的地，即"金字塔""地平线的金字塔""神庙"，石块从采石场被带到那里。一些符号可能也提示从采石场带回石块的那群人，这很可能是梅尔在他的日记里记录的一项重要的团队工作。标志群体的符号非常简单，用单个象形文字符号，如"生命""供品""美丽""伟大"。"伟大"可能意

279

280

[280]

胡夫金字塔南侧西边船坑上的石盖板表面涂有日期：泛滥季第一个月第 14 天。

味着"年长"或"成熟"，这可能是梅尔组的名字。更多情况下，符号对应一个团队的分支和组成单元。

在更新、更平滑的覆盖石板的顶部、底部和西侧表面上，可以读出"围墙""船""航行"等符号，这些被认为是标记石头从吉萨储藏区被搬运到船坑的过程。负责这项搬运工作的工队的名字结合了杰德夫拉的王名，还有其他工队的名字："两个瓦斯权杖""奈杰鲁（Netjeru）工队的追随者"，一个日本学者把工队的名字读作"胡夫的追随者"，与胡夫的王名书写在一起。如果这个读法正确的话，它与在坎贝尔墓室山墙屋梁上发现的工队的名字相同。以胡夫名字命名的工队出现在更古老的石板表面，而以杰德夫拉名字命名的工队出现在更新的表面似乎是合理的，但实际情况是两个王名都出现在第二阶段的表面上，这意味着在胡夫统治时期工人们就已经开始把石块切割成大小合适的尺寸，并把它们横放在坑里。胡夫的工队，包括梅尔组，可能运输这些石块。

日本考古队在更古老的石板表面上发现了四个明确的日期，"第14次统计之年，收获季第一个月"。常规两年一次的牲口统计确定这个日期是胡夫在位的第 28～29 年，即他统治的最后一年。较新的石板表面上出现胡夫和杰德夫拉工队的名字，因此我们可以得出结论，胡夫的工队从卸货站，很可能是台阶Ⅰ，开始拖运石头到南边的船坑，工匠在坑上削凿石块，并排放置它们。这种转运和削凿石块的工作很可能从杰德夫拉统治的第一年开始，并持续进行。

当然，我们不了解胡夫去世的情况。或许皇室成员和近臣在胡夫统治最后一年的某个时候认识到他的死亡将近，开始为胡夫准备丧葬用品，包括两条木船。一旦它们（木船）完成宗教仪式，它们就会被拆解，存放在船坑里。将这个与埃尔-扎夫旱谷纸草记录的日期相配合考虑是有趣的。正如皮埃尔所说，这些纸草的内容很可能是在一年里全部书写出来的，从胡夫第13次统计之后那年的7月到下一个夏天，即第14次统计之年伊始，国王当时很可能已经去世了。在胡夫统治的最后一年，梅尔和他的工队在图拉至吉萨、三角洲以及埃尔-扎夫旱谷至西奈完成他们的工作，在进入第14次统计之年后国王很可能还活了一段时间。

大金字塔完工后，金字塔的长甬道、山谷庙成为胡夫的行政管理中心，那里已经忙得不可开交，梅尔为在宫殿里生活的国王服务，为在神庙里的国王灵魂的安康服务。庞大的抬石坡道已被移走，垃圾倾倒进南边的采石场。接下来一年，梅尔和他信赖的工队在埃尔-扎夫旱谷工作时，国王去世了。梅尔和他的组去往埃尔-扎夫旱谷之前，他们从图拉搬运最后一批石块，可能抬升这些石块到斜坡定点的距离与从台阶沿着类似现代道路的向上小径到胡夫南边船坑的距离差不多。

梅尔在国王活着的时候，在"安胡·胡夫"国王的宫殿和山谷庙里为国王服务，在梅尔返回吉萨时，他可能为安眠于金字塔"阿赫特·胡夫"（胡夫的地平线，他随着太阳升起和落下）里的去世的国王献上祈祷和供品。我们最高兴的是，梅尔把他的日记留在了一个利于保存纸草的地方——埃尔-扎夫旱谷。

第六部分

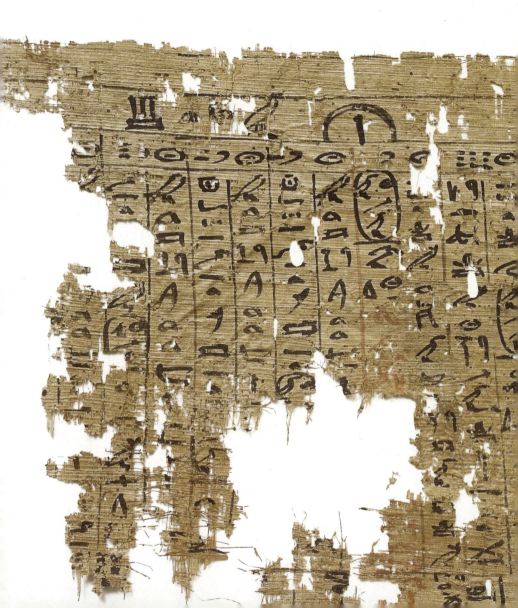

遗产

第十五章
金字塔何以缔造一个统一国家

中央政府的证据：吉萨工匠村泥制印章残块，王室官员的滚印。（见第298-300页）

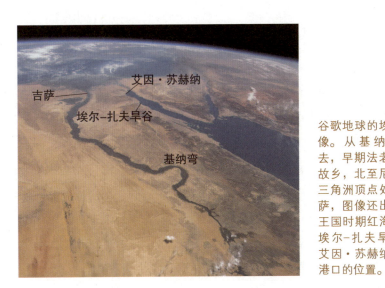

[285]

谷歌地球的埃及图像。从基纳弯看去，早期法老们的故乡，北至尼罗河三角洲顶点处的吉萨，图像还出现古王国时期红海沿岸埃尔-扎夫旱谷和艾因·苏赫纳旱谷港口的位置。

　　埃尔-扎夫旱谷纸草为我们提供了难能可贵的深入探讨一个令　　285
人着迷的问题的机会：金字塔如何塑造古埃及文明？换言之，金字塔何以缔造一个统一的埃及国家？在建造金字塔的过程中，古王国早期的统治者完成对他们自己国家的控制，主要在中埃及和三角洲地区，从而能够供养王室工程。他们调动劳工来到工地，实现从诺姆征募来的人员的社会化，建立机构，教育年轻书吏，创建官僚体系，正如梅尔做的那样，记录工作的实施。无论这些行动是有意还是无意，结果是，埃及形成一个统一的领土国家，独特的地理环境和埃及早期的历史有助于我们理解这个过程。

内部控制

古王国时期的埃及人口估计约 110 万，今天埃及的人口为 1.1
亿，埃及人主要集中居住在两个区域：一个在南边基纳弯处，尼罗
河在希拉康波利斯（Hierakonpolis）和阿拜多斯（Abydos）之间形
成向东的巨大转弯，人口主要集中在南边的现代城市卢克索（古代
的底比斯）和北边的基纳之间。另一个在北边的首都区域，从法雍
绿洲入口至三角洲顶点之间，尼罗河谷逐渐变窄到小于 3 公里的宽
度，金字塔沿着西部沙漠高地排列。在 3000 多年的时间里（前王
朝时期、中王国早期和新王国早期），埃及文明在基纳弯三次出现，
向北延伸至三角洲地区，统一上埃及（南边）和下埃及（北边）"两
片土地"，在接近三角洲顶点处建立首都。

当第三王朝的国王乔赛尔和第四王朝伊始的国王斯奈夫鲁建
造第一批庞大的金字塔时，他们管理大片洪水泛滥盆地，扩大农业
生产，在上下埃及建立行政管理区，后来的埃及学家称为"诺姆"，
每个诺姆都有自己的徽标或象征。在中埃及（有时作为上埃及的一
部分）和三角洲的广阔绿色河谷地区，王室开垦新土地，建立新村
庄。土地充足且获取便利，需要更多人口开垦，并饲养牲畜。所
以，埃及统治者劫掠周边地区，掳掠人口，把他们安置在新农场和
牧场里，支持金字塔修建工程。

在阿布·辛贝的北部，努比亚的霍尔·埃尔-阿奎巴（Khor el-
Aquiba），上埃及第 17 诺姆的长官哈巴乌巴特（Khabaubat）在石头
上写下一篇铭文，记录他率领 2 万军队袭击瓦瓦特（Wawat），努

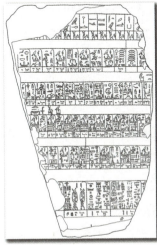

斯奈夫鲁王室庄园分布和第三王朝纪念建筑位置对比图。第三王朝的纪念建筑集中在基纳弯以及三角洲顶点以南狭窄的尼罗河谷地区,然而王室庄园则分布在中埃及宽阔的河谷和三角洲地区。

[287]

尼罗河

苏伊士湾

• 第三王朝的定居区
  和墓葬区
■ 国王斯奈夫鲁的庄园

帕勒莫石碑的正面,以及最底层(第六行)的放大图,记录斯奈夫鲁在位第三年抓获努比亚人和牲口,建立新的王室庄园和新的宫殿。

[287]

比亚的一个诺姆。在同一地方的另一篇铭文里，"东［三角洲］诺姆北部"的一名长官扎乌伊比（Zauib）讲述他如何抓获 1 万 7 千名努比亚人。可能这些官员掳掠人口来扩充国王斯奈夫鲁的劳工。在帕勒莫石碑的年表中，一条记录斯奈夫鲁的一个统计之年的大事，"袭击努比亚人，带回 7 千名男女俘虏，20 万只绵羊和山羊，建造南北土地的围墙，'斯奈夫鲁的房屋'"。在下一个统计之年，年表提到"为人口［以及］122 个牲畜农场开垦 35 片土地"。下一个是斯奈夫鲁第 8 个统计之年，"建造（建筑）'斯奈夫鲁，高高的白冠'，南门基座（？），（以及建筑）'斯奈夫鲁，高高的红冠'，北门基座（？），以松木建造王室宫殿的大门，第 8 次统计"。这些是连续的统计年，通常两年一次，斯奈夫鲁当时从梅杜姆转移到代赫舒尔，开启新的王室墓地，继续他的金字塔建造工程。

288　　因此，掳掠人口和内部扩张与建造金字塔相辅相成，但是，被掳掠的人口并不是奴隶，王室将他们融入埃及的社会和经济之中。埃及文字却把这些人命名为"奴隶"（我们翻译），但是他们仍然享有自由人的许多法律权利。新王国时期，或许也在古王国时期，奴隶可能是神庙工作人员，他们协助建筑工程，获得社会地位的升迁，通过劳动得到比其他埃及人更多的自由。

　　在代赫舒尔斯奈夫鲁的弯曲金字塔紧连的山谷庙里，斯奈夫鲁的庄园被拟人化为手持供品的女性形象，她们的名字分别为"斯奈夫鲁的欢乐""斯奈夫鲁的舞者""斯奈夫鲁的道路""斯奈夫鲁是丰美的牧场"以及"斯奈夫鲁的乳娘"。斯奈夫鲁按照诺姆组合庄园，5 个庄园位于中埃及的第 16 诺姆。麦纳特·斯奈夫鲁（"斯奈夫鲁的乳娘"）和麦纳特·胡夫（"胡夫的乳娘"）可能是同一个庄园，很可能位于贝尼·哈桑（Beni Hassan）南部旱谷入口的那个诺姆。国王赐予当地统治者权力，让其照看他的庄园，后来他们开始模仿吉萨的大型马斯塔巴墓，建造他们自己的马斯塔巴墓。

早期国王在中埃及和三角洲扩张的目的是建立朝向埃及中心他们金字塔建造工程的产品运输系统。无论结果是有意还是无意的，同时出现与之相反的趋势，诺姆的离心力在发展，诺姆凭借自身力量成为国中之国，出现当地的统治者和都城城邑。这两个过程巩固了两片土地，促使统一的领土国家的形成。埃尔-扎夫旱谷纸草 H 揭示胡夫行政管理的情况，中央政府从三角洲西部的鱼叉诺姆和三角洲东部的海豚诺姆轮流运输供给梅尔工队的食物和其他奖赏。埃及不同诺姆之间的协调合作很可能有利于统一国家的形成。

流动性

王室如何在整片埃及土地上迁移人口建造胡夫的大金字塔呢？国家凌驾于现存的家族、家庭和村庄的社会结构，或者与之并存吗？正如埃尔-扎夫旱谷纸草所见，关键术语 za，埃及学家翻译为"团"，对应希腊人的"宗族"。象形文字符号 za 为一个绳子被打成一系列的结，形成一个牲口束缚带。束缚带把一些动物的腿绑在一起，使得它们不得不朝一个方向移动，从而被控制。"za"的意思可能是"保护"，在埃尔-扎夫旱谷纸草之前，这个术语指不同

289

[289]

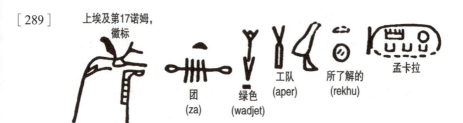

上埃及第17诺姆，
徽标

团
(za)

绿色
(wadjet)

工队
(aper)

所了解的
(rekhu)

孟卡拉

孟卡拉金字塔神庙上建筑工人留下的涂鸦，提到工队的名字"孟卡拉所了解之人"，宗族"绿色"以及上埃及第17诺姆的标志。

[289]

宗族 za 的象形文字符号，8 到 10 个环形缠绕的绳子，组成"拴着脚的牲口"。

在吉萨，祭司卡-埃姆-奈弗瑞特（Ka-em-nefret）墓葬浮雕壁画中，两个小牛脚被绑起来，构成象形文字符号宗族 za，"拴着脚的牲口"。

时期那些轮流在建造工程和神庙服务的劳工，在阿布西尔纸草也可以看到这层意思。梅尔开始他的许多工作时，"监督者梅尔与他的'团'在一起"。埃尔-扎夫旱谷纸草和凿入岩层的封闭仓库的石块上发现的涂鸦的内容清楚地说明"团"组成一个"工队"。

1906—1907 年，乔治·莱斯纳考古发现了孟卡拉的金字塔，孟卡拉是第三位在吉萨建造金字塔上庙的国王，他发现建造工队在未完工的由数吨石灰石块组成的墙上留下的涂鸦。在所有古王国时期建造者留下的涂鸦中，这些涂鸦却是一个劳工组织的最完整表述，年代恰好与孟卡拉山谷庙下面吉萨高原底部的海特·埃尔–古拉布最后被占据的时间一致。在每一个涂鸦里，一个"团"的名字跟随一个工队的名字。在神庙南侧，2 个涂鸦符号组成一支工队的名字，"孟卡拉的朋友们"。在神庙北侧，13 个符号组成另一支工队的名字，"孟卡拉所了解之人"。

这些工人涂鸦末尾的象形文字符号是"部分"，即划分为更小的小组和家庭，或仅以家庭为单位的小组。大多数"部分"的象形文字符号都带有积极的意思，如"强壮的""首次""贵族""升迁"，可以看作对工人及其工作的赞扬。一些"部分"符号，如 10、16和 17 与上埃及诺姆的徽标相配合。从地理位置来看，这些诺姆位于中埃及，传统文献和考古材料表明第四王朝金字塔的修筑者建造　290
了庄园。这些涂鸦也有表示下埃及第 3 和第 15 诺姆的符号。梅尔组可能来自下埃及的第 2 诺姆，这个诺姆靠近尼罗河三角洲的顶点，尼罗河在那里开始分叉，与纸草 A 中书吏在每日条目下面水平空白处为这个诺姆增加的徽标相同。

后来古王国时期（第六王朝）的王室法令提到为科普特斯城镇征募劳工的机制，"金字塔城镇的监督者"、"科普泰特的所有首领"、"上埃及组的监督者"以及"科普特斯诺姆家庭"，王室通过国家网络征召劳工，经过诺姆、村庄、庄园、家族以及家庭各层下　291
达。在上埃及第 3 诺姆北境靠近"两座山"的地方发现格贝林纸草（Gebelein Papyri），我们从中了解到国家的官僚体制。

格贝林纸草年代可能为孟卡拉统治时期，恰好与海特·埃尔–古拉布遗址主要阶段的遗存的年代相一致，在这位国王未完工的上

[290]

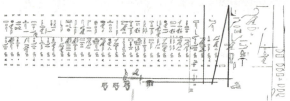

格贝林纸草，一个木盒子里的 5 卷纸草，记录一个名叫"两块岩石"或"两座山"的村子的村民生活。统计数据部分被写在盒子盖上，内容说明政府已经渗透进乡村，掌握各行各业人们的活动，包括年轻的新兵，这些人可能为王室工程工作，如金字塔修建工程。文献年代推测为第四王朝，大概在孟卡拉统治时期。

庙中发现工队的涂鸦。一个庄园由两个村庄组成，格贝林纸草列举出 300 类不同职业的人，包括面包师、酿酒师、工匠、造船师、水手和桨手、石匠、冶金师、仓库管理者、狩猎者、牧民、谷物称量人、仓库护卫以及年轻的新兵。为什么要制作这些村民清单呢？或许是为远征而征调劳工，或许是为修造国王的金字塔。格贝林纸草的内容采用表格形式，类似第五王朝至第六王朝早期的阿布西尔纸草统计奈弗尔瑞卡拉-卡凯金字塔神庙的情况，这些纸草的内容反映出记录物品和人口跨区域流通的行政管理观念。从埃尔-扎夫旱谷纸草我们可以看到现在已知最早表达这种行政管理思维和招募劳工的组织体系，而不单单是修造大金字塔活动本身。

体制化

海特·埃尔-古拉布遗址的街道网络是一个原始早熟的行政管理组织，容纳成员经常改变的人员，如同现代的学校、宾馆、医院、监狱和兵营。街道网络可容纳差不多35年至50年稳定征召的劳工，它比最近在代赫舒尔的斯奈夫鲁金字塔边缘和红海岸边港口发现的仓库和兵营规模更大、更系统。海特·埃尔-古拉布遗址街道包括类似埃尔-扎夫旱谷区域5由干燥石块构筑的大型梳齿状建筑。

行政管理建筑，如上边列举的那些现代机构，改变了生活在常规建筑，如房屋、神庙以及神殿里那些居住者和参观者的相对位置。拥有、控制建筑的那些人占有更加深入、更加封闭的空间，他们在更正面、较少封闭、开放并流通的空间里接见参观者。房屋所有者拥有私人卧室、浴室和厨房，在客厅和起居室会见客人。而在行政管理建筑里，"参观者"（客人、学生、病人、罪犯、士兵）占有更深入、封闭的空间单元（囚室和教室），"居民"（守卫者、教师、宾馆工作人员等）则控制出入和流通。

整个街道网络如同行政管理建筑，每个单独的街区通常由单个房屋（一般宽与长的比例是1∶7）建筑扩大而成（虽然没有构成社会）。远离通向更加开放的公共空间的轴线入口，房屋内部更

292

293

[292]

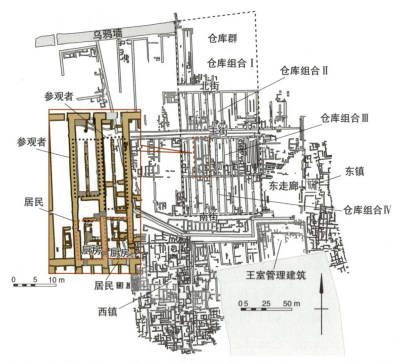

吉萨地区的仓库被压缩为工队的住所。修建金字塔的工匠们居住在这种房子里，包括前面为轮转的部队服务的开放区域以及后面更加私人化的住宅区域。空间长宽比为 7：1，并不断复制，为大量人群提供住所。整个房屋是一种公共建筑，居民在那里控制通道以及更大更开放的循环空间，但实际上居住在东西城镇的附属区域。

私人化的家庭空间在后面，准备食物的空间也在后面。通常这种大型管理建筑的服务人员和管理者生活在次要建筑里，具有居住者和参观者的传统关系。在海特·埃尔-古拉布遗址中，居住区域位于"东镇"和"西镇"。我们可以想象，这种街道网络的生活体验完全不同于家乡村庄和邻里的日常生活。

社会化

　　根据阿布西尔纸草记录的为神庙轮流服务的团队的数量，我们推断出轮流生活在街道网络的劳工的数量，在完成王室建筑项目后，他们返回家。可能在 12 月至来年 3 月间，梅尔和他的工人返回家，享受休息时光，文献内容没有提到这个时段。

　　对大多数那时的埃及人而言，家在小村庄里，而更大的定居点和城镇中的人口可以与近几个世纪的村庄媲美。我们可以想象，古王国早期的埃及人居住在由道路组织连接的村庄房子里，道路按照当地的规则规划，如亲属关系、道路距离、靠近水井和其他资源。

　　年轻人和他们的家人可能一起睡在村庄的小房子里，但是，街道网络很可能与这种家不同。征召的劳工晚上一起在街道房屋里，首领在每个仓库后面的住宅区拥有一间房屋，这样的拥挤和系统化很可能压抑个人思想。拥挤也导致统一政治群体的形成，如军队和体育队。考古学家玛丽·舍普森（Mary Shepperson）在她早期关于美索不达米亚建筑的研究论著《早期城市的阳光和阴影》（*Sunlight and Shade in the First Cities*）中指出："建筑和城市……人们不仅可以观察其结构，也能够观察到它是如何建造的。"

　　工队成员一起睡觉、吃饭、活动和工作，如同象形文字符号"拴着脚的牲口"表示的那样。通过观察孟卡拉金字塔上一些未完工的花岗岩外壳，我们可以想象工队在拖拉数吨巨石时，唱着同一首调子，有规律地用重锤敲打石头，在上面涂鸦。新王国时期的工

[294]

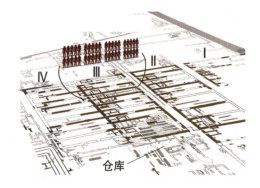

团组、工队和房屋的容纳量。每个房屋宽 4.5～4.8 米，长 55 米（第一组）或 34.5 米（第二～四组），可以容纳一个组居住，四个街区（房屋第一～四组）可以容纳四个组的两支工队或全体成员居住。

[294]

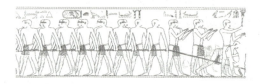

一队人拉着绳子托运石头，石头实际上是第五王朝萨胡拉金字塔上的压顶石。萨胡拉金字塔建筑群甬道上浮雕的线条图。

[294]

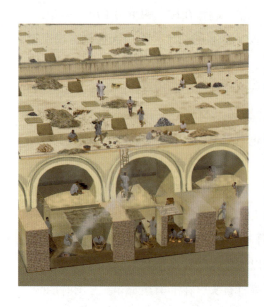

吉萨居住区屋顶上的生活。在拱形屋顶上增加梯子，工匠可以在每个房屋上面建造一个宽敞、平坦的平台，人们可以露天休息，饲养牲口，储藏用于做饭的木材、芦苇和木炭。厨师在类似小厨房的后屋里为每支工队准备食物。埃尔-扎夫旱谷发现水罐以及其他生活用品，上面标注工队的名字，这说明工队随身携带他们的用具。居住区之外的地方也会为居民提供另外的各种面包和食物加工用具。

人们在阿斯旺花岗岩方尖碑采石场留下的痕迹也帮助我们想象古王国时期工队工人统一工作和吟唱的场景。采石工人们在那里用重锤敲碎、雕凿花岗岩表面，雕刻越来越深，形成方尖碑的轮廓。他们的锤击和吟唱是同步的，整支工队变成了一支管弦乐队，人则成了切割石头的机器。研究阿斯旺方尖碑的瑞吉纳德·恩格尔巴赫（Reginald Engelbach）引用他那个时代（20 世纪 20 年代）的一首工作歌做类比，在歌里，领唱喊出"猛击！你们，男孩们！你们怎么了？"声音和行动也增强了集体的力量。恩格尔巴赫认为大约 200 名工人建造了这座巨大的未完工的方尖碑（130 名锤击工和其他辅助人员），轮流工作实现效率的最大化。可以把建造金字塔想象成一群相似的舞者和合唱队表演着各种管弦曲目的剧场。

劳动之后，征召的劳工可能在吉萨街道房屋宽阔的屋顶平台上体验更多自由活动，房屋屋顶为凸出的拱顶。值得注意的是，一个房屋通向另一个房屋的内部横向的门只能在监督者住宅的后面被发现。在屋顶上不同村庄和诺姆的人们可以互动交流，在开阔环境下休息，欣赏日落和黄昏，观看星星，观察月亮移动，根据月历安排宴会时间，为宴会带来特别分配的肉类（未宰杀就带到吉萨）。他们在屋顶上摆脱了街道网络的空间限制。

这是专制统治者把个体塞进一个拥挤的地方，共同呼吸、呐喊和感受的最早的一个例子。参与这个"塞尔西·B. 德维尔史诗"（Cecil B.Demille epic）的所有人可能是官方的集体行动者，在他们返回家乡村庄后，邻里关系就发生了改变，他们被灌输了一种国家认同感。

296

经济规模的集约化

如果大量人口连续数日挤在一个大型建筑之中，那么，就需要房屋、大型厨房以及食物加工厂来供给他们。金字塔修建者是如何实现这个供给的呢？从前王朝时期开始，古埃及人就增大生产规模，超越家庭生产，例如，在新兴的城市希拉康波利斯，酿造的酒

[296]

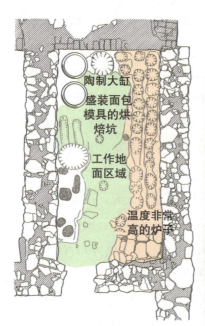

海特·埃尔-古拉布遗址面包烘焙区示意图。绿色区域是工作间，粉色区域是像鸡蛋壳一样的烘焙坑，承托钟形的贝杰阿锅的锅底，在锅里，金字塔工匠们烘焙一种圆锥形面包。

图中标注：
- 陶制大缸
- 盛装面包模具的烘焙坑
- 工作地面区域
- 温度非常高的炉牵

贝杰阿锅。另一个锅颠倒过来做锅盖。

远超过家庭需求，但远没有达到供给修建大金字塔所有人的规模。我们观察海特·埃尔–古拉布遗址烘焙面包的设备，了解其操作过程。

那里的人们在大型露天围墙里，以工业化规模，使用贝杰阿锅烘焙面包。我们在各种生产面包的设备里发现的面包数量远超过一个家庭的消耗量。金字塔建造者通过成倍的扩大、复制基本家庭生产模式来实现生产的集约化，并且进一步扩大国内系统。甚至从单个面包模具大小来看，海特·埃尔–古拉布的面包烘焙远超过家庭规模。

297

官僚化

发现和翻译埃尔–扎夫旱谷纸草后，我们知道一个由 40 人组成的工队——梅尔组的情况，以及梅尔每天记录的他们每次的活动和任务。大金字塔外壳需要三四个组搬运图拉石灰石，每组 40 人，如梅尔组，总共 120～160 人，其余组从阿斯旺搬运花岗岩，从黎凡特搬运木材，从法雍搬运石膏，从各诺姆征召劳工。另一些工队拖拉石块到还处于建造中的道路台基上，并把石块放到建造的位置上。如果每支工队都保留自己每天的记录，那么，我们不得不疑惑，正如皮埃尔所言，"在 25 年或者更长时间里，肯定与梅尔组大小相当的许多其他工组的日记会由向胡夫金字塔移动的工队保存，期间建筑很可能还存在着？"一些不可思议的推测：如果每组约

40 人，记录工组每天活动的统计数据，所有记录内容需要多少万卷纸草呢？皮埃尔认为，我们很可能遗漏掉了大量未知的信息。

官僚机构检查、归档书吏的记录，并分配收入，这是每个复杂国家必须完成的工作。庞大的金字塔促成埃及国家形成的一个主要方法就是促进官僚机构的发展。现代意义上的官僚机构随着国王从乡下组织劳工和物品支持他们的金字塔建造工程而发展起来。起初，国王斯奈夫鲁倚靠他的兄弟们、儿子们以及叔辈们监督所有工作，他的一个儿子奈弗尔玛阿特担任宰相，领导这项工作，他被埋葬在梅杜姆编号 16 的马斯塔巴墓里，如第十二章所见。宰相，类似总理，负责国王所有工程的监督官，安排劳工以及指挥远征军征服异邦。奈弗尔玛阿特的儿子赫米乌努担任胡夫工程的监督者和宰相。在埃尔-扎夫旱谷纸草里安赫-哈夫是罗-舍·胡夫的指挥官，他很可能是斯奈夫鲁的另一个儿子，胡夫（以及奈弗尔玛阿特）同父异母的兄弟，他可能也担任胡夫的宰相，如第十二章所见。监督官和其他官员，如宫殿维持者、赠物掌管者（奖励和礼物），逐渐向下至梅尔这样的监督者，官僚体系形成。官僚机构主要有两个部门，从第四王朝早期的头衔"财政监督者"，我们发现这种官僚体系就开始出现了。

298

斯奈夫鲁在三个不同的地方（塞拉、梅杜姆和代赫舒尔）建造一个又一个金字塔建筑群，组织需要的供应和劳工变得越来越复杂，也需要更高层次的监督。这很可能是古王国时期出现这么多"国王的儿子们"和"国王的长子"头衔的原因，还有"令人尴尬的大量宰相"，国王逐渐把这些头衔赐给不是自己儿子的人来用以表达国王的最高权威。整个第四王朝时期，非国王直系的家庭成员以及非国王儿子的人开始拥有各种各样荣誉性头衔或者其他高级头衔，这反映出越来越多元的行政管理体系，这种趋势在第五王朝达到顶峰。在孟卡拉统治时期，曾经专门由王室家庭担任的官职的界限被打破了，转移到非王室家庭担任。

[299]

挖掘陶土堆，在海特·埃尔-古拉布编号为 I 的房屋的书吏工作室的废料堆里，考古发现 1039 枚印章，其中 424 枚是由 12 枚滚印制，这 12 枚滚印是官方印章，大多带有高级书吏的头衔。零碎的印章（滚开后的细节展示）。

约翰·诺兰（John Nolan）复原了印章上的大部分文本，这些文本十分难能可贵，它们提供了确定的时空语境，让我们了解到古王国时期一批完整的官吏队伍。

滚印可能由黄金制成，这里显示其复原的部分，雕刻着国王孟卡拉的荷鲁斯名以及头衔"王室档案书吏"。

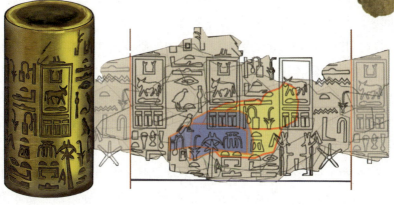

现在我们几乎所有关于金字塔修造的行政管理信息都源自象形文字书写的头衔，在人生的后期，官员们在他们的墓室雕刻这些头衔。因此，我们看到官员的职业生涯和人生过程存在时间差。埃及学家难以就具体统治者或者具体王朝达成一致，但是墓葬铭文中的头衔对研究古埃及国家相当重要。

从海特·埃尔-古拉布遗址发现的印章中，我们了解到当时政府行政管理的情况。印章是持印人滚动雕刻着象形文字的圆筒在小块潮湿的黏土上留下的痕迹，从而确保包、盒子、罐子、门和文件被封住。只有在持印者的授权下，人们才能破坏封印，打开盒子、门和文件。国家机构的封印带有当时在位国王的头衔和"宫殿正面"（却没有头衔持有者的名字）的荷鲁斯名。使用封印时，头衔成为政府组织管理的索引目录。

299

陶土堆，位于西镇两个房屋之间的死角，居民在那里倾倒垃圾，垃圾堆里的印章提供了一个这样的索引。垃圾堆靠近房屋Ⅰ，海特·埃尔-古拉布遗址最大的房屋，房屋Ⅰ拥有宽敞的中央房间、垃圾箱和长椅。在约20平方米的房屋里，考古发现1039枚印章，其中424枚印章来自12枚滚印，所有这些滚印都属于头衔为"王室档案书吏"的官员。约翰·诺兰和阿里·维特塞尔（Ali Witsell）细致分析并重构了12枚滚印最初设计的大部分内容，研究结果表明，它们由活跃在哈夫拉和孟卡拉统治时期的官员使用，每个滚印很可能被分配给不同的官员。

300

在陶土堆底部发现三枚滚印残块，为哈夫拉统治时期的黏土印章。印章带有简单常见的头衔"王室档案书吏"，在第四王朝才出

[300]

塞舍姆-奈弗尔二世（Sheshem-
nefer II）的花岗岩头像，来自吉萨
西墓葬区他的墓葬，编号 G5080。
他拥有头衔"教育王室的王室书
吏"，这个头衔在海特·埃尔-古拉
布遗址编号为 I 的房间里发现的印
章上也出现过。

现这个头衔，在第五王朝成为墓葬里最常见的头衔。国王哈夫拉的
一枚印章上出现"王室教谕保管者"头衔。还有 9 位官员使用他们
自己的印章按印，在地层上部发现印章残块。他们的印章带有孟卡
拉"宫殿正面"图案以及常见的头衔"王室档案书吏"。但在哈夫
拉时期，一些王室档案书吏逐渐专业化，拥有新头衔"所有王室工
程的王室档案书吏"和"王室教谕的王室档案书吏"，这些头衔明
显是从"王室教谕保管者"头衔发展而来。

　　稍微观察行政管理工作，孟卡拉统治时期，书吏数量增加，开
始专业化。王室认识到需要更多能够阅读、工作以及把类似梅尔统
计和日记材料归档的书吏，开始努力培养更多书吏。在陶土堆发现
的印章上的头衔表明房屋 I 是书吏的工作坊，高级官员在这里培养
年轻书吏。这些头衔中的"教谕"是教育培养人的组成部分。例
如，普塔舍普塞斯（Ptahshepses）在萨卡拉墓室假门上留下一份从
第四王朝至第五王朝他服务多位国王的漫长的职业生涯的记录，现

301

在这个假门保存在大英博物馆里。假门右边四列象形文字铭文的开头部分缺失，普塔舍普塞斯很可能开始是"出生的孩子"，在后面保留的部分里，他陈述道："……在孟卡拉统治时期……［他］和王室孩子们一起在国王宫殿和王室后宫的隐秘场所接受教育……［在］舍普塞斯卡夫统治时期，受管教的年轻人同王室孩子们一起在国王宫殿和王室后宫的隐秘场所接受教育……普塔舍普塞斯。"其他像他一样的官员在第五王朝更加完备的官僚机构里服务。我们从陶土堆的材料里了解到五位印章所有者的头衔为"王室教谕的王室档案书吏"，他们在房屋Ⅰ里教书育人。到目前为止，仅知道一位叫"塞舍姆-奈弗尔二世"的官员在自己的墓室里雕刻这个头衔。他把这个头衔添加到他在胡夫西墓葬区墓室的高等级头衔里，他的职业生涯很可能在第五王朝中期结束。塞舍姆-奈弗尔二世也是首位宣称拥有"王室档案书吏监督者"头衔的人，第五王朝后期这个头衔成为宰相专属的特权。同埃尔-扎夫旱谷纸草里的线索一样，陶土堆里得到的这个新证据有助于把个人放回到当时的历史语境中。

讽刺的是，国王哈夫拉和孟卡拉教育书吏后，行政管理规模却缩减到金字塔扩大之前的水平，但他们扩大了官僚体系，不再在精细雕刻金字塔神庙的浮雕和建造单独的太阳神庙上投入更多精力。第四王朝建造巨大金字塔所需的基础设施变得比最初创造和扩大那些基础设施的原因更重要了。必须保持当时国际长途贸易路线的畅通，以获取雪松、葡萄酒、橄榄油、铜、金、熏香、颜料矿物和人口，维持地方的农业、畜牧业、村庄和诺姆首府的稳定，获得稳定的肉、牲畜、谷物和亚麻供应，因此需要更加复杂的官僚体系记录所有这些内容。

从邻里到民族

302

为了支持修建金字塔，埃及人从他们的社区被征召，与埃及其他城镇、村庄的工队和他们的首领以及海外的人们发生互动交流，如黎凡特、遥远的西部沙漠、阿斯旺、红海以及西奈，他们专门从事从故土获取和运输原料的工作。

在哈夫拉和孟卡拉统治时期，海特·埃尔-古拉布定居点以及更广阔的安胡·胡夫地区，连同它的水道都发生改变，形成原始城市。半个世纪后，在北叙利亚、美索不达米亚、印度河谷和中国出现世界上最早的一批城市。三代人的时间后，"城镇埃及"向北移动14公里，从孟斐斯到达吉萨。在这个原始城市里，大金字塔修造工程首先发展去往三角洲、红海沿岸和西奈的远征，许多人经历了比在家乡更多样的社会交往，如梅尔及其工队从事的活动。所有参与其中的人很可能在返回他们村庄后，邻里关系因他们在国家和区域社会网络的经历而改变了。从这个意义上来说，即使存在内部移动和社会互动的限制，海特·埃尔-古拉布以及更大的定居点仍发挥着现代城市的功能，大金字塔的建造者主动完成了人口和物品生产规模的扩大。

国王孟卡拉死后，他的金字塔没有完成，"城镇埃及"又向南移到孟斐斯和萨卡拉。国家和区域网络因修造大金字塔而形成，网络本身是结果而不是手段。当金字塔逐渐缩小，基本在第四王朝后不久，吉萨的金字塔逐渐缩小，采用标准形式，而当时的官僚体系却在扩大，并非只有王室成员参与，国家更多投入社会网络之中，维持埃及的民族认同。

尾声
未来红海岸边的新发现？

从埃尔-扎夫旱谷遗址望向西奈，我们考古探险队的帐篷。

304　　　重新发现法老时代埃及人在红海的远征活动无疑是过去 20 年埃及学界最重要的成就之一，也是一次令人兴奋的冒险。辨认、挖掘古王国时期和中王国时期法老国家沿着红海海岸发展起来的三个"间歇性港口"：梅尔萨·噶瓦西斯、艾因·苏赫纳以及埃尔-扎夫旱谷，后两个港口由皮埃尔及其团队参与发掘，迄今为止法老文明不为人知的方面逐渐显露出来。发现的这些极重要的文献很可能在未来书写古埃及历史时需要考虑进去，文献不仅包括埃尔-扎夫旱谷纸草，也包括在其他两个港口发现的大量铭文。

　　关于考古发现的新闻稿可能变得越来越多，出现越来越戏剧化的报道，也出现一些质疑发现重要性的想法。所有原始的、罕见的新发现都会对历史研究产生极大的影响。在萨卡拉或吉萨及埃及其他地方的墓葬区，清理一座新的私人墓葬，虽然它可能精美，但无法像在沙漠某处发现的一个普通岩刻铭文，或者对一处早期了解不多的定居遗址的古生物或动物考古遗存那样为我们提供真正新的信息。我们可能经常希冀在更遥远的地方发现最重要的新证据，远离那些著名遗址，著名遗址已经被发现、发掘和研究超过半个世纪时间了。基本上所有考古研究都建立在追求物质价值的基础上，确保从那里获得的科学信息的价值能够返还我们的投入。

　　红海沿岸仍会有重要遗址等待被发现吗？近年被发现的三个古代港口很可能是交替工作，在某个时间点，仅有一个港口在使用。埃尔-扎夫旱谷港口是目前已知最古老的港口，港口在第四王朝伊始工作不长时间就很快被艾因·苏赫纳取代，艾因·苏赫纳港口可能在从第四王朝中期至第十八王朝末期（约公元前 2597 年

至前 1349 年）超过一千年的时间里被周期性使用。梅尔萨·噶瓦　305
西斯港口专门用于与南边蓬特的长距离贸易，很可能仅在第十二王
朝的一段时间里（约公元前 1920 年至前 1785 年）被使用，当时艾
因·苏赫纳港口被暂时放弃了。总之，这些遗址很可能有助于我们
更好地理解法老时期开发红海海岸最主要的方式。

　　但是，一些灰色不明地带依然存在。古埃及人这种航海活动并
非从第四王朝时期才开始，但可能直到在埃尔-扎夫旱谷，他们才
发展出一套完备的"间歇性港口"系统。从涅迦达时期到第三王朝
时期，证据显示出大量海上远征贸易活动的存在。从前王朝时期开
始，红海成为获取各种奢侈品的通道，如黑曜石和绿松石（埃及本
土两个都没有），这些奢侈品用于制作法老历史早期的艺术品。最
近对西奈南部的调查也说明，从前王朝涅迦达文化三期至第一到第
三王朝之间，埃及人从尼罗河谷远征到达过这个区域。

　　红海岸边可能还存在另一些码头，特别是在红海南部地区，
如胡尔格哈达（Hurghada）、萨法噶、曲塞尔（Quseir）以及梅尔
萨·阿拉姆（Mersa Allam）地区，通往红海的一些沙漠道路到达
整个海岸区域，这些道路起源于上埃及地区，包括涅迦达文化中心
区域。

　　关于后来埃及人包括整个新王国时期（约公元前 1539 年至前
1069 年）在红海活动的信息非常少。在艾因·苏赫纳，发现阿蒙
霍特普一世和阿蒙霍特普三世（第十八王朝第 2 位和第 9 位统治
者）的岩刻铭文，但在那里却没有发现这个时期人类定居的地层。
女王哈特舍普苏特（Hatshepsut）在公元前 15 世纪的头半个世纪里

对蓬特之地进行伟大远征，卢克索的戴尔·埃尔-巴哈里（Deir el-Bahri）的女王祭庙非常详细地描绘和记载了远征活动，但至今没有发现相关的港口。梅尔萨·噶瓦西斯遗址经常被认为是这次远征活动的启航港口，但在那里没有发现明显属于新王国时期的物质遗存。公元前 12 世纪晚期拉美西斯三世（Ramesses Ⅲ）的蓬特远征 306 ["哈里斯大纸草"（Great Papyrus Harris）总结他统治时提到]可能是从苏伊士湾北部启航的。20 世纪 60 年代，埃及考古队在红海最北端的克里斯玛（Clysma，埃尔-曲尔祖姆，el-Qulzum）古代遗址发现大量储藏罐，罐上有拉美西斯三世的王名，表明从公元前 12 世纪开始（约公元前 1180 年），埃及人已在苏伊士地区活动。但仍需要更多证据确认在苏伊士湾北部地区存在新王国时期的港口设施。

未来发现一个或更多个新海岸考古遗址将会极大丰富我们对法老时期红海的了解，这些遗址可能像我们已经知道的那些高度组织化的港口一样，包括储藏仓库或简单用于长距离贸易的码头。考古学家最近在红海海岸埃及部分延伸线最南端重要的希腊罗马时期的港口贝瑞尼斯（Berenice）发现一块石碑，石碑上刻写阿蒙涅姆赫特四世的名字（第十二王朝倒数第二位统治者，约公元前 1794 年至前 1785 年），说明这个港口在非常早的时候就已经被使用了。系统调查红海和亚丁湾地区（沿着苏丹、沙特阿拉伯、也门、厄立特里亚、埃塞俄比亚以及索马里的海岸），可能也将提供古代埃及人活动的证据，但可能无法由埃及学家主导这种调查。

未来可能进行的另一种研究项目是调查尼罗河谷和红海之间的

主要交流线路。这些交流线路很可能位于朝向海岸的远征队的临时营地，他们还留下开采水源、制造人工路标、供给仓库以及关卡的痕迹。一个好的例子是最近开罗法国考古研究所的雅安·特里斯塔特（Yann Tristant）领导的一支考古队沿着阿拉巴旱谷、尼罗河谷和埃尔－扎夫旱谷，调查交流期间的主要道路。调查的目的和线路变得不如以前重要了，而进行这类调查本身现在变得迫切了。沿海岸逐渐兴起越来越多的旅游胜地，新道路切入沙漠边缘，红海和东部沙漠地区的一些遗址已被遗忘了。

1998 年，考古发现艾因·苏赫纳遗址，它已被现代建筑多次 307 破坏，如一些管道、柏油马路和高压线，海岸的一处宾馆建在遗址的主体部分使遗址无可挽回地遭到破坏。而埃尔－扎夫旱谷遗址的海岸部分因政府打算在那里建设旅游设施而关闭军事基地，遭到从地图被抹去的威胁。另一些古代港口，包括已经发现的那些港口，很可能都沿着红海海岸分布，但在我们辨认出它们之前，可能它们已经完全被摧毁了。

因此，我们可以理性地盼望在红海岸边找到新的发现，差不多持续调查了三个主要遗址。在梅尔萨·噶瓦西斯，卡斯瑞恩·A·巴德和罗杜夫·法托维克没有发掘出储藏仓库群，也没有完整清理出通往仓库的台阶。在艾因·苏赫纳，克莱尔·索马格里诺和穆罕默德·阿卜杜·埃尔－拉兹齐主持的考古发掘目前集中在大片营地区，那里不仅有不同时期的定居点，还有加工铜核的大量作坊。埃尔－扎夫旱谷还没有发掘的区域包括大量储藏仓库、一个手工作坊以及一些定居区。当然，在吉萨的考古发掘和调查仍在继续，在所有遗址中被了解最多的这个区域，甚至还在不断出现新证据，但我们不太可能再发现另一批如这本书所讨论的纸草那样重要的档案材料。但是，考古最吸引人的地方就是，我们永远无法确定我们将发现什么。

年　表

　　埃及学家采用公元前 3 世纪埃及祭司曼尼托（Manetho）书写历史的年表系统，把古埃及历史分为 31 个王朝。后期埃及之前的年代存在较大争议，尤其是最早的时期。下面的年表采自皮埃尔·塔莱特等编写的《埃及法老：历史、社会与文化》（*L'Egypte pharaonique: Histoine,Société,culture*，巴黎，2019 年）。仅列举到中王国末期的国王名字和统治年代，这也是这本书和纸草主要涵盖的时期。

前王朝时期

巴达里（上埃及）　公元前 4500 年至前 3800 年

玛阿迪-布托（下埃及）　公元前 3900 年至前 3400 年

涅迦达 I 期至涅迦达 II A/B 期　公元前 3900 年至前 3600 年

涅迦达 II C/D 期（埃及统一）　公元前 3600 年至前 3200 年

涅迦达 III A/B 期（零王朝：伊瑞-霍尔、卡、蝎王）　公元前 3200 年至前 3100 年

早王朝时期

第一王朝（涅迦达 III C 期）　国王纳尔迈、霍尔-阿哈、杰尔、杰特、登、阿吉布、塞梅赫特以及卡阿　公元前 3100 年至前 2900 年

第二王朝（涅迦达 III D 期）　国王赫泰普塞赫姆威、拉奈布、尼奈杰尔、塞赫米布、帕瑞布森以及哈谢海姆威　公元前 2900 年至前 2750 年

第三王朝　公元前 2750 年至前 2675 年

乔赛尔（奈杰伊赫特）　公元前 2750 年至前 2720 年

塞赫姆赫特　公元前 2720 年至前 2710 年

哈巴　公元前 2710 年至前 2700 年

奈布卡　公元前 2700 年至前 2690 年

胡尼　公元前 2690 年至前 2675 年

古王国时期

第四王朝　公元前 2675 年至前 2545 年

斯奈夫鲁　公元前 2675 年至前 2633 年

胡夫（齐阿普斯）　公元前 2633 年至前 2605 年

杰德夫拉　公元前 2605 年至前 2597 年

哈夫拉（齐夫林）　公元前 2597 年至前 2573 年

孟卡拉（麦西里努斯）　公元前 2573 年至前 2551 年

塞普塞斯卡夫　公元前 2551 年至前 2545 年

第五王朝　公元前 2544 年至前 2413 年

乌塞尔卡夫　公元前 2544 年至前 2534 年

萨胡拉　公元前 2534 年至前 2515 年

奈弗尔瑞卡拉-卡凯　公元前 2515 年至前 2501 年

塞普塞斯卡拉　公元前 2501 年至前 2495 年

拉奈夫瑞夫　公元前 2495 年至前 2490 年

尼乌塞拉　公元前 2490 年至前 2478 年

门卡乌霍尔　公元前 2478 年至公元前 2468 年

杰德卡拉-伊塞斯　公元前 2468 年至前 2432 年

乌纳斯　公元前 2431 年至前 2413 年

第六王朝　公元前 2413 年至前 2250 年

特提　公元前 2413 年至前 2394 年

乌塞尔卡拉　公元前 2394 年至前 2393 年

佩比一世　公元前 2393 年至前 2343 年

梅瑞拉一世 奈姆泰姆萨夫　公元前 2343 年至前 2334 年

佩比二世　公元前 2334 年至前 2260 年

梅瑞拉二世 奈姆泰姆萨夫　公元前 2260 年至前 2250 年

第一中间期

第七至八王朝　公元前 2250 年至前 2200 年

第九至十王朝（赫拉克里奥波利斯）　公元前 2200 年至前 2015 年

第十一王朝（底比斯）　公元前 2130 年至前 2045 年

孟图霍特普一世　约公元前 2130 年

英泰夫一世　约公元前 2125 年至前 2112 年

英泰夫二世　公元前 2112 年至前 2053 年

英泰夫三世　公元前 2053 年至前 2045 年

中王国时期

第十一王朝　公元前 2045 年至前 1974 年

孟图霍特普二世　公元前 2045 年至前 1994 年

孟图霍特普三世　公元前 1994 年至前 1981 年

孟图霍特普四世　公元前 1981 年至前 1974 年

第十二王朝　公元前 1974 年至前 1781 年

　　阿蒙涅姆赫特一世　公元前 1974 年至前 1944 年

　　塞索斯特里斯一世　公元前 1944 年至前 1900 年

　　阿蒙涅姆赫特二世　公元前 1900 年至前 1865 年

　　塞索斯特里斯二世　公元前 1865 年至前 1856 年

　　塞索斯特里斯三世　公元前 1856 年至前 1838 年

　　阿蒙涅姆赫特三世　公元前 1838 年至前 1794 年

　　阿蒙涅姆赫特四世　公元前 1794 年至前 1785 年

　　索贝克奈夫茹　公元前 1785 年至前 1781 年

第十三王朝　公元前 1781 年至前 1700 年

第二中间期

第十三王朝（利希特、底比斯）　公元前 1700 年至前 1650 年

第十四王朝（阿瓦里斯）　公元前 1730 年至前 1700 年

第十五王朝（阿瓦里斯的希克索斯）　公元前 1700 年至前 1520 年

第十六王朝（底比斯、阿拜多斯）　公元前 1650 年至前 1600 年

第十七王朝（底比斯）　公元前 1600 年至前 1539 年

新王国时期

第十八王朝　公元前 1539 年至前 1295 年

第十九王朝　公元前 1295 年至前 1188 年

第二十王朝　公元前 1188 年至前 1069 年

第三中间期

第二十一王朝（塔尼斯、底比斯）　公元前 1069 年至前 943 年

第二十二王朝（布巴斯提斯、底比斯）　公元前 943 年至前 731 年

第二十三王朝（塔尼斯）　公元前 730 年至前 725 年

第二十四王朝（赛斯）　公元前 725 年至前 720 年

第二十五王朝（库什特）　公元前 770 年至前 655 年

后期埃及时期

第二十六王朝（赛斯）　公元前 680 年至前 526 年

第二十七王朝（波斯人第一次统治埃及时期）　公元前 526 年至前 404 年

第二十八王朝（赛斯）　公元前 404 年至前 399 年

第二十九王朝（门迪斯）　公元前 399 年至前 380 年

第三十王朝（塞贝尼托斯）　公元前 380 年至前 342 年

第三十一王朝（波斯人第二次统治埃及时期）　公元前 342 年至前 332 年

希腊罗马统治埃及时期　公元前 332 年至公元 395 年

参考文献

缩写

ASAE: Annales du Service des Antiquités de l'Egypte

BÄBA: Beiträge zur Ägyptischen Bauforschung und Altertumskunde

BASOR: Bulletin of the American Schools ef Oriental Research in Jerusalem and Baghdad

BdE: Bibliothèque d' Étude

BlE: Bulletin de l'Institut d'Égypte

BIFAO: Bulletin de l'Institut Français d'Archéologie Orientale

BMSAES: British Museum Studies in Ancient Egypt and Sudan

BSEHGIS: Bulletin de la Société d'Études Historiques et Géographiques de l'Isthme de Suez

BSFE: Bulletin de la Société Française d'Égyptologie

CRAIBL: Comptes Rendus de l'Académie des InscripTions et Belles-Lettres

EDAL: Egyptian and Egyptological Documents, Archives, Libraries

ENiM: Égypte Nilotique et Méditerranéenne

FIFAO: Fouilles de l'lnstitut Fraiçais d'Archéologie Orientale

GM: Göttinger Miszellen

IFAO: Institut Français d'Archéologie Orientale

JAEA: Journal of Ancient Egyptian Architecture

JAEI: Journal of Ancient Egyptian Interconnections

JARCE: Journal of the American Research Center in Egypt

JEA: Journal of Egyptian Archaeology

JRGS: Journal of the Royal Geographical Souiety

LÄ: Lexikon der Ägyptologie

MDAIK: Mitteilungen des Deutschen Archäologischen Instituts, kairo

M1FAO: Mémoires publiés par les membres de l'Institut Français d'Archéologie Orientale

SAGA: *Studien zur Archäologie und Geschichte Altägyptens*

SAK: *Studien zur Altägyptischer kultur*

SAOC: *Studies in Ancient Oriental Civilization*

TMOM: *Travaux de la Maison de l'Orient et de la Méditerranée*

WdO: *Die Welt des Orients*

埃及通史

Baud, M. *Djeser et la IIle dynastie* (Paris, 2002).

Kemp, B. J. *Ancient Egypt: Anatomy of a Civilization*, 2nd ed. (London, 2005).

Malek, J. and W. Forman, *In the Shadow of the Pyramids: Egypt during the Old Kingdom* (London & Norman, OK, 1986).

Manuelian, P. Der and T. Schneider, *Towards a New History for the Egyptian Old Kingdom* (Leiden & Boston, 2015).

Radner, K., N. Moeller and D. T. Potts (eds), *The Ancient Near East. From the Beginnings to Old Kingdom Egypt and the Dynasty of Akkad* (Oxford, 2020).

Strudwick, N. and H. Strudwick, *Old Kingdom, New Perspectives* (Oxford, 2011).

Tallet, P. et al. *L'Egypte pharaonique: Histoire, société, culture* (Paris, 2019).

Wilkinson, T. A. *Early Dynastic Egypt* (London & New York, 1999).

沙漠远征 第一章

Darnell, J. C. *Theban Desert Road Survey in the Egyptian Western Desert 1* (Chicago, 2002).

—, *Theban Desert Road Survey in the Egyptian Western Desert 2* (New Haven, 2013).

Eichler, E. *Untersuchungen zum Expeditionswesen des ägyptisches Alten Reiches* (Wiesbaden, 1993).

Försterm, F. *Der Abu Ballas Weg*, Heinrich-Bath Institut (Cologne, 2015).

— and H. Riemer (eds), *Desert Road Archaeology in Ancient Egypt and Beyond*, Heinrich-Barth Institut (Cologne, 2013).

Hikade, T. *Das Expeditionswesen im ägyptischen Neuen Reich*, *SAGA* 21 (Heidelberg, 2001).

Seyfried, K. J. *Beiträge zu den Expeditionen des Mittleren Reiches in die Ost-Wüste* (Hildesheim, 1981).

红海：蓬特　第二章

Diego-Espinel, A. *Abriendo los Caminos de Punt* (Barcelona, 2011).

Meeks, D. "Coptos et les chemins de Pount", *Topoi Suppl.* 3 (2002), 267-335.

Tallet, P. "Les 'ports intermittents' de la mer Rouge à l' époque pharaonique: caractéristiques et chronologie", *Nehet* 3 (2015), 31-71.

Tallet, P. and E. Mahfouz (eds), *The Red Sea in Pharaonic Times*, BdE 155 (2012).

艾因·苏赫纳　第二、五章

Abd el-Raziq, M. et al. *Les inscriptions d'Ayn Soukhna* (Cairo, 2002).

—, *Ayn Soukhna II. Les ateliers métallurgiques du Moyen Empire*, *FIFAO* 66 (Cairo, 2011).

—, *Ayn Soukhna III. Le complexe de galeries magasins*, *FIFAO* 74 (Cairo, 2016).

Castel, G. and P. Tallet (eds), *Ayn Soukhna IV. Le matériel des galeries magasins*, *FIFAO* 82 (Cairo, 2020).

Somaglino, C., G. Castel and P. Tallet, *Ayn Soukhna V. La zone basse du site*, *IFAO* (Forthcoming).

梅尔萨·噶瓦西斯　第二、五章

Bard, K. and R. Fattovich, *Harbor of the Pharaohs to the Land of Punt* (Naples, 2007).

—, *Seafaring expeditions to Punt in the Middle Kingdom* (Leiden, 2018).

Sayed, A. M. "Discovery of the site of the 12th Dynasty port at Wadi Gawasis on the Red Sea shore", *Revue d'Egyptologie* 29 (1977), 136-178.

埃尔·扎夫旱谷　第二、五章

Bissey, F. "Vestiges d'un port ancien dans le golfe du Suez", *BSEHGIS* 5 (1953-1954), 266.

Lacaze, G. and L. Camino, *Mémoire de Suez.François Bissey et René Chabot-Morisseau à la découverte du désert oriental d'égypte (1945-1956)* (Pau, 2008).

Tallet, P. "Ayn Sukhna and Wadi el-Jarf: Two newly discovered pharaonic harbours on the Suez Gulf", *BMSEAS* 18 (2012), 147-168.

—, "The Wadi el-Jarf site: a harbor of Khufu on the Red Sea", *JAEI* 5/1(2013), 76-84.

— and D. Laisney, *Ouadi el-Jarf I. Les installations maritimes*, IFAO (Forthcoming).

— and G. Marouard, "An early pharaonic harbour on the Red Sea coast", *Egyptian Archaeology* 40 (2012), 40-43.

—, "The Harbor of Khufu on the Red Sea coast at Wadi al-Jarf, Egypt", *Near Eastern Studies* 77 (2014), 4-14.

—, "The Harbor facilities of King Khufu on the Red shore: The Wadi el-Jarf / Tell Ras-Budran System", *JARCE* 52 (2016), 168-176.

Tallet, P., G. Marouard and D. Laisney, "Un porte de la Ive dynastie au Ouadi el-Jarf (Mer Rouge)", *BIFAO* 112 (2012), 399-446.

Tallet, P., et al. *Ouadi el-Jarf II. Le premier système de galeries-magasins (G1-G17)*, IFAO (Forthcoming).

Wilkinson, J. G. "Notes on a part of the Eastern Desert of Upper Egypt", *JRGS* 2 (1832), 28-34.

船与航行 第二、五章

Bradbury, L. "Reflections on Travelling to 'God's Land' and Punt in the Middle Kingdom", *JARCE* 25 (1988), 127-156.

Cooper, J. *The Medieval Nile: Route, Navigation, and Landscape in Islamic Egypt* (Cairo, 2014).

Jones, D. *A Glossary of Ancient Egyptian Nautical Titles and Terms* (London & New York, 1988).

Landström, B. *Ships of the Pharaohs* (New York, 1970).

Sauvage, C. *Routes maritimes et systèmes d'échanges internationaux au Bronze Récent en Méditerranée Orientale, TMOM* 62 (2012).

Zazzaro, C. and C. Calcagno, "Ship components from Mersa Gawasis: Recent finds and their archaeological context",in P. Tallet and E. Mahfouz (eds), *The Red Sea in Pharaonic Times*, BdE 155 (2012), 65-85.

Zazzaro, C. and M. Abd el-Maguid, "Ancient Egyptian Stone anchors from Mersa Gawasis", in P. Tallet and E. Mahfouz (eds), *The Red Sea in Pharaonic Times*, BdE 155 (2012), 87-103.

西奈南部 第三章

Gardiner, A. H., T. E. Peet and J. Cerny, *Inscriptions of Sinai Ⅰ*, 2 vols (Oxford, 1952-1955).

Giveon, R. *The Stones of Sinai Speak* (Tokyo, 1978).

Petrie, W. M. *Researches in Sinai* (London, 1906).

Rothenberg, B. *Sinai: Pharaohs, Miners, Pilgrims and Soldiers* (Bern, 1979).

—, *The Egyptian Mining Temple at Timna* (London, 1988).

Tallet, P. *La zone minière du Sud-Sinai Ⅰ. Catalogue complémentaire des inscriptions du Sinai, MIFAO* 130 (Cairo, 2013).

—, *La zone minière du Sud-Sinai Ⅱ. Les inscriptions pré et protodynastiques du ouadi Ameryra*, MIFAO 132 (Cairo, 2015).

—, *La zone minière du Sud-Sinai Ⅲ. Les expédition égyptiennes dans la zone minière du Sud-Sinai du prédynastique à la fin de la XXe dynastie, MIFAO* 138 (Cairo, 2018).

Valbelle, D. and C. Bonnet, *Le Sanctuaire d' Hathor, maitresse de la turquoise. Serabit el-Khadim au Moyen Empire* (Paris, 1996).

— (eds), *Le Sinai durant I'Antiquité et le Moyen Age* (Arles, 1997).

戴尔·拉斯·布德拉恩（埃尔-玛尔哈）

Mumford, G. "Operations in South Sinai during the Late Old Kingdom (Early

EBIV/MB1)", *BASOR* 342 (2006), 13-67.

—, "Ongoing investigations at a Late Old Kingdom coastal fort at Ras Budran in South Sinai", *JAEI* 4/4 (2012), 20-28.

—, "Ras Budran and the Old Kingdom Trade in Red Sea shells and other exotica", *BMSAES* 18(2012), 107-145.

—, "Explorations in El-Markha Plain, South Sinai: Preliminary findings at Tell Markha (Site 346) and elsewhere", *JAEI* 7/1(2015), 91-115.

Tallet, P. "Bat and the fortress of Khufu in the Wadi el-Jarf logbooks", *Actes du colloque Old Kingdom Art and Archaeology* 7, *EDAL* Ⅵ (2019), 56-63.

铜矿以及埃及的采矿和原料 第三章

Ben-Yosef, E. (ed), *Mining for Ancient Copper: Essays in Memory of Beno Rothenberg* (Tel Aviv, 2018).

Lechtman, H. "Arsenic bronze: Dirty copper or chosen alloy? A view from the Americas", *Journal of Field Archaeology* 23. 4 (Winter 1996), 477-514.

Lucas, A. *Ancient Egyptian Materials and Industries*, 4th ed. (London, 1962).

Moores, R. G. "Evidence for the use of a stone-cutting drag saw by the Fourth Dynasty Egyptians", *JARCE*, vol.28 (1991), 139-148.

Odler, M. *Old Kingdom Copper Tools and Model Tools* (Oxford, 2016).

—, *The Social Context of Copper in Ancient Egypt Down to the End of the Middle Kingdom*. Ph.D. dissertation, Institute of Egytology, Charles University (2020).

Stocks, D. *Experiments in Egyptian Archaeology: Stoneworking Technology in Ancient Egypt* (London, 2003).

Tallet, P., G. Castel and P. Fluzin, "Metallurgical sites of South Sinai in the Pharaonic era: New Discoveries", *Paléoriet* 37 (2012), 79-89.

埃尔-扎夫旱谷和古王国时期的纸草 第六至八章

Collombert, P. and P. Tallet (eds), *Les archives administratives de l'Ancien Empire Egyptien*, *Orient et Mediterranée* 37 (Leuven, 2021).

Posener-Krieger, P. *Les archive du temple funéraire de Néferirkare-Kakai*, BdE 65, IFAO (Cairo, 1976).

— and J. L. De Cenival, *Hieratic Papyri in the British Museum V. The Abu Sir Papyri* (London, 1968).

— and S. Demichelis, *I Papiri di Gebelein* (Turin, 2004).

—, M. Verner and H. Vymazalovma, *The Pyramid Complex of Raneferef: The Papyrus Archive*, Abusir X (Prague, 2006).

Tallet, P. *Les papyrus de la mer Rouge I. Le 'journal de Merer' (papyrus Jarf A et B)*, MIFAO 136 (Cairo, 2017).

—, "Du pain et des céréales pour les équipes royales. Le grand papyrus comptable du ouadi el-Jarf (papyrus H)", in A. Bats (ed.), *Les céréales dans le monde antique, Nehet* 5 (2017), 99-117.

—, "Les journaux de bord du regne de Chéops au ouadi el-Jarf (P. Jarf A-F) : état des lieux", *BSFE* 198 (2018), 8-19.

—, "Des nains, des étoffes et des bijoux. Le papyrus de Nefer-Irou au Ouadi el-Jarf", in S. Vuilleumier and P. Meyrat (eds), *Sur les pistes du désert. Mélanges offerts à Michel Valloggia* (Gollion, 2019), 217-226.

—, "Un papyrus de l'année après le 13e recensement de Chéops (ouadi el-Jarf, papyrus G), Mélanges", in J. Kamrin et al. (eds), *Guardian of Ancient Egypt: Studies in Honor of Zahi Hawass* (Prague, 2020), 1545-1554.

—, *Les papyrus de la mer Rouge Ⅱ, Le "journal de Dedi" et autres fragments de journaux de bord (papyrus Jarf C, D, E, F)*, MIFAO (Cairo, 2021).

金字塔 第四章

Ewards, I. E. S. *The Pyramids of Egypt*, rev.ed. (London, 1993).

Lehner, M. *The Complete Pyramids* (London & New York, 1997).

Maragioglio, V. and C. Rinaldi, *L'Architecttura delle piramidi Menfite. Parte Ⅲ, Il Complesso di Meydum, la piramide a Doppia Pendenza e la piramide Settebtrinale in Pietra di Dahsciur* (Rapallo, 1964).

Monnier, F. *L'ère des géants: Une description détaillée des grandes pyramides d'égypte* (Paris, 2017).

Stadelmann, R. "Das Dreikammernsystem der Königsgraber der Frühzeit und des alten Reiches", *MDAIK* 47 (1991), 373-387.

——, *Die ägyptischen Pyramiden: vom Ziegelbau zum Weltwunder*, 2nd ed. (Mainz am Rhein, 1991).

——, "Snofru— builder and unique creator of the pyramids of Seila and Meidum", in O. El-Aguizy and M. Sherif Ali (eds), *Echoes of Eternity: Studies Presented to Gaballa Aly Gaballa* (Wiesbaden, 2010), 31-38.

Verner, M. *The Pyramids. The Mystery, Culture, and Science of Egypt's Great Monuments* (New York, 2006).

萨卡拉地区的阶梯金字塔

Deslandes, B. "Travaux récents menés dans la pyramide à degrés de Saqqara", *CRAIBL* 151e année, n.4 (2007), 1475-1482.

——, "Travaux récents menés dan la pyramide à degrés de Djéser (Necropole royale de Saqqarah-égypte)", *Académie des beaux-arts* Ⅰ (2012), 109-121.

Lauer, J-P. *Fouilles à Saqqara, La pyramide à degrés* (Cairo, 1936).

——, *Saqqara: The Royal Cemetery of Memphis* (London & New York, 1974).

诺姆地区的阶梯金字塔

Dreyer, G. and W. Kaiser, "Zu den Kleinen Stufenpyramiden Ober-und Mittelägyptens", *MDAIK* 36 (1980), 43-59.

Lauer, J.-P. "Les petites pyramides à degrés de la Ⅲe dynastie", *Revue archéologique* (July-December 1961), 5-15.

Marouard, G. "The Edfu pyramid project", *The Oriental Institute News and Notes* 213 (Spring 2012), 3-9.

塞拉金字塔

Muhlestein, K. "Transitions in pyramid orientation: New evidence from the

Seila Pyramid", *SAK* 44/1 (2015), 249-258.

—, "Excavations at the Seila Pyramid and ritual ramifications", in K. Muhlestein et al. (eds), *Excavations at the Seila Pyramid and Fag el-Gamous Cemetery* (Leiden, 2019), 48-75.

Swelim, N. "An aerial view of the layer monument of SNFRW at Seila", in E. -M.Engel et al. (eds), *Zeichen aus dem Sand* (Wiesbaden, 2008), 647-653.

—, "Reconstructions of the layer monument of Snfrw at Seila", in O.el-Aguizy and M. Sherif Ali (eds), *Echoes of Eternity* (Wiesbaden, 2010), 39-56.

梅杜姆金字塔

Borchardt, L. *Die Entstehung der Pyramide an der Baugeschichte der Pyramide von Mejdum Nachgewiesen* (Berlin, 1928).

Dormion, G. and J. -Y. Verdhurt, *La chambre de Meidoum* (Geneva, 2013).

El-Khouli, A. "Archaeological report on the work at Meidum", in A. el-Khouli and G. Martin (eds), *Meidum* (Sydney, 1991), 11-15.

Monnier, F. "The satellite pyramid of Meidum and the problem of the pyramids attributed to Snefru", *JAEA* 3 (2018), 1-23.

Petrie, W. M. F. *Medum* (London, 1892).

—, "General results at Meidum", in W. M. F. Petrie, et al. *Meydum and Memphis,* vol. Ⅲ (London, 1910), 1-6.

—, "The quarry marks", in W. M. F. Petrie, et al. *Meydum and Memphis*, vol. Ⅲ (London, 1910), 9.

Reader, C. "The Meidum Pyramid", *JARCE* 51(2015), 203-224.

Rowe, A. "Excavation of the Eckley B. Coxe, Jr. Expedition at Meydum, Egypt, 1929-1930", *The Museum Journal* (Philadephia, 1931), 5-6.

Verd'hurt, J. -Y. and G. Dormion, "New discoveries in the pyramid of Meidum", in Z. Hawass and L. Pinch Brock (eds), *Egyptology at the Dawn of the Twenty-first Century* (Cairo & New York, 2003), 541-546.

代赫舒尔地区的弯曲金字塔

Fakhry, A. *The Monuments of Sneferu at Dahshur* Ⅰ. *The Bent Pyramid* (Cairo, 1959).

Monnier, F. "New light on the architecture of the Bent Pyramid", *Nile* 20 (June-July 2019), 46-52.

—, "A new survey of the upper chambers of Sneferu's pyramids at Dahshur", *JAEA* 4(2020), 1-17.

— and A. Puchkov, "The construction phases of the Bent Pyramid at Dahshur, a reassessment", *EniM* 9 (2016), 15-36.

Nuzzolo, M. "The Bent Pyramid of Sneferu at Dahshur, A project failure or an intentional architectural design ?" *SAK* 44 (2015), 259-282.

代赫舒尔中心以及港口

Alexanian, N. and F. Arnold, "The Complex of the Bent Pyramid as a landscape design project", in M. Ullmann (ed.), *10. Ägyptologische Tempeltagung: Ägyptische Tempel zwischen Normierung und Individualität* (Munich, 2016), 1-16.

Arnold, F. "A ceremonial building of king Snofru at Dahshur", in M. Bietak and S. Prell (eds), *Ancient Egyptian and Ancient Near Eastern Palaces*, vol. Ⅰ (Vienna, 2018), 113-124.

Fakhry, A. *The Monuments of Sneferu at Dahshur* Ⅱ. *The Valley Temple* (Cairo, 1961).

Rosenow, D. "Die Siedlung nördlich des Taltempels der Knickpyramide in Dashchur", *Archäologie in Ägypten* 5 (November 2019), 48.

Stadelmann, R. "The Heb-Sed Temple of Senefru at Dahshur", in M. Barta et al. (eds), *Abusir and Saqqara in the year 2010* (Prague, 2011), 736-746.

代赫舒尔的北金字塔

Stadelmann, R. and H. Sourouzian, "Die Pyramiden des Snofru in Dahshur. Erster Bericht über die Ausgrabungen an der nördlichen Steinpyramide", *MDAIK* 38 (1982), 379-393.

Stadelmann, R. et al. "Pyramiden und Nekropole des Snofru in Dahschur. Dritter Vorbericht über die Grabungen des Deutschen Archäologischen Instituts in Dahschur", *MDAIK* 49 (1992), 259-294.

吉萨：通论 第四、九至十五章

Janosi, P. *Die Pyramidenanlagen der Königinnen. Untersuchungen zu einem Grabtyp des Alten und Mittleren Reiches* (Vienna, 1996).

—, *Giza in der 4.Dynastie, die Baugeschichte und Belegung einer Nekropole des alten Reiches. Band I: Die Mastabas der Kernfriedhöfe und die Felsgräber* (Vienna, 2005).

—, "Old Kingdom tombs and dating-problems and priorities", in M. Barta (ed.), *The Old Kingdom Art and Archaeology* (Prague, 2006), 175-183.

Lehner, M. "The development of the Giza Necropolis: The Khufu Project", *MDAIK* 41 (1985), 109-143.

—, "Giza", *Archiv für Orientforschung* 32 (1985), 136-158.

— and Z. Hawass, *Giza and the Pyramids* (London & Chicago, 2017).

Perring, J. S. *The Pyramids and Temples of Gizeh*, 3 vols (London, 1839-1842).

Petrie, W. M. F. *The Pyramids and Temples of Gizeh* (London, 1883).

Reisner, G. A. *A History of the Giza Necropolis*, vol. I (Cambridge, MA, 1942).

Smith, W. S. and G. Reisner, *A History of the Giza Necropolis*, vol. II: *The Tomb of Hetep-heres the Mother of Cheops* (Cambridge, MA, 1955).

Vyse, H. *Operations Carried On at the Pyramids of Gizeh in 1837*, 3 vols (London, 1840).

吉萨地区大金字塔 第四、九至十五章

Borchardt, L. *Einiges zur dritten Bauperiode der grossen Pyramide bei Gise*, *BÄBA* 1, 3 (Berlin, 1932).

Dormion, G. *La pyramide de Chéops: Architecture des appartements funéraires* (Irigny, 1996).

—, *La chamber de Chéops: Analyse architecturale* (Paris, 2004).

Maragioglio, V. and C. Rinaldi, *L'Architecture delle piramidi Menfite*. Part IV : *Le Grande Piramide di Cheope* (Rapallo, 1965).

Monnier, F. "à propos du couvrement de la chambre dite 'du Roi' dans la pyramide de Khéops", *GM* 231 (2011), 81-96.

—, "Masons' marks upon the saddle vault of the upper chamber in the pyramid of Khufu", *GM* 245 (2015), 73-78.

— and D. Lightbody, *The Great Pyramid* (Yeovil, 2019).

Morishima, K. et al. "Discovery of a big void in Khufu's Pyramid by observation of cosmic-ray muons", *Nature* 552 (7685, 21/28 December 2017), 386-390.

Romer, J. *The Great Pyramid: Ancient Egypt Revisited* (Cambridge, 2007).

大金字塔的布局和调查

Borchardt, L. *Längen und Richtungen der vier Grundkanten der Großen Pyramide bei Gise* (Berlin, 1926).

Cole, J. H. *Determination of the Exact Size and Orientation of the Great Pyramid of Giza*, Survey of Egyp Paper, No. 39 (Cairo, 1925).

Dash, G. "The Great Pyramid's footprint: results from our 2015 survey", *Aeragram* 16/2 (2015), 8-14.

Dorner, J. "Das Basisviereck der Cheops Pyramide", in P. Janosi (ed.), *Structure and Significance: Thoughts on Ancient Egyptian Architecture* (Vienna, 2005), 275-281.

Goyon, G. "Quelques obervations effectuées author de la pyramide de Khéops", *BIFAO* 47 (1969), 71-86.

Lauer, J. -P. " à propos de l'orientation des grandes pyramides", *BIE* (1960), 7-15.

Lehner, M. "Some observations on the layout of the Khufu and Khafre Pyramid", *JARCE* 20 (1983), 7-25.

大金字塔的 "通风井"

Bergdoll, S. "Die Dixon-Relikte und die Geheimnisse der kleinen Schachte der Cheopspyramide", *GM* 248 (2016), 53-90.

Hawass, Z. "The secret doors inside the Great Pyramid", in Z. Hawass (ed.), *The Treasures of the Pyramids* (Cairo, 2003), 156-159.

—, "The so-called secret doors inside Khufu's Pyramid", in J. Kondo et al. (eds), *Quest for the Dream of the Pharaohs* (Cairo, 2014), 1-14.

— et al. "First report: Video survey of the southern shaft of the Queen's Chamber in the Great Pyramid", *ASAE* 84 (2010), 202-217.

Richardson, R. et al. "The 'Djedi' Robot exploration of the southern shaft of the Queen's Chamber in the Great Pyramid of Giza, Egypt", *Journal of Field Robotics* 30 (2013), 323-348.

Stadelmann, R. "Die sogenannten Luftkanäle der Cheopspyramide, Modelkorridore für den Aufsteip des Königs zum Himmel", *MDAIK* 50 (1994), 284-294.

关闭大金字塔

Goyon, G. "Le mécanisme de fermeture a la pyramide de Khéops", *Revue Archéologique* 2 (1963), 1-24.

Hasse, M. "Die Verschlussstein der Cheopspyramide", *Sokar* 19 (2009), 6-14.

Lauer, J.-P. "Raison première et utilisation pratique de la 'grande galerie' dans le pyramide de Kheops", in *Aufsätze zum 70. Geburtstag von Herbert Riche. BÄBA* 12 (Wiesbaden, 1971), 133-143.

Lehner, M. "Niches, slots, grooves and stains: Internal frameworks in the Khufu Pyramid?", in H. Guksch and D. Polz (eds), *Stationen: Beiträge zur Kulturgeschichte Ägyptens* (Mainz, 1998), 101-113.

Wheeler, Noel F. "Pyramids and Their Purpose", *Antiquity* 9/34 (June 1935), 161-188.

大金字塔的神庙

Lauer, J.- P. "Le temple funéraire de Khéops à la grande pyramide de Guizeh", *ASAE* 46 (1947), 245-259.

—, "Note complémentaire sur temple funéraire de Khéops", *ASAE* 49 (1949), 111-123.

胡夫的丧葬船

Abubakr, A. M. and A.Y. Moustafa, "The funerary boat of Khufu", in *Festschrift Riche. BÄBA* 12 (Wiesbaden, 1971), 1-16.

El-Baz, F. "Finding a pharaoh's bark", *National Geographic* 173, no. 4 (1988), 512-533.

Jenkins, N. *The Boat Beneath the Pyramid* (London & New Yok, 1980).

Lipke, P. *The Royal Ship of Cheops*, BAR International 225 (Oxford, 1984).

Nour, M. Z. et al. *The Cheops Boats*, Part I (Cairo, 1960).

Takahashi, K. and A. Nishisaka, "Some notes on the graffiti written on the cover stones from the second boat pit of Khufu", *Bulletin of the Society for Near Eastern Studies in Japan* 59 (1) (2016), 2-13.

胡夫的卫星金字塔

Dorner, J. "The revisited and complete article on the pyramidion of the satellite pyramid of Khufu", (1995) http://nabilswelim.com/downloads/G1D_pyr.pdf (access 15 June 2020).

Hawass, Z. "The Discovery of the pyramidion of the satellite pyramid of Khufu", in C. C. Van Siclen (ed.), *Iubilate Conlegae: Studies in Memory of Abdel Aziz Sadeq, Part I. Varia Aegyptiaca* 10/2-3 (1995), 105-124.

—, "The discovery of the satellite pyramid of Khufu (GI-d)", in P. Der Manuelian (ed.), *Studies in Honor of William Kelly Simpson* (Boston, 1996), 379-398.

—, "The satellite pyramid of Khufu", in Z. Hawass (ed.), *The Treasures of the Pyramids* (Cairo, 2003), 150-151.

胡夫的通道、山谷庙和港口

El-Nagar, S. "Le port funéraire de Khéops", *Dossiers d'archéologie* 265 (July-August 2001), 122-131.

Goyon, G. "La chaussée monumentale et le temple de la vallée de la pyramide de Khéops", *BIFAO* 67 (1969), 49-69.

Hawass, Z. "The Discovery of the harbors of Khufu and Khafre at Giza", in C. Berger and B. Mathieu (eds), *études sur l'ancien empire et la nécropole de Saqqara* (Montpellier, 1997), 245-256.

Jones, M. "The remains of the causeway and pyramid temple of Khufu: Rescue archaeology and preservation through documentation", in J. Kamrin et al. (eds), *Guardian of Ancient Egypt: Studies in Honor of Zahi Hawass*, vol. II (Prague, 2020), 771-792.

Messiha, H. "The valley temple of Khufu (Cheops)", *ASAE* 65 (1983), 9-18.

从工匠村到港口城市 第十一章

Lehner, M. "The pyramid age settlement of the Southern Mount at Giza", *JARCE* 39 (2002), 27-74.

—, "On the waterfront: Canals and harbors in the time of Giza pyramid-building", *Aeragram* 15/1-2 (Spring-Fall 2014), 14-23.

—, "The lost port city of the pyramids", *Aeragram* 14/1 (Spring 2013), 2-7.

—, "On the waterfront: Canals and harbors in the time of Giza pyramid-building", *Aeragram* 15/1-2 (Spring-Fall 2014), 14-23.

—, "Labor and pyramids: The Heit el-Ghurab 'workers town' at Giza", in P. Steinkelle and M. Hudson, *Labor in the Ancient World*, vol. 5 (Dresden, 2015), 397-522.

—, "The name and nature of the Heit el-Ghurab Old Kingdom site: Workers' town, pyramid town, and the port hypothesis", in I. Hein et al. (eds), *The Pyramids: Between Life and Death* (Uppsala, 2016), 99-160.

—, "Lake Khufu: On the waterfront at Giza: modelling water transport infrastructure at Dynasty Ⅳ Giza", in M. Barta and J. Janak (eds), *Profane Landscapes, Sacred Spaces* (Sheffield, 2020), 191-292.

—, "Merer and the Sphinx", in J. Kamrin et al. (eds), *Guardian of Ancient Egypt: Studies in Honor of Zahi Hawass*, vol. Ⅱ (Prague, 2020), 895-925.

— and A. Tavares, "Walls, ways, and stratigraphy: signs of social control in an urban footprint at Giza", in M. Bietak et al. (eds), *Cities and Urbanism in Ancient Egypt* (Vienna, 2010), 171-216.

— and W. Wetterstrom (eds.), *Giza Reports: The Giza Plateau Mapping Project*, vol. Ⅰ: *Project History, Survey, Ceramics and Main Street and Gallery Ⅲ.4 Operations* (Boston, 2007).

Travares, A. "Village, town, and barracks: A Fourth Dynasty settlement at Heit-el-Ghurab, Giza", in N. Strudwick and H. Strudwick (eds), *Old Kingdom, New Kingdom, New Perspectives* (Oxford, 2011), 271-277.

王子安赫-哈夫 第十二章

Bolshakov, A. "What did the bust of Ankh-haf originally look like?" *Journal of the Museum of Fine Arts* 3 (1991), 4-15.

Brovarski, E. "Giza Mastabas Project, report on the 1989 field season", *Newsletter of the American Research Center in Egypt* 145 (1989), 1-3.

Dunham, D. "The portrait bust of Prince Ankh-haf", *Bulletin of the Museum of Fine Arts* 37, no. 221 (1939), 42-46.

—, "An experiment with an Egyptian portrait: Ankh-haf in modern dress", *Bulletin of the Museum of Fine Arts* 41, no. 243 (February 1943), 10.

Flentye, L. "The mastabas of Akh-haf (G7510) and Akhethetep and Meretites (G7650) in the Eastern Cemetery at Giza: A reassessment", in Z. Hawass and J. Richards (eds), *The Archaeology and Art of Ancient Egypt: Essays in Honor of David B. O'Connor*, vol. 1 (Cairo, 2007), 291-308.

抬起石块 第十四章

Arnold, D. "Überlegungen zum Problem des Pyramidenbaues", *MDAIK* 37

(1981), 15-28.

—, *Building in Ancient Egypt, Pharaonic Stone Masonry* (New York & Oxford, 1991).

Brichieri-Colombi, S. "Engineering a feasible ramp for the Great Pyramid of Giza", *PalArch's Journal of Archaeology of Egypt/ Egyptology* 12/1 (2015), 1-15.

—, "A spurred spiral ramp for the Great Pyramid of Giza", *PalArch's Journal of Archaeology of Egypt/Egyptology* 17/3 (2020), 1-20.

Dunham, D. "Building an Egyptian Pyramid", *Archaeology* 9, no. 3 (1956), 159-165.

Goyon, G. *Le secret des batisseurs des grandes pyramides. Khéops* (Paris, 1977).

Isler, M. "Ancient Egyptian methods of raising weights", *JARCE* 13 (1976), 31-41.

—, "Concerning the concave faces on the Great Pyramid", *JARCE* 20 (1983), 27-32.

—, "On pyramid building", *JARCE* 22 (1985), 129-142.

—, "On pyramid building Ⅱ", *JARCE* 24 (1987), 95-112.

Lauer, J. -P. "Comment furent construitutes les pyramides?", *Historia* 86 (1954), 57-66.

Müller-Römer, F. *Der Bau der Pyramiden im alten Ägypten* (Munich, 2011).

Petrie, W. M. F. "The Building of a pyramid", *Ancient Egypt* (1930), 33-39.

缔造国家 第十五章

内部控制

Baer, K. "The low price of land in ancient Egypt", *JARCE* 1(1962), 25-45.

Butzer, K. W. *Early Hydraulic Civilization in Egypt: A Study in Cultural Ecology* (Chicago, 1976).

—, *Die altägyptischen Gaue. Beihefte zum Tübinger Atlas des Vorderen Orients,*

Reihe B, Nr. 5 (Wiesbaden, 1974).

—, "Fremdarbeit", *LÄ* II (1977), 304-306.

Jacquet-Gordon, H. K. *Les nomes des domaines funéraire sous l'ancien empire égyptien* (Cairo, 1962).

Kemp, B. J. "Old Kingdom, Middle Kingdom, and Second Intermediate Period", in B. Trigger et al. (eds), *Ancient Egypt: A Social History* (Cambridge, 1983), 71-182.

Menu, B. "Captifs de guerre et dépendqnce rurale dans l'égypte du nouvel empire", in B. Menu (ed.), *La dépendance rurale dans l'Antiquité: égyptienne et proche-orientale*, BdE 140 (Cairo, 2004), 187-209.

Moreno Garcia, J. C. "La population mrt, une approche du problème de la servitude dans l'égypte du IIIe millénaire", *JEA* 84 (1998), 71-83.

—, *Hwt et le milieu rural égyptien du IIIe millénaire: économie, administration et organisation territorial* (Paris, 1999).

Wilkinson, T. A. H. *The Royal Annals of Ancient Egypt: The Palermo Stone and its Associated Fragments* (London, 2000).

流动性：工队、团组及各分支部分

Andrassy, P. "Builders' graffiti and administrative aspects of pyramid and temple building in ancient Egypt", in R. Preys (ed.), *7. Ägyptologische Tempeltagung: Structuring Religion* (Wiesbaden, 2009), 1-16.

Helck, W. "Die Handwerker-und Priesterphylen des alten Reiches in Ägypten", *WdO* 7 (1973), 1-7.

—, "Arbeiterabteilungen und-organisation", *LÄ* I (1975), 371-373.

Posener-Krieger, P. "Les Papyrus de Gébélein, remarques préliminaires", *Revue d'égyptologie* 27(1975), 211-221.

Roth, A. *Egyptian Phyles in the Old Kingdom: The Evolution of a System of Social Organization*, SAOC 48 (Chicago, 1991).

Tallet, P. "Des serpents et des lions. La flotte stupéfiante de Chéops sur la mer

Rouge", in *Mélanges Dominique Valbelle* (Paris, 2017), 243-253.

Verner, M. "Zur Organisierung der Arbeiskräfte auf den Großbaustellen der Alten Reichs-Nekropolen", in E. Endesfelder (ed.), *Probleme der frühen Gesellschaftsentwicklung im alten Ägypten* (Berlin, 1991), 61-91.

—, "The Abusir Builders' Crews", in N. Kloth et al. (eds), *Festschrift für Hartwig Altenmüller* (Hamburg, 2003), 445-451.

体制化

Alexanian, N. and T. Herbich, "The workmen's barracks south of the Red Pyramid at Dahshur", *MDAIK* 70/71(2016), 13-24.

Hillier, B. and J. Hanson, *The Social Logic of Space* (Cambridge, 1984).

社会化

Engelbach, R. *The Aswan Obelisk, with Some Remarks on the Ancient Engineering* (Cairo, 1922).

—, *The Problem of the Obelisk, From a Study of the Unfinished Obelisk at Aswan* (London, 1923).

Kadish, G. "Observations on time and work-discipline in Ancient Egypt", in P. Der Manuelian (ed.), *Studies in Honor of William Kelly Simpson* (Boston, 1996), 439-449.

Gabriele, P. "' Rhythm is it!' Special motif as part of wine-making scenes", in P. Janosi and H. Vymazalova (eds), *The Art of Describing the World of Tomb Decoration as Visual Culture of the Old Kingdom* (Prague, 2018), 273-288.

集中化 规模经济

Rice, P. *Pottery Analysis: A Sourcebook* (Chicago, 1987).

Sahlins, M. *Stone Age Economics* (London, 1974).

官僚化 行政管理

Baud, M. *Famille royal et pouvoir sous l'Ancien Empire égyptienne*, 2 vols, BdE 126 (Cairo, 1999).

Dorman, P. F. "The biographical inscription of Ptahshepses from Saqqara: A newly identified fragment", *JEA* 88 (2002), 95-110.

Helck, W. *Untersuchungen zu den Beamtiteln des ägyptischen alten Reiches* (Glückstadt, 1954).

Jones, D. *An Index of Egyptian Titles, Epithets and Phrases of the Old Kingdom* (Oxford, 2000).

Lehner, M. "Neighborhood to national network: Pyramid settlements of Giza", *Archaeological Papers of the American Anthropological Association 30/1, special issue* (July 2019), 20-38.

Moreno, Garcia, J. C. (ed.), *Ancient Egyptian Administration* (Leiden, 2013).

—, *The State in Ancient Egypt: Power, Challenges and Dynamics* (London, 2020).

Nolan, J. *Mud Sealings and Fourth Dynasty Administration at Giza*, Ph. D. dissertation, Dept. of Near Eastern Languages and Civilizations, University of Chicago (2010).

Schmitz, B. *Untersuchungen zum Titel S₃-NJSWT "Königddohn"* (Bonn, 1976).

Strudwick, N. *The Administration of Egypt in the Old Kingdom* (London, 1985).

插图来源 [*]

阿赫图像 akg-images 245

阿赫图像 / 史蒂芬斯图片档案 akg-images/ Bildarchiv Steffens 95

达尼塔·戴尔蒙特 / 阿拉米·斯托克照片 Danita Delmont/ Alamy Stock Photo 86-87

来自法托维克·巴德:《去往"蓬特之地"的法老港口》,那不勒斯,2007 年 after Bard, Fattovich, *Harbour of the Pharaohs to the Land of Punt*, Naples, 2007 43b

波士顿美术馆 Museum of Fine Art, Boston 197, 235, 300

剑桥大学图书馆 Cambridge University Library 216a

G. 卡斯特尔 G. Castel 76b

萨乌德·A. 法伊萨尔 / 盖蒂图像 Saud A. Faisal/ Getty Images 4-5

维尔·麦金太尔 & 埃德尼·麦金太尔 / 盖蒂图像 Will & Edni McIntyre/ Getty Images 2

来自 B. J. 坎普:《解剖古埃及》,伦敦,2006 年 afer B. J. Kemp, *Ancient Egypt, Anatomy of a Civilization*, London, 2006 296l

来自 R. 克莱姆和 D. 克莱姆:《古埃及的石材和采石场》,伦敦,2008 年 after R. Klemm, D. Klemm, *Stones and Quarries in Ancient Egypt*, London, 2008 190

E. 拉罗兹 / 埃尔–扎夫旱谷考古队 E. Laroze/ Wadi el-Jarf archaeological mission 194-195b

来自 M. 拉什恩:《卡哈伊及其家人的祠堂》,牛津,2013 年 after M. Lashien, *The Chapel of Kahay and his family*, Oxford, 2013 192

马克·勒赫尼,古埃及研究协会 Mark Lehner for Ancient Egypt Research Associates (AERA) 80, 82, 89a, 91, 96b, 98, 100, 105, 106, 111, 112, 113, 117, 118, 204, 216b, 228a, 229l, 232, 233, 242, 260, 263, 265, 267, 268-269, 270, 272, 274al, 274b, 276, 279, 287, 289, 296r

马克·勒赫尼和瑞贝哈赫·迈克(古埃及研究协会)地理信息系统 Mark Lehner and Rebekah Miracle for Ancient Egypt Research Associates (AERA) GIS 222,

---

[*] 所列页码为原书页码,即本书边码。a= 上,b= 下,c= 中间,l= 左,r= 右。
——译者注

258-259, 294b

马克·勒赫尼和维尔玛·维特尔斯托姆，来自古埃及研究协会的瑞贝卡奇迹 Mark Lehner and Wilma Wetterstrom from Rebekah Miracle for Ancient Egypt Research Associates (AERA) GIS 219, 224

马克·勒赫尼，来自菲力克斯·阿尔诺德：《代赫舒尔的墓葬：2016 年春天第 13 个考古报告》Mark Lehner，after Felix Arnold, *The Necropolis of Dashur: Thirteenth Excavation Report of the Work in Spring 2016* 99

阿尔图尔·玛尔特萨乌 /123 RF 图片网站 Artur Maltsau/ 123 RF 92

弗兰克·莫尼尔 Franck Monnier 89b, 90, 93, 94, 96a, 114, 274ar

来自 A. 穆萨和 A. 拉布罗斯：《国王乌纳斯墓葬建筑群的甬道》，开罗，2002 年 after A. Moussa, A. Labrousse, *La chaussée du complexe funéraire du roi Ounas*, Cairo, 2002 194-195a

美国国家航空和航天局 NASA 285

阿卜杜·埃尔-阿齐兹·萨勒赫 Abd el-Aziz Saleh 79

A. M. 萨义德，《红海岸边的噶瓦西斯发现第 12 王朝的港口遗址》，《埃及学评论》第 29 卷，1977 年 A. M. Sayed, "Discovery of the site of the 12th Dynasty port at Wadi Gawasis on the Red Sea shore", *Revue d'Egyptologie* 29, 1977 42

沃尔纳·弗尔曼/ 舒特斯托克图片公司 Werner Forman/ Shutterstock 240

来自 K. 高桥和 A. 西坂，《胡夫第二个船坑封石上书写涂鸦的一些想法》，《日本近东研究会公报》第 59 卷第 1 期，2016 年 after K. Takahashi and A. Nishisaka, "Some Notes on the Graffiti Written on the Cover Stones from the Second Boat Pit of Khufu", *Bulletin of the Society of Near Eastern Studies in Japan* 59/1, 2016 280

皮埃尔·塔莱特供图 Courtesy of Pierre Tallet 7, 9, 11, 14, 15, 18, 19, 27, 28, 30, 31, 33, 34, 36, 40, 41, 43a, 45, 46, 48, 49, 50, 52, 53, 54, 55, 56-57, 59, 60, 61, 62, 69, 72, 73, 74, 75, 76a, 122, 124, 126, 128, 129, 134, 135, 136, 137, 139, 140, 142, 143, 152, 154-155, 156, 164, 169, 176, 177, 186, 189, 203, 207, 211, 252, 254, 255, 256, 303

雅恩·特瑞斯塔特供图 Courtesy Yann Tristant 70

都林埃吉齐奥博物馆 Museo Egizio, Turin 290

维尔玛·维特尔斯托姆，古埃及研究协会 Wilma Wetterstrom for Ancient Egypt Research Associates (AERA) 228b, 229r, 292, 294a, 294c, 299

致　谢

作者感谢本书里提到的在各个考古发掘遗址工作的人们，没有他们，本书无法完成。特别感谢这些年来相继担任埃及文物局的部长们，尤其是扎西·哈瓦斯（Zahi Hawass）博士、曼杜·埃尔-达玛蒂（Mamdouh el-Damaty）博士以及哈雷德·埃尔-埃纳尼（Khaled el-Enani）博士。

感谢最高文物委员会秘书长穆斯塔法·瓦齐里（Moustafa Waziri）博士，外事司司长纳什瓦·噶贝尔（Nashwa Gaber）博士，吉萨地区领导阿什拉夫·穆赫登（Ashraf Mohedein）以及吉萨督察局的所有官员，苏伊士地区的所有官员，努比·玛赫穆德·阿赫迈德（Nubi Mahmoud Ahmed）博士和玛赫穆德·拉噶布（Mahmoud Ragab）博士，分别多年协助我们在艾因·苏赫纳和埃尔-扎夫旱谷的工作。

马克感谢所有的支持者和古埃及研究协会的会员，他们使得在这里报告吉萨地区的工作和发现成为可能。我感谢查尔斯·西蒙尼（Charles Simonyi）以及微软，瓦特·吉尔贝特（Walter Gilbert）博士和安·鲁瑞（Ann Lurie）博士的大力支持。我感谢古埃及研究协会委员会的成员，詹姆斯·艾伦（James Allen）博士、埃德·弗瑞斯（Ed Fries）博士、杨尼斯·杰德（Janice Jerde）博士、卢·休斯（Lou Hughes）博士、皮尔斯·利瑟兰德（Piers Litherland）博士、伯斯·路德维克（Bruce Ludwig）博士、安·鲁瑞博士、马修·麦考瑞（Matthew McCauley）博士以及理查德·雷丁（Richard Redding）博士。特别感谢法律顾问道格拉斯·C. 罗尔斯（Douglas C.Rawles）和瑞德·史密斯（Reed Smith）。我感谢古埃及研究协会埃及执行领导穆赫森·卡梅尔（Mohsen kamel）博士，首席研究员理查德·雷丁博士，考古和古埃及研究协会实验室主任克莱尔·马勒森（Claire Malleson）博士，资深考古学家达恩·琼斯（Dan Jones）、萨义德·萨拉赫（Sayed Salah）、阿卜杜·埃尔-哈基姆（Abd el-Hakim）以及波士顿和吉萨地区所有古埃及研究协会的工作人员。我感谢古埃及研究协会地理信息系统主任瑞贝卡赫·迈克（Rebekah Miracle）以及古埃及研究协会艺术与科学编辑维尔玛·维特尔斯托姆（Wilma Wetterstrom）博士。

我（皮埃尔）感谢西奈南部阿莱加特的贝都因部落首领谢赫·拉比亚·巴拉卡特（Sheikh Rabia Barakat）以及许多埃及学同事，他们一直友情支持。索邦大学的前同事埃尔-萨义德·马赫福兹（El-Sayed Mahfouz）博士，在西奈共同执行任务的同伴穆斯塔法·雷斯克·易卜拉欣（Moustafa Resk Ibrahim）以及我们的管家苏伊士监察阿德尔·法鲁克（Adel Farouk），他们总是能够提供红海海岸工作所需的、获得军事许可的非常复杂的手续。最后，我想要感谢法国考古研究所前后多位领导，伯纳德·马蒂埃（Bernard Mathieu）、劳尔·潘塔拉奇（Laure Pantalacci）、比阿特丽克丝·米丹特·雷恩斯（Béatrix Midant Reynes）、洛朗·巴瓦伊（Laurent Bavay）以及洛朗·库隆（Laurent Coulon），他们在各个层面帮助组织这些任务。感谢法兰西学院的尼古拉斯·格里马尔（Nicolas Grimal）教授和索邦大学的多米尼克·瓦尔贝拉（Dominique Valbelle），他们给予了资助，提供了重要帮助。我无法忘记每一位与我一起在西奈、艾因·苏赫纳以及埃尔-扎夫旱谷工作的同事，因为他们的工作，这本书中才得以获取这些不同任务所需的许多材料、规划以及照片，特别感谢达米恩·莱斯内（Damien Laisney）、格雷戈里·马鲁阿德（Grégory Marouard）、塞维林·马奇（Severine Marchi）、乔治·卡斯特尔（Georges Castel）、帕特莱斯·珀梅（Patrice Pomey）、奥罗拉·恰瓦蒂（Aurore Ciavatti）、克莱尔·索马格里诺（Claire Somaglino）、雅思·特瑞斯塔特（Yann Tristant）、盖尔·波林（Gael Pollin）、伊娃·梅奈（Eve Menei）、伊曼纽尔·拉罗兹（Emmanuel Laroze）、法兰克·布尔戈斯（Franck Burgos）、阿德琳·巴特斯（Adeline Bats）、卡米尔·勒莫因（Camille Lemaine）、哈桑·穆罕默德·阿赫迈德（Hassan Mohamed）、伊哈布·穆罕默德（Ihab Mohamed）以及玛丽-海伦·巴里耶尔（Marie-Hélène Barrière），也许有遗漏。20 多年来，雷斯·贾迈勒·纳斯尔·艾尔丁（Reis Gamal Nasr el-Din）在加兰·米巴德（Gaalan Meabad）的协助下，领导卢克索工队，没有他们，一切也不可能完成。最后，我要感谢罗伯特·埃默里（Robert Emery）、斯蒂芬·坎佩德利（芬奇公司）[Stéphane Campedelli（Vinci company）] 以及佩德罗·埃雷拉（科拉斯铁路公司）[Pedro Herrera（Colas-rail company）] 定期以及慷慨的捐赠启动这些项目，并感谢奥内·福雷斯特基金会（Honor Frost Foundation）、铭文与书写研究院以及法国外事局持续的帮助。

　　出版方想要感谢伊恩·肖（Ian Shaw），他在把皮埃尔·塔莱特的法文翻译成英文中提供了重要的帮助，以及莎拉·弗农－胡特（Sarah Vernon-Hunt），她娴熟地编辑了整个文本。

索 引 *

---

* 索引中所列页码为原书页码，即本书边码。斜体页码指插图。——译者注

Published by arrangement with Thames & Hudson Ltd., London,

The Red Sea Scrolls © 2021 Thames & Hudson Ltd., London
Text © 2021 Pierre Tallet and Mark Lehner

This edition first published in China in 2025 by China Renmin University Press Co.,
Ltd., Beijing.
Simplified Chinese edition © 2025 by China Renmin University Press Co., Ltd.,
Beijing.
All Rights Reserved.